Uwe George Doehn
DIE ÖKO - LOGE
Roman

Erste Auflage 2000
Zweite Auflage 2020

www.antiquariat-doehn.de

Den kleinen Fischen zum Gedächtnis

Personen und Handlung des Romans orientieren sich an der Wirklichkeit, sind gleichwohl fiktiv gestaltet. Ähnlichkeiten mit echten Menschen und Ereignissen sind zufällig und könnten gewesen sein.

Inhalt:

Vorwort:

Ende der siebziger Jahre in der Mainmetropole: Hader und Hass zersetzen die Linke und doch strebt aus dem Untergrund ein neues – ein grünes – Pflänzchen hervor.

Gwen, Doktorand der Philosophie, Physikprofessor Loisl und Aurobindo, seines Zeichens Yogameister, zieht es in die Strudel der Ereignisse. In ihrer Öko Loge wird Geschichte gemacht.

Alsbald geht es nur noch um Macht und um den Einzug der GRÜNEN in die Parlamente. Die drei wenden sich ernüchtert ab und geraten auch zwischenmenschlich in die Krise.

Von der Politik und von der Liebe enttäuscht, ziehen sie sich in ihre Männer-WG zurück. Doch die Wirklichkeit holt sie ein: Als aufstrebender Universitätsnachwuchs wird Loisl mit bürgerlichem Pomp verheiratet; Gwen versöhnt sich mit der Freundin und Aurobindo findet Geborgenheit in der Waldeinsamkeit. Gelegentlich trifft die Öko Loge sich noch, um am knisternden Kamin über Weltfragen zu rätseln.

In spannungsreichen Auseinandersetzungen der quirligen und bisweilen verqueren Frankfurter Szene tummeln sich kleine und große Fische bei dem Versuch, den ganz großen

Wurf ins Dunkel der Zukunft zu tun, wo ihrer Erfüllung und Glück harren.

Es geht nicht zuletzt um geplatzte Träume und um die verlorene Utopie; vor allem aber geht es um die Stärke der Intellektuellen, die weniger handeln als wissen wollen. - Ob das immer so ganz gut ist?

Prolog: 68er MAN

Der Geist der Wahrheit und des wahren Lebens und ein
Schuss Abenteuerlust
Hatte zu wenige von vielen dazu aufgerufen, ihr Leben
radikal zu ändern
Und ihre bürgerliche Existenz verächtlich und voll Ekel
hinzuschmeißen. Wie wohlig leicht kehrte MAN all den
Spießern in ihrem feisten Wohlstand da den Rücken, um
sich dem Aufruhr und dem Aufbruch jener Zeit ganz an-
und aufzuschließen und bis zur Selbstaufgabe, ja Vernichtung für Wahrheit, Liebe, Freiheit aufzustehen, Um
sich im sichren Glauben an eine andre bessre neue Welt
wieder und wieder blutige Köpfe und Schlimmres abzu-
holen. Die schlimmsten Wunden, die MAN viel länger
spürt, sie brennen einem in der Seele.

**

Eines Tages wacht MAN auf und windet sich und weiß
nicht wie:
Etwas ist anders heut: Verzagtheit, Kleinmut herrschen.
Etwas ist da, und fehlt und tut so weh und brennt dir
Leere ins Gehirn.
Dein Traum ist aus, irgendwie ging er dir verloren.
MAN will's nicht glauben, grübelt, gründelt nach;
Kennt kein Warum, kein klares Wann oder Weshalb,
kein klares Wo.
Und wundert sich, MAN kann und will es gar nicht fas-
sen, dass alles plötzlich anders ist. Dann weiß MAN es: Es

7

war umsonst; wir, eitle Narren, alle: So wenig ist geworden und glaubten doch so viel von allem zu erschaffen. Geblieben ist von uns, was so wir selbst nicht wollten.

***

Zeitstrecken wurden allzu bald auch uns ins rechte Maß gerückt.

Der Geist, der mit uns aufbrach, ist nun wieder in der Geschichte Bett zurückgetreten. Ins Bett der Erdgeschichte gar nun heimgekehrt,

Von dem er nur für uns, so will's dir scheinen, für eine heiße kurze Phase aufgestanden war. Dein Glaube aber ist dahin - dahingeschieden mit der Jugendblüte Jahre. Dem süßen, holden Wahn ist dieser Glaube nachgefolgt. Dem Wahn, der Menschen Flügel wachsen ließ und der dir im Erinnern nun die heißen Tränen fließen lässt.

Tränen vergangnen Glücks, kostbarstes Gut des Erdenlebens,

Das dem vergänglichen Gedächtnis der Geschichte mit zarter leichter Feder einzuschreiben sei.

1. Die Gründer

Der Wind pfiff eisig um die Ecke, wirbelte Staub und Blätter vor sich her. Gwen wischte sich die Augen. Es mochten zwei, drei Minuten vergangen sein, seit er angekommen war und noch immer stand er allein vor dem Laden. Irrte er sich etwa im Tag? Aber nein, es war Montag. Er war gestern an den Bahnhof einkaufen gefahren, weil er wieder einmal nichts im Kühlschrank gehabt hatte.

Endlich näherten sich zwei einsame Gestalten - er erkannte sie schon von weitem. Die hatten doch nicht etwa was zusammen, zuckte es ihm durch den Kopf. Und wenn schon - was war dabei...?

Loisl trug ein Stirnband. So sah er beinahe wie ein Indianer aus mit seinen langen Haaren und den kleinen, schwarzen Knopfaugen. Die Frauen standen auf ihn, weiß der Teufel, warum. Eine Schönheit war er nun wirklich nicht, befand Gwen ein wenig neidisch.

Helma stöckelte in rot glänzenden Stiefeln neben ihm her. Sie hielt sich an seinem Arm fest. Loisl schritt federnd und nur scheinbar gemächlich aus. Helma fröstelte, sie war zu dünn angezogen.

Loisl würde den Schlüssel haben, hoffte Gwen, doch dem war nicht so. Wenigstens fiele die Sitzung nicht aus. Viele kamen ohnehin nicht mehr. Meist waren sie so um die zehn. In ihren besten Zeiten brachten sie es auf dreißig, vierzig Interessierte, wovon der größere Teil nach einer kurzen euphorischen Phase später freilich nur noch selten und dann gar nicht mehr kam.

Sehnsüchtig blickten die drei durch die Scheiben des Buchladens. Die Auslagen hatten sie sich schon zum wiederholten Male angeschaut. So standen sie stumm nebeneinander und warteten ungemütlich. Sie hätten natürlich in die Kneipe gehen können, aber das wäre der falsche Anfang geworden, denn dann kämen sie womöglich nie wieder zurück und es stand doch einiges an. Wenigstens zwei Papiere würden vorliegen. So etwas konnte man in der Kneipe nicht in Ruhe lesen oder gar diskutieren.

Gwen freute sich auf den Wein, den sie seit geraumer Zeit zu trinken pflegten, seit sie mit den alternativen Winzern aus Okzitanien in Kontakt standen. Überhaupt ging es nicht selten gemütlich zu in ihrer Runde, was ihnen die etwas ironisch gefärbte Bezeichnung Öko Loge eingebracht hatte. Politisches Handeln war denn auch nicht gerade ihre Stärke. Sie interessierte die Theorie, und sie hielten sich allerhand darauf zugute, damit ziemlich weit gekommen zu sein. Sie wussten sich auf höchstem Niveau. -

Endlich tauchte doch noch jemand mit dem Schlüssel auf. Aber irgendwie war heute der Wurm drin. Lustlos blätterte man in den Papierstößen auf dem runden Tisch, stand dann wieder auf und verkrümelte sich in entlegene Ecken, um vielleicht in den Bücherregalen zu stöbern oder sich die Titel der Neuerscheinungen anzuschauen.

Gwen suchte nach seinem Lieblingswein. Hinten neben der kleinen Küche war eine der beiden Toiletten zum Weinlager umfunktioniert worden. Dort stapelten sich Kisten über Kisten. Im diffusen Licht einer matten Birne war die Beschriftung kaum zu lesen. Mit Loisls Hilfe fand er endlich, was er suchte. Wenigstens ein Lichtblick, dachte er. Leider fand sich der Korkenzieher nicht an seinem Platz. Doch Edgar hatte sein Schweizer Taschenmesser dabei. Statt der Gläser benutzten sie die abgestoßenen, henkellosen Kaffeetassen, die taten es zur Not auch, obwohl Gwen die Geschmacksverschlechterung deutlich wahrzunehmen meinte. - „...Musst sie vorher gut mit kaltem Wasser ausspülen", riet ihm Loisl, als sie die Schränke vergeblich nach Gläsern durchstöberten, die bis letzte Woche noch da gewesen waren.

„Dass auch heute überhaupt keiner vom Laden da ist...?" Sonst war immer jemand da, meist Flora oder Frauke oder ihr einziger Mann, Charlie, dessen unvergleichlich sitzende Hosen die mehr oder weniger verstohlenen Blicke fast aller Frauen und so mancher Männer auf sich zogen.

Die Öko Loge war zu Gast bei dem rührigsten Szene-Buchladen in Frankfurt, obwohl das für diese kein Grund war: Nachdem das Häuschen mangels Geld hatte dicht machen müssen, war der Umzug von Bockenheim ins Nordend notwendig geworden. Er hatte der Gruppe nicht gut getan. Aus ihrer angestammten Heimat vertrieben, hatte sie weder etwas veröffentlicht noch auch eine größere Veranstaltung organisiert, was früher, wo nicht häufig, so doch gelegentlich gelungen war.

Das Häuschen in der Fürstenstraße beherbergte jetzt ein Fitness-Studio und in der ersten Zeit hatten da nachts immer mal wieder die Scheiben geklirrt, so sauer war man über den Rausschmiss. Denn nicht nur die Öko Loge, sondern auch kleinen Geschäfte und Alternativgroßisten und ein Café waren heimatlos geworden.

„Dass das Häuschen dichtgemacht hat, ist ein wirklicher Schlag gegen die alternative Subkultur", meinte Charlie gestelzt bei ihrem Wechsel - „da kann man mal sehen, wie zufällig und dünn die Strukturen noch sind!" Gleichwohl freute Charlie sich natürlich über die neuen Stammgäste.

Nicht dass das Nordend schlechter gewesen wäre. Im Gegenteil: Hier wohnten inzwischen sogar mehr von ihnen als in Bockenheim. Das hatte mit der Wohnraumverknappung zu tun, aber auch mit der Tatsache, dass Bockenheim ein winkliger, enger Vorort und einst Heimat von Arbeiterfamilien gewesen war, während das Nordend, mit seinen gediegenen Mittelstandsaltbauten aus der Gründerzeit, wesentlich einladender wirkte und die wachsenden Bedürfnisse der in die Jahre kommenden 'Scene' (das sprach sich 'Sziehn') weitaus besser befriedigte; vom Westend natürlich abgesehen, aber das getrauten sich oder konnten sich nur wenige leisten. Wenngleich es da nicht nur Hausbesetzer sondern immer wieder auch ganz normale WGs gegeben hatte, die auch schon in den siebziger Jahren die ein- bis zweitausend Mark für fünf, sechs Zimmer klaglos hinzublättern bereit gewesen waren.

Inzwischen stiegen immer mehr auf diesen Qualitätstrip um, und da war Bockenheim eindeutig im Hintertreffen. Außerdem hatte dort die Sanierung begonnen, gegen die kein rechter Widerstand aufkommen wollte, vielleicht aus den genannten Gründen.

Hier im Nordend wurde gleichsam ernsthaft gewohnt, hier wollte man Sicherheit und Ruhe und den bürgerlichen Frieden. Hausbesetzungen, Putz und wilde Parties wurden in Scene-Kreisen nicht mehr ganz so gerne gesehen, jedenfalls nicht in der unmittelbaren Nachbarschaft und schon gar nicht jede Woche.

Wohnkultur begann sich auszubreiten. Das hatte mit dem Schuhe ausziehen angefangen. In der Urselmühle florierte der scene-eigene Antiquitätenhandel, dicke Teppiche, Futons und Massivholzregale vom Alternativschreiner begannen den zusammengestoppelten Sperrmüllkram der wilden Politzeiten zu ersetzen.

Auch besagter Buchladen namens 'Ökotopia' strahlte gedämpften Gründeroptimismus aus und passte damit so recht zum Trend der Zeit. Hier fand die heimatlos gewordene Öko Loge eine vorläufige Bleibe, wenn auch mit der Auflage, weniger sich, als vielmehr irgendwelche möglichen (und allzu oft eher unmöglichen) Zufallsgäste während der Sitzungen von den Büchern fernzuhalten.

Freilich war es mit dem rauschhaften Bücherkaufen vorbei, seit der Konsens darüber zerbrochen war, was denn nun 'in' sei. Auch auf den aktuellen Büchertischen zog Pluralismus ein und machte den Gründeroptimismus moderat, der sich vor allem auf das eigene alternative Tun bezog, das freilich von tiefem Pessimismus, alles könnte ohnehin längst zu spät sein, angesichts von Atomhochrüstung und dem konzeptlosen ökologischen Ruin allenthalben, überlagert war. Eine Haltung, die mit dem gesunden Misstrauen zu konkurrieren hatte, das inzwischen jedweder ideologischen Gewissheit entgegen gebracht wurde, die mitunter allzu schnell mit lässiger Geste abgetan wurde, als handle es um gebetsmühlenhaftes Herleiern von längst überkommenen Glaubenssätzen.

Einen 'Supergau' etwa (auch dieses Horrorszenario nutzte sich ab) konnte sich niemand vorstellen und es bestand inzwischen eine nicht mehr ganz so wahnsinnige Hoffnung, es könnte gelingen, den Atomkonsens zu brechen. Womit wenigstens eines der neuen *Essentials* benannt war (die ganze Ökologiedebatte war ebenso amerikanisiert wie schon zuvor diese immer ein wenig einfältig wirkenden Kommune- und Innerlichkeitsbewegungen.)

Um dergleichen Wurzelsuchende Konkreta ging es der Öko Loge freilich nicht mehr. Selbst Ozonloch und Treibhauseffekt, Waldsterben und Verkehrsinfarkt galten als Begleiterscheinungen und leidige Umstände, erwachsen aus *einem* gemeinsamen Ursprung: und den galt es bloßzulegen. Es ging um nichts weniger als die Umkehr der Evolution - denn die, so hatte die Öko Loge herausgefunden, war die eigentliche Fundamentalkritik am herrschenden rationalistischen Ungeist - und mit dieser Umkehr hätte man es freilich auch nach dem Ende der Atomhochrüstung und nach dem Einlenken in den anderen Bereichen zu tun.

Was es mit dieser Umkehr der Evolution auf sich hätte, drückte die in der Öko Loge geschöpfte Formel 'Von der Vielfalt zur Einfalt' aus, die den verkehrten Zustand der Welt auf den Begriff zu bringen trachtete. Vor allem die 'westliche Zivilisation' (so lautete die ein wenig diffuse Klage) griffe seit Anbeginn destruktiv in den Naturhaushalt ein, was nicht etwa zufällig geschähe, was vielmehr Methode hätte. Erst die isolierte Einzelheit ließe sich auf den

Seziertischen einer (irgendwie teuflisch werkelnden) Wissenschaft wirklich fassen. Durch menschliche Einwirkung werde die Natur ungebührlich eingeschränkt - nicht zufällig, sondern methodisch, eben nach der Maxime - 'von der Vielfalt zur Einfalt' - (Gwen war nicht wenig stolz auf „seine" Begriffsschöpfung.)

Wie nun von dem erreichten desolaten Zustand aus eine angemessene Veränderung in die Wege geleitet werden könnte, darüber redete sich die Öko Loge die Köpfe heiß. Unter all den kritischen Physikern, Biologen und Medizinern kam Gwen sich als Vertreter der Philosophie bisweilen ein wenig verloren vor. Wenn er auch den Vorteil auf seiner Seite wusste, geriet doch allzu alternativlose Stringenz der Argumentation sogleich in den Ruch der fatalen Wissenschaftstradition.

Gwen betrachtete es deshalb ganz selbstverständlich als seine Aufgabe, die Dinge so weit als möglich zu verkomplizieren (wo jene vereinfachten und abstrahierten). Immer suchte er nach theoretischen Schwachstellen, witterte oft mehr als er wusste, ob das Argument allzu direkt im Rationalismus oder Pragmatismus siedelte, ohne dass ein wohlmeinender Enthusiast dies durchschaute, dem seine Denkgewohnheiten nicht selten zur ausweglosen Falle gerieten.

Gwen wusste mithin, warum er die Naturwissenschaften mied wie der Teufel das Weihwasser. Schließlich bestimmte 'das Sein das Bewusstsein'. - Karl Marx, Urheber dieses seines persönlichen a priori - jedenfalls der frühe (der Marx der Pariser Manuskripte) - war immer noch ein solides Standbein, daran hatte auch keine Meisterdenker-kritik rühren können.

Gwen hielt sich an solche Grundvoraussetzungen der Existenz, nachdem er sie als richtig erkannt hatte. Und natürlich war ihm klar, wie leicht man damit dem Dogmatismus zum Opfer fiele. Es gäbe nun einmal Fallen, denen niemand ausweichen könne, was seine Selbstzweifel einigermaßen beschwichtigte, war der Dogmatismus für ihn doch noch schimpflicher als die schiere Dummheit.

Überhaupt diese Widersprüche. Es gab so viele davon: Wie etwa kam der dekadente und überlebte Westen dazu, sich und seine Auswüchse derart radikal zu kritisieren, ja sich immer wieder selbst in Frage zu stellen? Anfänglich war man versucht gewesen, dergleichen Kritik nicht aus der Immanenz sondern aus der Systemkonkurrenz heraus zu erklären. Doch als die ökologische Wende dieser Kritik eintrat, merkte man auf einmal, wie es um den Osten wirklich stand und was dort in Wahrheit im Argen - ja in den letzten Zügen - lag. Es war die Naturbasis selber und das gleich zweifach, als geschundenes Menschenwesen und als ruinierte, vergiftete Erde.

Überhaupt die ökologische Wende! Wie hatten sie sich mit dieser Frage herumgeschlagen! Wie mühsam war es doch - selbst innerhalb ihres Zirkels - gewesen, das verkrustete linke Denken, in dem sich Fortschritt und Menschheitsbefreiung festgefressen hatten, aufzuweichen und statt dessen die Realitäten von organischer Lebensbasis und den Grenzen des menschlichen Strebens in den Blick zu rücken.

Wo bleibe denn da die Utopie? - hatte es geheißen. - Das sei ja ein merkwürdiger Konservatismus... Das sei zu wenig. Wozu habe es all die Kämpfe, die Opfer für Freiheit und Fortschritt denn gegeben, wenn am Ende nicht mehr als das bisschen Selbsterhaltung herauskäme...?

So dauerte es eine ganze Weile, bis man sich ein solches Minimalprogramm einzugestehen lernte. War es nicht eine schöne heile Welt gewesen, in der die Zukunft gleichsam in Summenzeichen und Differentialquotienten ausdrückbar und mithin verfüglich gewesen war? Um so gehässiger spuckte man die eigene Frustration nun dem rechten Widerpart ins glatte Gesicht: „Nein, diese Welt ist nicht machbar, Herr Nachbar!"

*

Gwen blickte in die Runde und sah in zweifelnde Gesichter. Das fing bei Flora und Frauke an, die endlich doch noch gekommen waren und wurde selbst auf der anderen Seite, wo Loisl, Helma und Edgar saßen, nicht viel besser. Vielleicht hatte er sich wieder einmal vergaloppiert. So etwas konnte passieren. Denn inzwischen war er ein richtiger Vielschreiber geworden. Er konnte sich auf dem Papier so richtig austoben und wurde vom eigenen Schwung mitgerissen. Dafür war dies schließlich eine Diskussionsrunde! Niemand konnte hier fertige, ausgereifte Thesen erwarten. Am wenigsten diejenigen, die selbst kaum etwas von sich einbrachten, die aber wohl gerade deshalb nicht müde wurden, die unmöglichsten Einwände vorzubringen. Da konnte man oft nur staunen. So etwas vorherzusehen

17

und entsprechend zu berücksichtigen war oft gar nicht möglich. Inzwischen versuchte er zwar, möglichen Einwänden vorab den Wind aus den Segeln zu nehmen. Doch Flora und Frauke bewegten sich ganz offensichtlich jenseits seiner Vorstellungskraft, oder sollte er besser sagen diesseits...? Ihre Argumente waren dem Alltäglichen entlehnt, deren perfide Einfachheit mitunter viel schwerer zu erschüttern war als manch kritisch brillanter Geistesblitz.

Wenigstens kam eine Diskussion ingang. Das Papier wurde immerhin gelesen. Es war inzwischen schon gar nicht mehr so einfach, sich gegenseitig dazu zu bewegen, Papiere richtig zur Kenntnis zu nehmen. Ein hastiges Überfliegen war meist alles, was man erwarten durfte. Um so mühseliger gestaltete sich die anschließende Diskussion.

Um was ging es heute? - Gwen hatte sich an die Widersprüche in Herbert Marcuses Humanismus herangearbeitet. Sie waren im Zusammenhang mit Michel Foucaults 'Sexualität und Wahrheit' auf Marcuse gestoßen, oder hatte Foucault sich den zurechtinterpretiert? Marcuse sei von Foucault gründlich missverstanden worden, lautete jedenfalls Gwens These. Ähnliche Kritik habe es im übrigen bereits '68 innerhalb des SDS an Marcuse gegeben, was besonders die Älteren in der Runde verbitterte, da Foucault in seinem Buch so tat, als sei das auf seinem Mist gewachsen. Aber dies wäre nur ein untergeordneter Aspekt, meinten sie.

Floras und Fraukes Stirnrunzeln bewegte sich immer deutlicher in die sogenannte 'Meisterdenker'-Richtung, die von ihnen freilich als krude Pauschalabrechnung mit dem herrschenden System gedeutet wurde, worin alles

Leid der Welt auf der zweitausendjährigen Männerherr-schaft fußte. Auch die Heroen der Befreiung, also wesentlich Karl Marx mit seinen Vor- und Nachdenkern blieben dabei nicht ungeschoren. Auch ihr Denken sei durch und durch männlich und stehe keineswegs im Dienste wahrer Menschheitsbefreiung.

Flora und Frauke konnten die Plattheit dieser These so recht veranschaulichen. Die von ihnen benutzten Quellen, meist enthusiastische Kollektivwerke, in denen es um eine Art Einholungsstrategie ging, die gleichsam die erste Etappe auf dem Weg zum unaufhaltsamen Machtwechsel der Geschlechter darstellte, taten ein übriges. Ihr Gegenbild provozierte Widerspruch um so mehr, als dessen Quintessenz eine Art Quadratur des Kreises bildete, nach der sich das weibliche Geschlecht nicht nur all die verpönten männlichen Eigenschaften anzueignen, sondern sich gleichzeitig der eigenen Weiblichkeit zu versichern hätte, um diese dann - derart angereichert - zum 'Frauschaftsprinzip' auszubauen und damit im revolutionären Handstreich die Macht in Staat und Gesellschaft zu übernehmen.

Sie schwärmten alsbald davon, wie sie in riesigen Kastrationsanstalten, analog den maoistischen Umerziehungslagern, die unverbesserlichen Chauvis behandeln lassen würden. Sie entwickelten auch ihre Version von Koedukation (wobei sie ganz offensichtlich nicht wussten, woher dieses Konzept stammte). Ihre Version jedenfalls sah einen Maßnahmenkatalog der Umkehrung vor, mit dem Ziel, die Knaben systematisch zugunsten der Mädchen zu unterdrücken. Dies sei schließlich nur gerecht, denn immerhin sei es in der Geschichte bislang anders herum gewesen.

Gwen verbrannte sich den Mund, indem er einschob, ein solches Verfahren erinnere ein wenig an die frühe DDR, wo es das Studierverbot für Akademikerkindern gegeben habe.

Die anderen Männer in der Runde waren so eingeschüchtert oder abgestumpft, dass sie die schrill vorgebrachten Attacken gegen das Männliche in Geschichte und Gegenwart apathisch über sich ergehen ließen, was den Frauen keineswegs recht war: „Jetzt zieht ihr den Schwanz ein..."

Wenn es immer so zugegangen wäre, dann hätte auch Gwen längst das Weite gesucht. In der Tat hatten die Frauen schon einige weniger geduldige Männer weggeekelt. Vielleicht gehörten die Zurückgebliebenen schon der neue Softigeneration an, die sich die Kritik zähneknirschend, aber doch auch schuldbewusst anhörte, insofern sie die Grundüberzeugung teilte, dass die von Männern gemachte Welt, die beste aller möglichen Welten nicht geworden war.

Selbst diesen aber gingen heute die Schuldzuweisung und die rachsüchtige Lösung, die nach Archipel Gulag und Pol Pot roch, zu weit.

An die Dialektik, nach der aus den verwesenden Leichenhaufen der abgeschlachteten Unterdrücker, die Freiheit ihr leuchtendes Haupt erhöbe, mochte keiner mehr so recht glauben.

Vielleicht bemerkte der eine oder andere sogar, auf welche Weise ein ganz anderes, kaum weniger grausiges

Problem in ihnen allen steckte: Ihr ganzes Denken war hoffnungslos undemokratisch. Man war sich der Konsequenzen des eigenen Denkens und Fühlens in der Wirklichkeit nur selten inne.

Darüber erschraken sie, wenn sie es erst beim anderen und nicht zuvor schon bei sich selbst bemerkten. So gesehen hatten auch frustrierende Diskussionen, wie die geführte, ihr Gutes.

Die ersten Versuche in Richtung parlamentarischer Demokratie lagen freilich schon hinter ihnen. Es hatte bei den letzten Wahlen zum ersten Mal grüne Listen in einigen Kreisen gegeben und allenthalben wurde über eine Parteigründung geredet. Manche wollten gehört haben, dass eine solche bereits vollzogen sei. Wie sich später herausstellte, gab es sogar mehrere dieser Gründungen.

Allein das Eis war noch dünn, das die Einsicht in die Unabdingbarkeit demokratischer Strukturen zu tragen hatte und in Zuständen der Betroffenheit brach so manche und mancher darin ein.

So erging es Frauke und Flora an jenem Abend, und Gwen gestand sich schuldbewusst ein, dass er sie mit seinen Thesen dazu provoziert hatte.

Es ging, wie so oft bei solchen Diskussionen, alsbald nicht mehr um ein Richtig oder Falsch. Gwens Thesen waren vermutlich nur zu abgehoben, er hatte sich nicht verständlich machen können. Und obwohl kaum Parallelen bestanden, schien es ihm gerade so wie in manchen seiner Kursstunden zu ergehen. Da konnte eine Sache in der einen Gruppe ein Riesenerfolg werden. Wenn er aber darauf baute und hoffte, diesen Erfolg in einem anderen Kurs zu wiederholen, dann wurde er nicht selten grausam enttäuscht.

Das Geheimnis des 'zur rechten Zeit am rechten Ort' hatte er noch nicht ergründet, das bewies sich an diesem Abend wieder einmal. Auch die Wahrheit bedurfte der Didaktik. Die Hoffnung, ihr hehrer Glanz genüge sich selbst, musste notwendig enttäuscht werden.

Gwens selbstkritische Wendung vollzog sich in seinem Kopf einigermaßen blitzartig. Sie spiegelte sich aber sogleich im Diskussionszusammenhang wieder, der wie durch ein Wunder verwandelt wurde, als er seine Einsicht, gleichsam als veröffentlichte Selbstkritik, zum besten gab.

Auch die sakrale Handlung des selbstkritischen Insichgehens, die nicht erst Kommunisten, sondern lange vor ihnen schon Puritaner, seltsam einte, stellte in der Öko Loge noch durchaus vertraute und vertrauensbildende Strukturen her. Die Wellen der Ablehnung, ja des Hasses, schlugen um in solche der zärtlichen Zuwendung.

Irgendwie waren Frauen doch wunderbar, zuckte es Gwen durch den Sinn. Dies wäre zugleich der Unterschied zwischen der einsamen Gelehrtenkammer und einem Diskussionsprozess. Manch steiniger Umweg würde mit der Gruppe vermieden. Es wäre immer besser, sich mit anderen zu bereden. Natürlich ersetzte das den Reflexionsprozess nicht.

Das gemeinsame Band der Sympathie umfing sie um so enger, je weiter der Abend fortschritt. Es bedurfte solcher Auslöser immer wieder. Erst dann konnte sich ihnen ihr zweifellos bestehender Grundkonsens zeigen und mittels des genossenen Weines verstärken.

Bevor sie auseinander gingen, verabredete sich die Gruppe zu einem gemeinsamen Selbsterfahrungswochenende im 'Storchennest' - einem rege frequentierten Szenetreff im Hintertaunus. Dies schien allen nach der heutigen Sitzung sehr wünschenswert. Vor allem aber hatten sie Lust dazu bekommen, was, so fanden sie, die Hauptsache wäre.

*

Im Grunde hielt keiner, was er verhieß. In jedem schlummerte ein unausrottbarer Hang zu Normalität und Geruhsamkeit. Das war Loisl, der sich über sich nichts vormachte, klarer als so manchem, der ihm nacheiferte. Vieles an ihm war Attitüde. Er zog sich den Flair des 'ganz Anderen' an wie eine Mode. Er brauchte das. Vor allem für die Uni. Er hätte es da sonst nicht ausgehalten. Seine H3-Professur war ihm dennoch wichtig. Sie bedeutete ihm - dem Bauernbuben aus dem Salzkammergut - wahrscheinlich viel, viel mehr als jedem anderen. Eigentlich hatte er nie vor einer echten Alternative gestanden. Schon während des Studiums nicht, das er mit großem Fleiß und noch größerer Begabung durchzog. Das Politische, dem er sich nicht minder hingab, war für ihn dabei mehr eine Art Studentenulk geblieben, während andere, besonders Pädagogen und Soziologen, daraus ihre Studieninhalte bastelten. Für diese gab es keine Zweigleisigkeit. Sie taten ihm leid deswegen. Bei all ihrer Kompliziertheit im Denken blieben sie ihm stets ein wenig unbedarft. Sie schienen unempfänglich für existentielle Fakten zu sein, denen man sich zwar nicht blind unterwerfen musste, die man aber gefälligst anzuerkennen hatte.

Für sein Engagement gegen die Kernenergie gab es große Vorbilder mit international bekannten Namen, die es wissen mussten, die, wie er, das ganze Ausmaß des Schreckens begriffen und die um den Faktor Mensch wussten, unterliefen selbst ihnen in der Laborpraxis nicht wenige ähnlich gearteter Fehler, die nach der Wahrscheinlichkeitsberechung der Atomapologeten in Tausenden von Jahren nicht vorkämen. Mit jedem Kraftwerksneubau wuchs mithin die sehr reale Gefahr einer Katastrophe von globalem Ausmaß.

Loisl fühlte, wenn er sich das vorhielt, Wut und Verzweiflung angesichts der Schamlosigkeit von Betreibersprechern und ihren Fachleuten. Sich die Folgen eines solchen Unfalls konkret vorzustellen, war freilich auch ihm nicht möglich. Dieses fünf Mal, zehn Mal, fünfzig Mal schlimmer als Hiroshima und Nagasaki zusammen genommen, sagte auch ihm kaum mehr als jedermann. Der vieltausendfache Strahlentod war nicht vorstellbar, das Dahinsiechen der Langzeitopfer vielleicht noch am ehesten, doch dies war Sache der Mediziner.

Loisl versuchte, sich der Auseinandersetzung um die grundsätzliche Falschheit seines Metiers zu stellen, versuchte es allerdings, ohne es deshalb preiszugeben, was ihm herbe Kritik bei seinen ökologischen Mitstreitern einbrachte, die in ihm den opportunistischen Karrieristen vermuteten, der er ein Stück weit tatsächlich war.

Das erfrischende an Loisl war, dass es ihn an jedweder Dogmatik mangelte, dass er ohne jeden Respekt vor linken Glaubenssätzen war. Diese Respektlosigkeit fußte zu einem guten Teil auf Ignoranz - er hatte sich einfach nicht die Zeit nehmen können, die voluminösen Werke der 'Meisterdenker' durch zu arbeiten - doch das war nur ein Teil der Wahrheit. Respektlos war er auch da, wo er sich kompetent wusste, was nicht zuletzt das Geheimnis seines Erfolges als Wissenschaftler war. Er kannte keine Tabus, stellte Selbstverständlichkeiten ohne Zögern in Frage, besonders diejenigen, die so undurchschaubar wirkten. Das schied ihn von seinen Kollegen und hob ihn aus deren Mitte heraus. Nirgends verließ er sich auf die Resultate anderer.

Loisls Spezialgebiet war die Dialektik von Chaos und Ordnung, darüber hatte er sich habilitiert. Im wirklichen Leben faszinierte ihn dazu analog die Anarchie. Er war von der Idee völliger Freiheit durchdrungen, hatte so ziemlich alles probiert, was darunter verstanden wurde, hatte mit Drogen ebenso experimentiert wie mit Lebensformen.

Angefangen hatte alles mit seiner persönlichen Revolution gegen den ländlichen Mief seiner Herkunft, die er gleichwohl nicht verleugnete, auf die er vielmehr stolz war, begriff er sie doch als den notwendigen Antrieb für seine Karrieren. Denn hätte es ihn nicht beengt, dann wäre er nicht ausgebrochen, hätte statt dessen die väterliche Milchwirtschaft weitergeführt, die ihm nun, als einzigem Sohn, anhing wie ein entzündeter Appendix, weil die Eltern die viele Arbeit nicht mehr bewältigen.

So lagen sie ihm bei seinen sporadischen Winterbesuchen - es zog ihn zum Schi fahren heim - in den Ohren, sich um eine Lösung zu bemühen. Schließlich fanden sie gemeinsam einen entfernten Cousin, der mit seiner jungen Familie gerne bereit war, gegen eine geringe Pacht einzusteigen. Seine Eltern meinten zwar, Loisl bringe sich damit um sein Erbe, doch dieser, nachdem er ihnen jahrelang vergeblich klarzumachen versucht hatte, dass er seine Karriere in Deutschland niemals würde aufgeben können, beschwichtigte sie mit dem Hinweis, er würde im Alter auf jeden Fall zurückkommen.

Als (viel später) dann gar Kinder kamen (Loisl zog aus seinen wilden Jahren den Schluss, eine bürgerliche Familie sei - zumal sie das einzige war, was er noch nicht ausprobiert hatte - nicht allein vernünftig, sondern vor allem ungleich weniger irritierend und zeitaufwendig), beruhigte das die Eltern weitaus stärker als seine Beteuerungen.

Und tatsächlich verbrachte die junge Familie die Sommer regelmäßig oben in der klaren Bergluft. Sogar angebaut sollte dann später werden.

Seine naive Experimentierfreude machte den wesentlichen Unterschied zwischen ihm und den philosophischen Geistern der Öko Loge aus, die, wie ihm wiederum schien, ihre Denkgebäude allzu leichtfertig und unverbindlich entwarfen. Bei ihm war statt dessen alles solides Handwerk. Von den Traumburgen und Luftschlössern ohne jede Aussicht auf Zugänglichkeit hielt er wenig. Dergleichen machte ihn sogar unsicher und ärgerlich. Zumal ihn die Konstrukteure mit der leichten Hand ziehen, ein hoffnungsloses Opfer seiner verruchten Methode zu sein, wel-

cher der üble Zustand der Welt angelastet wurde. Was er -
in dieser Pauschalität schon gar nicht - freilich nie akzeptierte.

Bezüglich der eigenen Person aber war er gleichwohl
unsicher. Was er sich mitunter antat, erinnerte fatal an die
frühbürgerliche Hemmungslosigkeit der Wissenschaft.
Und mehr als einmal machte er sich bewusst, dass er als
sein eigenes Untersuchungsobjekt zu einem gequälten Opfer wurde. Das brachte ihn dann in der Tat in die Nähe jener Destrukteure und Zertrümmerer, deren es in seinem
Metier nur allzu viele gab.

Mit Schaudern erinnerte er sich an eine Fliegenpilzver-
giftung, die ihn zusammen mit einer Freundin zwei Wochen lang niederwarf. In einer alten Schrift erfuhren sie,
wo der Name dieses Pilzes in Wahrheit herstamme: der
Pilz habe Hexen im Mittelalter dazu gedient, sich in die
Lüfte zu erheben. Darin ganz ähnlich dem Peyotl der mexi-
kanischen Indianer Castanedas, an das man aber nicht
ohne weiteres herankam, während sich Fliegenpilze in jedem Wald fanden.

Irgend etwas mussten sie falsch gemacht haben, denn
ihnen war nur sterbensübel geworden. Von Seelenwande-
rung und Zeitreise keine Spur. Vielleicht hatten sie die
Dosis falsch bemessen oder aber gab es die alte Pilzart
nicht mehr? Immerhin bestand rein theoretisch die Möglichkeit der Mutation in den seit erscheinen der alten
Schrift vergangenen Jahrhunderten. Dass das okkulte Werk
Scharlatanerie sein könnte, wollten sie am allerwenigsten
glauben.

Die Öko Loge war recht eigentlich Loisls Schöpfung. Angefangen hatte alles mit einer ungewöhnlich erfolgreichen Veranstaltung. Mit einigen jüngeren Medizin- und Biologiestudenten hatte er im Hörsaal VI, dem größten der Universität, eine eher plakative Veranstaltung zu Ozonloch, Treibhauseffekt und Strahlenschäden gemacht, die wie eine Bombe eingeschlagen war.

Ohne es selbst zu begreifen, hatten sie damit in Frankfurt den Tod der Moderne eingeläutet. Seither schlug man sich eigentlich mit nichts anderem mehr herum, als mit dem unwiderruflich zerbrochenen Konsens über diese immer schon allzu ominöse, unerschöpfliche Potentialität der menschlichen Gattung und der damit einhergehenden unbegrenzten Machbarkeit von Welt.

Was die Frauenbewegung gleichsam ideologisch postuliert hatte, dass die Welt von dem herrschenden Geschlecht grundsätzlich falsch organisiert würde, das erhielt nun die materielle Grundlage in dem Bild des geplünderten Planeten.

Wachstum, Fortschritt, Revolution und grenzenlose Entwicklung - wesentliche Zielvorgaben der Moderne, wurden schal wie abgestandenes Bier.

Wen diese Ernüchterung erst einmal packte, den drehte es durch einen wahren Fleischwolf des Werteverfalls, dem hob sich seine heile Welt aus den Angeln.

Der erste Impuls nach solch einem Erwachen war Ekel vor den schmierigen Bettgenossen, denen man sich willfährig hingegeben hatte und deren grausige Chimär-Gestalten ohne den utopischen Zauberflair zu stinken begannen, da sie jetzt erst in ihrem fortgeschrittenen Verwesungszustand ruchbar wurden. Was Wunder, dass sich die Abrechnungen mit all den falschen Propheten häuften, von denen man sich betrogen wusste.

Diese Phase des Katzenjammers durchzumachen, blieb nur denen erspart, die sich Scheuklappen zulegten und mit der Wirklichkeit abschlossen, um statt dessen fürderhin im eigenen Innenreich zu überdauern.

Andere kamen aus der Katerstimmung nie wieder heraus und suchten sich mittels Alkohol und anderer Drogen der Denkmuster zu entledigen, die sie allzu nachhaltig geprägt hatten.

Durchlitten aber musste dieses Todestal werden (so jedenfalls das Credo der Öko Loge). Hindurch musste ein jeder, aber es hatte ein Ende, es gab das Jenseits des Tales, das zu erreichen, Befreiung bedeutete.

Nur wenn man sich auf den Weg machte, gelang es, die 'Meisterdenker' einzuordnen und sich auf neue Weise dienstbar zu machen. Denn auch ihre Werke steckten voller Andeutungen der Zweifel, voller geheimer Transzendierungen ins 'ganz Andere' hinein.

Auch die Moderne führte ihre eigene Negation immer schon mit sich, und glaubte viel weniger an sich selbst, als all die kleinen Geister an sie zu glauben gezwungen zu sein stets sich wähnten, die sich in Wahrheit aus der blinden Apologie Vorteile verschafften, ohne sich dies jemals einzugestehen. Denn auch das war ein wesentlicher Charakterzug der Moderne, dass sie sich bedeckt und verschleiert hielt, dass sie sich mit unerschöpflichen Geheimnissen umgab, und dass sie ihre Erforscher nach ihrem eigenen Bilde schuf, so dass auch diese sich selbst nicht erkennen konnten, ohne doch je vom Zwang, das als bodenlos Gewusste zu ergründen, frei zu werden.

Die Moderne war so etwas wie eine Medusa geworden, ein Leviathan, ein Caliban. Sie ließ sich von der bürgerlichen Klasse von Sieg zu Sieg tragen, überzog die Welt, die nicht wusste wie ihr geschah, riss alle Völker und Erdteile aus ihrem Dornröschendämmer, wirbelte den alten Staub Ägyptens, Athens und Roms aus den Grüften, verleibte sich gierig jede Kunstfertigkeit ein, profanierte das Heilige und heiligte das Profane, machte daraus die Mittel zum Selbstzweck und blieb dabei so seelen- und gewissenlos, wie es der Chimäre, die sie war, anstand.

Zum Leben fand sie in der millionenfachen Inbrunst ihrer Götzendiener in Wissenschaft und Industrie, in Politik und Kunst. Es war ein sublimes, sublimierendes Leben, das unerhörten Glanz verbreitete und sich dennoch betrog. Dieses Leben war nichts weiter als ein einziges unbesiegbares Gieren, auch wenn die Gier vielfältige Ausdrücke fand.

Nirgends konnte irgend ein Jemand je sicher sein, wie ihm von ihr geschähe. Heute noch verehrt und umworben, konnte er schon morgen in ihrem Namen greulich geschlachtet werden; sie kannte sich darin über sich nicht aus, sondern überraschte auch sich mit solch jähen Wendungen, die aus der nur scheinbar so Rationalen jählings und wütend hervorquollen, wie Eiter und schwarzes Blut aus Amfortas' unheilbarer Wunde.

Der Moderne den Tod zu wünschen, war deshalb kein besonders origineller Wunsch. Allein ihn herbeizuführen, bedeutete schon etwas anderes. Noch hatte sich jeder ihrer

Macht gebeugt oder war gar ihrem Charme erlegen und je gewisser ihr Ableben sich abzeichnete, um so leuchtender erstand ihre Verlockung.

Ob sie, würde sie nur wirklich konsequent durchgeführt, nicht doch in der Lage wäre, ihre Verheißungen einzuhalten? Waren ihre Totengräber kleine, kleinmütige Geister, die den grandiosen Wurf, der da jäh am Menschheitsfirmament aufgeblitzt war, nicht begriffen, die sich nur ängstlich duckten, statt im aufrechten Gang voranzuschreiten, hinaus auf diesen Regenbogen an dessen anderem Ende das Paradies auf Erden läge?

Aber so, wie es zuvor nicht gelungen war, die Moderne tot zu reden, gelang es nun nicht mehr, sie ins Leben zurück zu bringen. Überall krachte es, brachen filigrane Machwerke in sich zusammen, stürzten komplexe Systeme, Machtapparate und Dogmendome. Die Agonie des Sozialismus setzte ein (lange vor den Zusammenbrüchen, die noch völlig undenkbar schienen) und setzte fort, was sich in den 'befreiten Gebieten' Hinterindiens und Afrikas schon gezeigt hatte. Die in die Jahre Gekommene gab das Zwangskorsett von einst nicht mehr her, das die frischen Revolutionen ihren Völkern auf die blutenden Leiber schneiderte und auf dem hehre Worte geschrieben standen.

So konnte die Barbarei sich dort nun umstandslos Luft machen, die den Postulaten hohnlachte. Denn der Sozialismus war der - zweifellos missratene - Lieblingssohn der Moderne geworden, was die älteren seiner Geschwister mit Neid und Missgunst erfüllte.

Da Mutters Liebling zeitlebens ein ziemlich boshafter Flegel blieb, hatten die Geschwister dazu guten Grund. Am meisten aber litt Schwester Humanitas unter dem hinterhältigen Bruder.

*

Das Wetter war nicht gerade einladend. Zum Glück gab es diesen Billardtisch in dem zugigen Hinterraum. Überhaupt empfand die Gruppe es als Zumutung, hier ihre Tage zu verbringen. Trotzdem war bisher niemand abgereist. Sie nächtigten unterm Dach auf durchgelegenen Strohsäcken, und die ungewohnten, vielfältigen Schlafgeräusche hinderten sie, die durch das jahrelange Alleinsein in ihren WG-Zimmern ein wenig neurotisch geworden waren, wechselseitig am Schlaf. Unter Tage kam gleichwohl ein wenig Schullandheim-Stimmung auf, kein Gedanke an Sinnlichkeit machte sich breit. Abends versuchten sie so lange wie möglich aufzubleiben. Und natürlich wurde zuviel getrunken. Man konnte sich nirgendwohin zurückziehen. Es gab nur die Gaststube mit den harten Brauereibänken, das Billardzimmer und diesen Dachboden.

Das Gasthaus lag inmitten eines unscheinbaren Ortes an den westlichen Ausläufern des Taunus und um spazieren zu gehen, musste man erst das Auto nehmen. Vom Dorf aus ging es nur in die Felder hinaus. Der Wald lag in der Ferne und der von Traktorspuren durchfurchte Weg dahin, den man ohne Gummistiefel besser nicht benutzte, war weit und öde.

So spielten die Männer nachmittags meist Billard, während die Frauen sich mit dem Auto auf die Suche nach einem der vielen schönen Rundwanderwege machten. An den Vormittagen widmeten sie sich allerdings ihrem Programm, indem sie sich gegenseitig Referate hielten, die sie anschließend diskutierten, was dann abends fortgesetzt wurde.

Dies Verfahren hatte sich besser bewährt. Lieber die Nachmittage verbummeln, als abends nichts vorhaben. Statt eines Wochenendes hatten sie die ganze Woche buchen müssen. Jedenfalls hatte ihnen Loisl dies so erklärt. Dafür war der Tarif günstig. Einige der Frauen bedauerten nur, dass sie sich ihr Essen nicht selbst kochen durften. Zwar schmeckte das Gasthausessen nicht schlecht, aber derartige Tätigkeiten verbanden doch sehr und füllten die Leerräume des Tagesablaufs.

Billard hatte so gar nichts Alternatives, fand besonders Gwen. Wenn sie wenigstens das Rauchen gelassen hätten! Und diese ewige Sauferei...! Nur einige Frauen scherten aus, denen er sich am liebsten angeschlossen hätte. Doch die winkten ab: 'Sobald ein Mann auch nur in der Nähe sei, werde alles ganz anders': - „wir bleiben lieber unter uns, nimm's uns nicht übel, aber du kannst wirklich nicht mit...“ - So was ließ man sich auch nur einmal sagen.

Von den Billardspielern, die stur, ja bisweilen verbissen, ihre Spiele machten, ließ sich keiner loseisen. So musste er wohl oder übel allein losziehen. Dummerweise hatte er kein Auto und mit seinen dünnen Halbschuhen war er denkbar schlecht für den Weg und die herbstliche Witterung gerüstet.

Wie beschränkt man doch auf dem Lande war, ging es ihm durch den Kopf: Was man auch überlegte, überall türmten sich sogleich die Barrieren, da hatte man es in der Stadt wirklich einfacher, besonders in Frankfurt, wo es stets und ständig diese kleinen lauschigen Parks gab und man fast überall hin radeln konnte.

Sie hatten die *'Idiotie des Landlebens'* ausführlich diskutiert. Alle waren eigentlich in die Metropole geflüchtet, weg aus der Enge der Kleinstädte und Dörfer, wo jeder jeden kennt und man sich als Jugendlicher rein gar nichts leisten kann.

Eine italienische Eisdiele, wo man sich - wenigstens im Sommer - nur allzu oft und regelmäßig verabredete, war schon das höchste der Gefühle. Ansonsten herrschte die Langeweile vor - gähnende, nervtötende Langeweile, aus der man sich immer schon fortgesehnt hatte. Das Studium war da gerade recht gekommen.

Die Biografien glichen sich wie ein Ei dem anderen. Noch nicht einmal regionale Färbungen wiesen einen Unterschied auf. Ob vom Norden oder Westen, aus Bayern oder Baden - überall das nämliche Bild. Dieser Widerspruch ließe sich so schnell nicht beiseite räumen.

Wer so beredt vom monströsen, urbanen Moloch schwadronierte, dem hätte die Zunge gleichsam im Mund verdorren müssen. Und wie ließ sich ihre Neigung mit der ländlichen Öko-Szene abstimmen, die sich herangebildet hatte und besonders die stadtnahen Regionen durchzog, worin so mancherlei alternative Lebensformen und Wirtschaftsweisen ausprobiert wurden?

Gwen erinnerte sich voller Unbehagen seiner eigenen ländlichen Experimente. Sie waren ihm schlecht bekommen. So kam man der Natur nicht wirklich näher. Dies wäre, so wollte er es hinterher, der falsche Weg. - Was hatte ihn nur so niedergemacht? Es ging nicht allein um die soziale Kontrolle, denn selbst wo diese umgangen werden konnte, holten einen die Geister der Vergangenheit ein. Sobald man auf sich allein gestellt war, begannen die blödsinnigen Zwänge, die man gleichsam ererbt hatte, von innen heraus zu wirken.

Sein Spaziergang führte ihn zunächst durch die Wüstenei der gepflügten Felder, die wie Geometrieaufgaben für Anfänger aussahen. Später ging es dann an Koppeln und Weiden vorbei, die zunächst des Waldes auf den Talhängen lagen, wo diese etwas steiler anstiegen.

Das breite fruchtbare Tal lag nun, als er sich umwandte, vor ihm ausgebreitet, - unten, in der Mitte, das Dorf mit den roten Dächern im Schwarzbraun der gepflügten Erde. Wenigstens farblich machte es etwas her, vor dem Hintergrund der herbstlich bunten Baumgruppen, die sich in Einsprengseln zwischen das dunkle Braun schoben.

Der Wald, in den ihn der Weg alsbald führte, war keine zweihundert Jahre alt. Dies war kein natürlich gewachsener Wald, wie übrigens der ganze Taunuswald nicht (hatte er irgendwo gelesen), sondern eine künstlich angelegte Monokultur. Trotzdem war es Wald und schöner dazu.

Natürlicher Samenflug oder auch einsichtige Forstarbeiter hatten das strenge Regiment der vorherrschenden

Buchen gebrochen. Sie standen weiter hinten zwar noch in Reih und Glied, aber zwischen ihre schlanken silbernen Stämme mischten sich Fichten und auch Eschen oder Ahorn.

Der Weg stieg jetzt steil an, eine sattgrüne Fichtenschonung nahm den einsamen Wanderer auf. Sich vorzustellen, dass hier einst Schafe und Kühe weideten! Hier zwischen vereinzelten Felsbrocken, die von gewaltiger Riesenfaust ausgestreut schienen, hatten die Hütejungen gelagert, vielleicht an jenen Felsen gelehnt, der so einladend aus dem Steilhang ragte, vielleicht eine Flöte schnitzend; jedenfalls im Windschatten, denn hier oben blies der Wind schon viel kräftiger als unten im Tal...

Was hatte die Bauern vertrieben? Doch nicht eine ähnlich 'ursprüngliche Akkumulation' wie sie mit dem 'Bauernlegen' in England eingeläutet worden war, wo man die Tuche auf dem neuen Webstuhl so massenhaft fabrizierte, dass ganze Regionen in Schafsdriften umfunktioniert wurden?

Den hessischen Bauern war es jedenfalls dreckig gegangen im zerstückelten Land zwischen Bayern und Preußen, wer auch immer sich die Pfründe aneignete.

Gwen hatte zu wenig Ahnung von Geschichte. Sie hatten da immer nur so oben drüber weggelesen, wussten im großen Ganzen irgendwie Bescheid. Wie man das so zusammenholt, bei Bloch, oder Zimmermann und natürlich bei Engels und ein wenig wohl auch beim Bebel. Nicht zu vergessen Büchners 'Hessischen Landboten', der allerdings alles andere als ein 'Landbote' gewesen war...

Thomas Münzer war nicht weit von hier zu Tode gekommen und mit ihm die große Hoffnung der aufständischen Bauern. Luthers Verrat an 'der Bewegung' fiel ihm wieder ein, freilich nur ganz grob und ohne Einzelheiten...

Eins aber war gewiss: Hier stand er auf historisch bewegtem Boden, hier war ein Gutteil des Gegenwärtigen aus der Taufe gehoben worden.

Nur wenn man alles so nahm, wie es einem erschien, wenn man sich nicht darum kümmerte, wie das, was sich einem zeigte, so geworden war, verfiel man dieser berüchtigten Geschichtslosigkeit, die einen so fertig machte..., dieses Wissen aus dem hohlen Bauch heraus, das von den undurchschauten Stimmungen der eigenen Seele so sehr bestimmt wird, ohne dass es der Mensch merkt. Wie viel Unrecht ließ man auf diese Weise an den Umständen aus!

Das war nicht die Einkehr bei den eigenen Wurzeln, die zu unternehmen, diese esoterischen Freaks vorgaben. Ohne es auch nur zu ahnen, landeten sie bei den Klischees der Kulturindustrie.

Matthias Claudius fiel ihm dazu nun ein, dessen gnadenloses Kleinbürgerlied, wo all die Ängste und Nöte des Leibes und der gequälten Seele eingefangen sind, die Sehnsucht auch, die dem Grauen vor der Natur, als Refugium und Geißel zugleich, die Waage halten möchte. Jene Zeilen über den Mond, der den Tumben narrt, schienen ihm so recht geeignet, die zeitgenössischen 'Glücks- sucher aus dem hohlen Bauch' zu entlarven.

So also ginge es nicht. Erst der scheinbare Umweg, dieser mühselige und langwierige, gleichwohl tief befriedigende, weite Weg durch die Historie ließ einen bei einem

Hauch von Wahrheit ankommen. Erst dann spürte man ein wenig vom Ganzen und der Verflochtenheit der Wirklichkeit. Da würde man immer am Anfang stehen und die eigene Ohnmacht und Unwissenheit so recht spüren. Alles andere war pure Ignoranz, selbstgefälliges Bespiegeln an der glatten, verdummenden Oberfläche, war der Reinfall auf die stereotype Folie einer Welt des Scheins, die es nur als strategisches Kalkül herrschender Mächte gab.

Der alternative Firlefanz war nur peinlich, dieses Schwafeln vom Einswerden mit dem Universum, von ungeheuren Energien, positiven noch dazu. Und wie erst die Wege aussahen, die zu diesen Zielen führen sollten!

Die Psychoanalyse hielt es wenigstens mit der Seele, aber hier war allzu bald von nichts anderem mehr die Rede als vom Körper und wie man sich seiner bewusst würde.

Einer kamen diese messianischen Offerten freilich im intellektuellen Gewand. Sie nutzten das gängige Vokabular weidlich und sprachen jenen hölzernen Typus Mensch besonders an, der sich auf den harten Hörsaalbänken tummelte. Diesem wurden vehement banale Selbstverständlichkeiten um die Ohren geschlagen, als ob es ungeheuerliche Einsichten in letzte Menschheitsgeheimnisse wären.

Sein Freund Alfred Huber kam Gwen in den Sinn. Wie nannte der sich jetzt doch gleich? - Ach ja, Aurobindo - seit er bei Bhagwan im Ashram Einkehr gehalten hatte. Yoga unterrichtete er freilich schon vorher. Gwen war bei ihm einmal im Kurs gewesen.

Alfred-Aurobindo hatte eine nette Frau, ein bisschen zu bürgerlich vielleicht, mit einer riesigen Familie, die sich die Klinke in die Hand gab. Immer war da ein mords Trubel gewesen in dieser muffigen, engen Zweizimmerwohnung. Gwen erinnerte sich sogar an ihren Namen. Sie hieß Indira, wie Indira Ghandi. Er sah das ein wenig strenge Gesicht, das dicke, blauschwarze Flechten umkränzte und die schlanke Gestalt im rostbraunen Sari. In einer Hand hielt sie ein Whiskyglas und die unvermeidliche Zigarette in der andern und auf der Stirn leuchtete der rote Punkt.

Hatten die dann nicht ein Kind bekommen? Alfred war jedenfalls völlig ausgeflippt nach seiner zweiten Indienreise. Indira machte seine Eskapaden freilich nicht lange mit, und es kam zur Scheidung.

Aurobindo war einer dieser hölzernen Typen. Er konnte noch so viel Yoga üben. Das waren dieselben, die auf dem Tanzparkett gegen den Strom tanzten, weil sie den Takt nicht erspüren, und deren Quadratlatschen der Schrecken der Tanzpartnerinnen sind... Gwen grinste in sich hinein, als er sich Aurobindo beim Tanzen vorstellte.

Es dunkelte, doch Gwen bemerkte es zu spät, so tief war er in Gedanken versunken. Wahrscheinlich hatte er sich gründlich verlaufen. Gerade als er dies dachte, kamen Helma, Louise, Flora und Frauke, die dem nämlichen Rundkurs in entgegengesetzter Richtung folgten, ihres Weges und boten ihm, angesichts der späten Stunde, einen Platz in ihrem Auto an - „ausnahmsweise" - wie sie betonten.

Die Frauen waren sichtlich gut gelaunt und übermütig. Sie blödelten miteinander und witzelten an Gwen herum, und, als sie hinten im Wagen saßen, fielen Helma und Louise regelrecht über ihn her, was die beiden Männerfeindinnen vorn zu geringschätzigen Bemerkungen und eher chauvihaften Gesten veranlasste.

Flora, die fuhr, hätte beinahe einen Unfall gemacht, so sehr empörte sie, was sich ihr reichlich diffus im Rückspiegel zeigte. Hätte Frauke nicht aufgeschrieen, dann wären sie womöglich aus der Kurve getragen worden und gegen einen Baum geprallt. Die glimpflich gemeisterte Gefahr wirkte ernüchternd.

Immerhin wurde Gwen klar, dass es mit der Schullandheimattitüde so weit nicht her war. - Heute war Halbzeit, man sah auf zwei Tage zurück und hatte zwei weitere Tage vor sich. Er nahm sich vor, für den Abend in seiner Zauberkiste zu kramen, vielleicht fände sich dort ein geeignetes Gruppenspiel. Es war nicht zu glauben, wie die Menschen auf solch einfache Angebote reagierten. Aber vielleicht diese hier nicht, die von einem Experiment zum nächsten eilten, und an denen inzwischen so ziemlich alles abprallte. Irgendwie erschienen sie ihm wie seine hoffnungslosen Fälle, deren Steifheit so entsetzlich lähmend wirkt. Kurskiller wurden sie genannt. Nicht selten waren diese sogar selber Lehrer.

Seine Ansprüche waren ohne Zweifel überzogen und seine Kritik ungerecht. Man konnte sich nicht gut zugleich auf hohem theoretischen Niveau bewegen und der manipulativen Strategie erliegen, die seine Kurspädagogik bestimmte. Um sich ihr zu überlassen, musste sie undurchschaut bleiben. Naivität ließ sich nicht wieder zurückholen, wenn man sie erst einmal los geworden war.

Trotzdem wollte er etwas versuchen. Vielleicht das Blindenspiel, wo man lautlos auf Nähe und Ausstrahlung reagieren lernt, ohne zu sehen; oder auch das vor allem verbale 'Konditionalspiel', in dem es darum ging, herauszufinden, ob andere das Gleiche von einem hielten, wie man selbst.

So wie bisher konnte es nicht weitergehen. Sie schlichen umeinander herum, beschnupperten sich oder kläfften sich an wie bissige Hunde. Wenn das Seminar irgend einen Sinn machen sollte, dann den, ihr Verhältnis zueinander zu entkrampfen. Sie waren voller Vorurteile, waren ängstlich bemüht, sich nicht von den anderen in die Karten schauen zu lassen.

Wäre Loisl nicht gewesen, mit seiner erfrischenden Art, die Gruppe wäre spätestens jetzt zerfallen. Es fehlte ihnen ein konkretes Projekt. Aber auch das war symptomatisch. Weshalb konnten sie sich auf nichts mehr einigen? Früher war das doch auch gegangen! Immerhin hatten sie dieses Anti-AKW-Büchlein veröffentlicht, hatten den ersten alternativen Ökojahrmarkt veranstaltet, und auch sonst war durch sie allerlei bewegt worden, worauf sie stolz sein konnten.

Ob es an objektiven Interessensunterschieden lag? Frauke fiel ihnen nun schon seit Wochen mit dieser Wal-Demo auf die Nerven. Sie wollte, dass sie sich daran mit einem selbstgebastelten, riesigen Pappmacheefisch beteiligten. Abgesehen von den technischen Problemen - wahrscheinlich war es gar nicht so einfach, solch einen Fisch ohne Sachkenntnis zu bauen -, sahen die anderen einfach den Sinn darin nicht.

Genauso erging es ihnen mit dem ökologischen Weinkontor, in das sie der fröhliche Franzose hineinziehen wollte, der sich vorstellte, monatlich einmal nach Okzitanien zu fahren und die Öko-Winzer dort abzuklappern. Für ihn persönlich wäre das sein erster Schritt auf dem Weg zu einer alternativen Infrastruktur, und dabei brauchte er die Hilfe der anderen. Aber die meinten, es gäbe dergleichen längst, und außerdem fanden sie es ungehörig, für eine private Existenzgründung ausgenutzt zu werden.

Da waren grundsätzliche Entscheidungen zu fällen. Auch sein eigenes vehementes Votum für die theoretische Aufarbeitung der Menschennatur, mit der Projektion eines 'neuen Menschenbildes', das den anderen, besonders den Pragmatikern, wahrscheinlich noch absurder erschien als Weinimport oder Pappmaschée-Wal (Dinge, die wenigstens verstehbar waren), trug nicht dazu bei, sich auf ein gemeinsames Vorgehen zu einigen.

Am wahrscheinlichsten war Konsens über die Parteigründungsdebatte zu erzielen. Aber auch diese würde den Charakter der Gruppe verändern, würde zu einer einseitigen Ausrichtung auf die Politik führen, mit allem, was dazu gehörte: Delegierte, Kandidaten, Wahlkampf, Plakate und Wahlveranstaltungen. Aber es stand an. Entweder man klinkte sich in diesen Prozess ein oder andere würde die Sache in die Hand nehmen.

Es war immer das Gleiche. Vor jeder Wahl füllten sich die Reihen, eine opportunistische Schar von Möchtegernpolitikern stellte sich ein und versuchte vorsichtig, die Dinge in Richtung Parteigründung zu steuern. Nicht offen freilich, denn Parteien waren den Alternativen noch immer ein Greuel.

Mit der geeigneten Strategie freilich wäre es durchaus nicht unrealistisch, die fünf Prozenthürde anzuvisieren. Sie war zu nehmen, daran zweifelten nicht nur die Opportunisten bald nicht mehr. „Die Zeit ist reif", predigten sie beschwörend. Zu viel sei geschehen und die etablierten Parteien würden immer hilfloser. - Diesmal würde es ernst. Es sähe einfach zu gut aus. Irgendwie würde man in die Rathäuser einziehen, das hätten die Trends deutlich gezeigt. Hatte die Europawahl nicht bereits Zeichen gesetzt?

*

Sehr zum Verdruss der inzwischen aus ihrer Klausur ergebnislos wieder heimgekehrten Gruppe wurde seit einigen Monaten - zunächst ganz unbeachtet - in einem Bürgerhaus getagt. Klammheimlich hatte sich eine Partei mit dem dümmlichen Namen 'Die Grünen' gegründet.

„Immer noch besser als so ein Dreibuchstabencode...", meinten sogar Flora und Frauke, als sie davon erfuhren. Trotzdem, den angestammten Sachwaltern von Ökologiefragen passte dieses Vorgehen überhaupt nicht. Sie empfanden es als persönliche Beleidigung.

- Jetzt, wo es die Linke glücklich geschafft hatte, aus den Kinderschuhen herauszuwachsen, um endlich von den pubertären Splitterparteigründungen abzukommen...

Und Drahtzieher waren natürlich wieder die alten K-Gruppen-Kader, die es nicht lassen konnten und die aus irgendwelchen Parteisplittern ausgebrochen waren, falls es diese überhaupt noch außerhalb von deren Köpfen gab.

Andere Gründer hatten sich bei den JUSOS ihren Frust geholt. Sie waren zu machtgierig, um sich an die Animositäten und Zeitabläufe dort zu halten.

Als Fachleute in Parteisachen manipulierten und beherrschten beiderlei Strategen alsbald das Geschehen. Sie schwatzten von Ortsverbänden und Geschäftsordnungsanträgen und dergleichen und hatten zu allem und jedem etwas zu sagen.

Zähneknirschend zwang sich die Öko Loge mit solchen 'Realpolitikern' an einen Tisch, jedenfalls einige, andere waren sich dafür zu schade. Sie wussten bereits, was die Stunde geschlagen hatte und verfielen in depressive Nostalgie. Aber das Rad der Geschichte würde sich nicht aufhalten lassen, darin stimmten alle überein.

Erst einmal müsste von vorn herein klar sein, dass man - wenn überhaupt - eine gemeinsame Liste aufstellen würde. Etwas anderes käme sowieso nicht in Frage, forderte die Öko Loge, die zu Anfang noch meinte, den Ton angeben zu können.

Liste, das klang irgendwie nach Straße und Initiative von unten, hatte etwas Romantisches. Man sah förmlich die gestandenen Kämpfer und Kämpferinnen, die ihre Namen feierlich auf solch einer Liste eintrugen. Und selbstverständlich müssten alle auf die Liste, alle, die je etwas von Emanzipation und Befreiung, von Feminismus, Ökologie, Basisdemokratie oder Sozialismus, von Antifaschismus und Antiimperialismus, Anarchie oder Kommunismus auf ihre Fahnen oder Pamphlete geschrieben hätten. Und das waren in Frankfurt nicht wenige.

Ironischerweise versammelten sich die radikalsten dieser Jakobiner in den Gewölben einer Kirche. Dort trafen Abgesandte aller Schattierungen dieser zu begründenden 'Bunten Liste' zu Sondierungsgesprächen aufeinander.

Niemand hatte mit den neuen Grünen gerechnet, denen es freilich immer wieder gelang, die Diskussion an sich zu reißen. Sie konnten sich gar nicht satthören an ihren radikalen Thesen, die sie dreist aus dem linken Fundus klaubten und ihren ungläubig staunenden einstigen Schöpfer um die Ohren knallten, was diesen die Sprache verschlug.

Gwen erinnerte sich des Canossagangs mit Schaudern. Vom Ökotopia waren sie zu Fuß durch die Innenstadt gelaufen, gleichsam instinktiv, so, als wollten sie sich durch die körperliche Bewegung Erleichterung verschaffen. In Gwens Magen pochte der alte Schmerz, als sie die stickigen, engen Stiegen hinabkletterten zum Sitzungssaal unter dem Kirchengewölbe, wo zwischen Säulen und Gebälk die Grünen saßen, die vollzählig gekommen waren. Auch das verlorene Häuflein der kommunistischen Kader saß schon da, abgesondert und feindselig beäugt von den Spontis, deren alternatives Äußeres inzwischen allerdings ein wenig aufgesetzt wirkte. Die Spontis, gewohnt initiativ zu werden, versuchten sogleich, noch im Hereinströmen, (es war von deren Seite doch ein ziemlich großer Unterstützerverein für die Öko Loge zusammengekommen), die Situation an sich zu reißen. Aber da trafen sie auf Granit. Erst einmal müsse die Tagesordnung eingehalten werden und erst, wenn der Punkt dran sei, werde geklärt, welche der Gäste

Rederecht hätten. Ein Punkt, der dann aber doch hastig vorgezogen wurde, als die zuletzt Gekommenen Anstalten machten, den Saal wieder zu verlassen.

An solchen versteckten Zeichen war zu erkennen, wie das Kalkül der Grünen aussah. Man brauchte die Öffentlichkeit, brauchte die verbreitete Basis, das wurde alsbald deutlich. Die Frage war nun, wie weit sich die Gäste auf die ihnen zugedachte Rolle einlassen wollten. Denn auch sie hatten Rücksichten zu nehmen. Ganz abgesehen davon, dass die Politprominenz der Spontis heftig unter dem entwürdigenden Verfahren litt, für die es freilich keinen anderen Weg als diesen zu geben schien, dazu war die Situation zu verfahren. In das Stadtparlament (dies war das Etappenziel) gelangte man entweder gemeinsam oder überhaupt nicht, das wenigstens schien allen Beteiligten klar zu sein und je nach dem Standort, erfüllte sie dies mit Genugtuung oder aber mit Ingrimm.

Nach allerlei Nichtigem, das die Wortführer der Grünen weidlich zu ihrer Selbstdarstellung nutzten, kam man endlich zu dem entscheidenden Tagesordnungspunkt: die Erstellung einer 'bunten Liste'. Der Vorschlag der Gäste, Dreierblocks zu bilden, die den tatsächlichen Verhältnissen im alternativen Spektrum am ehesten gerecht würden, entwickelte sich schnell zur Redeschlacht. Dies wäre gleichsam die Vorentscheidung, war doch klar, dass nur vordere Listenplätze Aussicht auf Erfolg versprachen.

Nun war das Verhältnis zwischen der Sponti- und der Kaderprominenz aber keineswegs unproblematisch. Der rotschopfige Sonnyboy und weithin leuchtende Superstar der Spontis erinnerte sich nachdenklich an einstige Mordandrohungen im Falle einer Machtübernahme durch die Maoisten, dem ein Grünensprecher beipflichten wollte, indem er deren mangelndes ökologisches Bewusstsein anprangerte. Zweifellos wollte er sich damit bei den Spontis einschmeicheln, erntete aber empörte Zwischenrufe, weil er selbst als ehemaliger Kader erkannt wurde.

Überhaupt verschlug es so manchem den Atem angesichts der Dreistigkeit, mit der die Grünen banale Selbstverständlichkeiten wie die aktuellsten Einsichten in den Stand der Weltgeschichte verkündeten. Das war vielleicht noch schwerer zu ertragen als die allzu durchsichtige Taktiererei.

Die Kader standen alsbald vor der Alternative, ihrer revolutionären Vergangenheit gänzlich abzuschwören oder aber auf die Teilhabe an der 'bunten Liste' zu verzichten, während ihr Bekanntheitsgrad als Barden einer revolutionären Libertinage der Spontiprominenz zum Verhängnis zu werden drohte. Gegen sie wurde genau anders herum argumentiert: Weniger die falsche Ideologie, sondern das negative öffentliche Image sei deren Problem.

In all dem steckte zweifellos ein gutes Stück Wahrheit, gleichwohl mutete die Art und Weise, wie damit umgesprungen wurde, gespenstisch an. Die Psychopathologie des Triumphes weckte neben ohnmächtiger Wut vor allem Nachdenklichkeit, denn eine solche Konstellation hatte in Deutschland schon einmal unübersehbare Folgen gehabt. Auch damals hatte es diese beim Wort nehmende Tendenz gegeben, diese Wendung in den Fundamentalismus hinein. Es waren beileibe nicht die Inhalte.

„Fundamentalismus an sich macht Angst", meinte ein gewisser Joschka unvermittelt und riss die Versammlung in seinen Bann: „Das kommt von dieser Buchstabenhörigkeit und dem Glauben an die eigene Sendung. Es geht um eine neue Realpolitik, intervenieren statt sabotieren..."

Während man in der Öko Loge noch in Gedanken schwelgte und mittels Geist brillierte, da gossen jene gleichsam in Erz und kamen zur Sache. Da war nichts Leichtes, nichts Spekulatives. Trocken ging es zu in diesen Betonköpfen, beintrocken und bierernst, dachte Gwen kopfschüttelnd und erheiterte sich an seiner widersprüchlichen Formulierung, die er sich wohlig auf der Zunge zergehen ließ.

Er hatte es aufgegeben, der Diskussion zu folgen und lauschte schon längst auf seine Eingebungen, wertete und ordnete das Athmosphärische, statt auf die Redebeiträge acht zu geben, die sich ohnehin nur wiederholten, als die schier endlose Rednerliste in die dritte oder vierte Runde ging.

Vereinzelt bröckelten die frustrierten Gäste bereits ab. Ihnen war danach, die ungastliche Stätte gegen einen gemütlichen Plausch in der Kneipe zu vertauschen, oder aber sehnten sie sich in ihr Bett, da viele inzwischen den Lehrerberuf tatsächlich ausübten, mit dessen Studium sie sich soviel Zeit gelassen hatten, und den sie nicht selten endlich doch als eine wirkliche Perspektive für sich entdeckten.

Die Promis sahen das zwar ungern, verstanden aber ihre Mitstreiter nur zu gut. Sie selbst wären gerne gegangen. Die endgültige Abstimmung war dann nur noch eine Farce. Sie ergab, dass das Experiment fürs Erste gescheitert war.

Gwen, der bis zum Ende ausgeharrt hatte, fühlte sich maßlos enttäuscht. Ihm leuchtete die falsche Solidarität mit den Kommunisten nicht ein. Schließlich war bei den Grünen eine hauchdünne Mehrheit für zwei Sponti-Kandidaten zustande gekommen. Warum also nahm man diese Wahl nicht an? So überließe man das Terrain ganz den 'Fundis', wie die Frankfurter Grünen flugs getauft wurden.

*

Das hatten sie nun davon. Loisl wusste schon, warum er sich auf dieses Polittheater erst gar nicht einließ. Irgendwie taten sie ihm auch leid. Nicht alle, aber doch diejenigen, die es kalt erwischt hatte, die Unbedarften, die nicht hinter die Kulissen blickten. Ja, Gwen war so einer - immer voller Enthusiasmus, wenn es um was ging. Das war jemand, der sich völlig aufgab, wenn es sein musste. Weltfremd, irgendwie weltfremd und verstiegen... - Begreifen konnte er ein solches Wesen nicht. Und obwohl er wusste, wie schief er mit seiner Diagnose lag, wusste er doch, wie recht er damit hatte.

Da saßen sie, diese Strategen, und leckten ihre Wunden, nach dieser Abfuhr. Auf dem runden Tisch stapelten sich wilde Pamphlete zuhauf. Es versprach ein heißer Abend zu werden. Der Buchladen war gerammelt voll. Wenn das so weiterginge, würden sie mit dem Ladenkollektiv Ärger bekommen. Die vielen Leute waren nicht mehr überschaubar. Die meisten kannte man ja, wenn auch viele nur flüchtig, doch gab es inzwischen genügend Gesichter im Halbrund, die niemand zuvor gesehen hatte.

Aber es war auch aus einem anderen, vielleicht viel wichtigeren Grund Zeit, Abschied zu nehmen. Dieser verhinderte Wahlverein war ihre Sache nicht mehr. Man konnte sich nur allzu leicht ausmalen, wie es weiterginge. Sie würden immer mehr für die Hahnenkämpfe im Spontirevier benutzt werden, dessen einzig intaktes Forum sie darstellten.

Aber wie es auch weiter ginge, so wie zuvor würde es nie wieder sein. Die Tage der Öko Loge waren gezählt. So recht glaubte wohl niemand an das Gerede von einem ökologischen, womöglich sogar staatlich geförderten Institut, das die alte Öko Loge fortsetzen und erneuern sollte, nach dem Willen einiger Unermütlicher.

Gwen klammerte sich an diesen Gedanken wie an einem rettenden Strohhalm. Loisl brauchte ihn nur anzusehen, um zu wissen, wie es um ihn stand. Der hatte sich das Polittheater am meisten zu Herzen genommen, so unentwirrbar wie der in sein eigenes theoretisches Gespinst verknäult war.

Dunkel erinnert Loisl sich an ihre Diskussion über die 'Stadträte der Verfemten'. Gwen hatte das wirklich ernst gemeint, ohne dass freilich recht deutlich geworden war, was ihm dabei vorschwebte. Loisl jedenfalls hänselte ihn gerne mit dessen 'dunklen Nischen' in denen dieser 'die Genesung des Menschen' beheimatet wusste, 'Genesung von den Sünden der Moderne am Leben'.

Mit sich überschlagender Stimme, holprig und glühend vor Eifer und mitunter auch vom Rotwein, erläuterte Gwen seine umfänglichen Papiere zu Ghettokultur und den Hoffnungen, die er an die letzten Außenseiter der Gesellschaft knüpfte. Richtig begeisterte er sich allerdings nur für eine, nämlich die schwule Subkultur, was in Loisl, wo nicht Widerwillen, so doch stets ein wenig Unbehagen auslöste.

Da konnte Gwen noch so beredt auf die alternative Sexualität hinweisen und die vielfältigen Sublimationen hervorheben. Das stimmte und stimmte zugleich nicht. Überhaupt das Abheben aufs Perverse! - Falls er ihn richtig verstand, dann brauchte der einen Teil der Perversionen, um sein 'Ökologisches Subjekt' auszustatten:

Der Welt fehle ganz einfach die Liebe. Alle menschliche Libido werde von der gegenständlichen Welt, von 'Kreatur und Schöpfung' (so seine Worte) abgezogen als Folge heterosexueller Genitalfixierung. In manchen Perversionen nun zeige sich eine grundsätzliche Umkehrung dieses bedauerlichen Sachverhalts.

Mit leuchtenden Augen pries er etwa die Fetischisten, deren ganze Liebe auf einen Gegenstand übertragen werde. Auch die Masochisten führte er ins Feld, die sich in einem schwülstigen, komplexen Arrangement verlören, woran er sogleich seine Lieblinge, die Schwulen knüpfte, die ihre Begabungen aus der völligen Hingabe an die jeweilige Sache gewönnen. Er pries deren erlesenen Geschmack und die libidinöse Besetzung des eigenen Körpers in seiner Gänze.

Kam wirklich einmal jemand zu Wort gegen diese flammenden Monologe, warf etwa schüchtern ein, dass es wohl kaum schwanzfixiertere Typen als die Schwulen gäbe oder pflückte ihm die Fetischisten auseinander und machte ihn auf die vielfältigen Verknüpfungen von Masochismus und Sadismus aufmerksam, dann kam Gwen erst richtig in Fahrt.

Denn Sachkenntnis ging ihm ganz sicher nicht ab. Er kannte die einschlägige Literatur wie kaum einer, hatte sich mit verschiedenen soziologischen und anthropologischen Theorieansätzen befasst, war in der Psychoanalyse bewandert und war vor allem - und das war zugleich sein Schwachpunkt - beseelt vom marxistischen Elan. Er war selbst noch Kind der Moderne, so sehr er diese auch geißelte - und hatte sich hoffnungslos in den Glauben an die vollendbare, großartige Menschheit verrannt.

Selbst die Obdachlosen und Slumbewohner ließ er nicht ungeschoren. Sie dienten ihm, wo gar nichts mehr sonst zu finden war, als statistische Minimalverbraucher von knappen Resourcen wie Trinkwasser, Nahrungsmittel oder Wohnraum. Diese stellten gleichsam sein letztes Netz. Zuvor bescheinigte er auch ihnen so mancherlei Wundergaben, legte offen, dass die Jugend schließlich seit Jahrzehnten zu deren Musik das Tanzbein schwünge, sei es nun der argentinische Tango (dessen Wiege man ja wohl völlig zweifelsfrei in den Hafenkaschemmen von Buenos

Aires fände) oder der Südstaaten-Blues einstiger Plantagensklaven oder auch noch der Reggae aus Jamaikas Elendsghettos, von all der Folklore wolle er gar nicht reden, deren vielfältigste Einflüsse gar nicht alle aufzählbar seien.

Wies ihn jemand auf den Zynismus hin, der sich in seiner Argumentation fände oder bohrte in den Widersprüchen herum, die mit derartigen Rand- und Elendsexistenzen unzweifelhaft verknüpft waren, dann konnte es passieren, dass er sich befreit zurücklehnte und freundlich verkündete, dass dies eben das Problem sei - die Paradoxie, der er selbst entstamme und die ihn Zeitlebens beschäftige und die zu lösen vielleicht der Quadratur des Kreises gleichkäme.

Man könne eben nicht erwarten, dass - unter dem Schattenwurf des Grauens - (er liebte solche starken Worte), der ihm von einem nicht allzu genau bestimmtem Establishment - einer herrschenden Kaste aus Politik, Wissenschaft und Wirtschaft - ausging, die Betroffenen, die schließlich zum Leiden verdammt seien, den 'aufrechten Gang' und all den Glanz voll entfalteten Menschentums bereits zeigen könnten.

Nur ein schwacher Abglanz davon werde sichtbar, analog zu dem Hades des Platon, der ja auch nur einen schwachen Schein des wahren Lebens spiegele.

Eine andere Metahpher schien ihm noch lieber zu sein, denn er schrieb sie sogar in den Klappentext seines ersten bislang wenig beachteten Büchleins. Er verglich dort das im Schattenwurf des Grauens verhängte Darben des Menschen mit dem Werdegang des Schmetterlings, der zunächst als Raupe, dann als Kokon und ganz zuletzt erst in seiner wahren Gestalt sichtbar würde. Auch die Vorstadien, so wollte es zumindest der Autor, besäßen bereits die zwar beschränkten und gefesselten Flugorgane - (denn diese hatten es ihm besonders angetan, sah er in ihnen doch das Symbol der Freiheit).

Wie der Schmetterling also erhöbe sich der wahre Mensch dereinst in die Räume seiner ihm eigenen Entfaltung, wenn erst einmal die falschen Fesseln abgestreift wären.

Loisl fand diesen glühenden Pathos reichlich übertrieben. Andererseits war Gwens Beweisführung, was die Faszination von Musik und Lebenskraft anging, die der Elendskultur entstammte, nicht so einfach von der Hand zu weisen. Auch die ökologischen Fakten trafen weitgehend zu, wenngleich diese nur zynisch genannt werden konnten. In den Slums hockten die Menschen ja nicht freiwillig so eng aufeinander oder suchten in den Müllbergen vor den Stadttoren ihre Lebensmittel zusammen oder wanderten kilometerweit für einen Eimer Wasser. Dass sie, so gesehen, von der Konsum- und Vernichtungsgesellschaft ausgeschlossen waren, mithin nicht den Raubbau an der Natur beförderten, sondern gar - in der beschriebenen Weise - an einer Art Recycling beteiligt waren, machte sie dennoch nicht zu 'Ökologischen Subjekten', ebenso wie auf der anderen Seite der Skala Gwens Schwule, mit ihrem Hang zu Luxus und Raffinement, in keinster Weise entlastend für die Umwelt wirkten.

Aber das Hauptproblem steckte für Loisl ganz wo anders. Die Tatsache, dass Gwen auf der Suche nach einem 'neuen Subjekt' war, reihte ihn in die Avantgarde der Moderne ein und zwar an die vorderste Stelle, was der auch freimütig zugab. Er war überzeugt von der Richtigkeit der Marxschen Geschichtsphilosophie, nach der bestimmte Klassen die Entwicklung der Menschheit vorantrieben, während andere diese Entwicklung hemmten.

Er glaubte aus diesem Grunde auch fest an die Machtübernahme durch die proletarische Klasse, die im Osten eindeutig, im Westen dagegen nur verschleiert stattgefunden habe, wo die einstmals tonangebenden Bürger, sei es durch faschistische oder populistische Regime längst um ihre Vormachtstellung gebracht oder sogar physisch ausgerottet worden seien, dass etwa auch der Genozid am jüdischen Volk Ausdruck des Machtwillens dieser - in seinen Augen eher barbarischen als liebenswerten - proletarischen Klasse sei.

Die schlechte Beurteilung dieser gleichwohl treibenden Klasse ergab sich für ihn aus deren Lebensform, die von entseelten Maschinen bestimmt werde. Marx sei dem Irrtum aufgesessen (wie weiland sein Vorbild Hegel, der seinerzeit im preußischen Staat die Vollendung des weltgeistlichen Tuns vermutete) mit der Machtergreifung des Proletariats werde die klassenlose Gesellschaft eingeläutet.

Es läge aber noch wenigstens eine Entwicklungsstufe zwischen der Menschheit und diesem Ziel. Erst müsse die Herrschaft des Proletariats gebrochen werden, dann erst eröffne sich die Chance der Menschheit, sich ihr wahres und vollständiges Wesen anzueignen und den Sinn der Schöpfung zu verstehen und die eigene Aufgabe in ihr zu erfüllen. Ganz natürlich erhöbe sich gegen die Herrschaft einer solchen Klasse Widerstand, der in Form und Verfahren aber bereits von anderer Qualität sein müsse, sollte er denn zukunftsweisend im Sinne von Gwens Theoriegebäude wirken können. Konkret würde diese neue Form der Auseinandersetzung durch 'die Abstimmung mit den Füßen', in der er die geeignete Kampfesform sah, die im übrigen immer schon die Menschheit bestimmt habe, die aber erst jetzt die volle Wirkung entfalten könne. Sobald den proletarischen Populisten das Volk fortliefe, brächen deren Systeme in sich zusammen.

Solch krauses Zeug nun klang den versierten Linken freilich schaurig im Ohr, die lieber den gesicherten Grund unter den Füßen behalten wollten oder aber dabei waren, jedweder Ideologie abzuschwören, was Gwen freilich nur wenig anfocht. War er erst einmal in Fahrt, dann redete er alles und jeden nieder.

In der Tat gäbe es bürgerliche Geschichtstheoretiker, die das Fluchtmotiv herausgearbeitet hätten, ohne es allerdings als dieses je deutlich auszuweisen. Nach deren Verständnis sei die Menschheitsentwicklung durch die ununterbrochenen Völkerwanderungen entscheidend vorangebracht worden.
Er nun nutze dergleichen nur (wenn auch allzu bereitwillig) und interpretiere es in seinem Sinne um.
Und so wurden dann aus marodierenden Reiterhorden oder räuberischen Seefahrern flugs gepeinigte und gejagte Flüchtlingsströme, die sich nicht anders am Leben zu erhalten gewusst hätten als vermittels der Gegenwehr gegen

eine feindliche, sesshafte und zumeist kulturell überlegene, angestammte Einwohnerschaft, der sich die Eindringlinge zumeist assimiliert hätten oder die in kriegerischer Auseinandersetzung überwunden worden sei. An Grausamkeit habe es auch hier keineswegs gemangelt, darüber brauche man wohl kein Wort zu verlieren. Geschichtsklitterung läge ihm ferne.

Nicht zuletzt das auserwählte Volk der Juden diente ihm zum Beweis. Laut ethnographischer Schriften gäbe es zweifellos viele Völker, die von überirdischen Mächten in ferne gelobte Gegenden geleitet würden. Sie fänden sich überall auf der Welt und in allen Zeitaltern wieder.

Sogar die Eroberung Amerikas durch die Europäer vermochte er im Sinne seiner Theorie umzudeuten. Er bastelte sich flugs zwei Kategorien von Emigranten zurecht. Die eine stilisierte er zur prä-proletarischen, militant-räuberischen Speerspitze, in der anderen erkannte er mit Fug und Recht genötigte und gepeinigte Flüchtlinge. Erstere metzelten die eingeborene Bevölkerung nieder, letztere suchten nach besten Kräfte die geschlagenen Wunden im Gastland und an dessen Bewohnern zu lindern. Sie suchten dabei nachweislich das Paradies auf Erden, das sie entweder in der Naturschönheit oder aber in der pastoralen Idylle einer von ihnen geschöpften Kulturlandschaft zu finden trachteten, während die Bösewichter plündernd umherschweiften, um Land und Leute auf der Jagd nach dem höchsten und einzigen Wert, den Lohnarbeiter kennten, zu verwüsten.

Während die bürgerliche Klasse ihre Gier nach Geld und Gold noch habe zügeln und lenken können, sei im Proletariat jedwede Sublimation verloren gegangen und der nackte, reine Trieb übrig geblieben. Diese entstellende Gier triebe das Primat der Ökonomie auf die Spitze. Im Zenit der ökonomischen Verteilungskämpfe nun trete eine neue Qualität in Erscheinung und drücke sich im Paradigmenwechsel vom Primat der Ökonomie zum Primat der Ökologie aus. Letztere brauche und schüfe sich Träger; - ein ökologisches Subjekt musste her! - (Gwens Marx-umnebeltes Hirn konnte sich Veränderung nur in den philosophisch ererbten Kategorien vorstellen).

Hier war mithin der wahre Grund für seine Ghetto-Begeisterung gefunden. Der Begriff des Ghettos enthob ihn des Problems, das in der Vielfältigkeit und Abgesondertheit all der Vertreter seiner neuartigen Revolution bestand.

Bruchlos sei die Marginalisierung der einstigen Heilssucher aufzuweisen, gerade in Amerika, dem einstigen utopischen Fluchtpunkt.

Auch die Bewusstheit und die Selbsterkenntnis dieses alsbald fragmentierten Subjekts bildeten ihm selbstverständlich ein riesiges Problem. Denn viele derjenigen, die er zur ökologischen Klasse definierte, hatten davon selbst keine Ahnung.

Das erkenne er wohl, denn hier habe er den Daumen auf der Aufgabenstellung der Zukunft. Keine leichte Aufgabe - aus den Fehlern der Vergangenheit müsse gelernt werden. Die Problematik stelle sich ihm nun folgendermaßen dar:

Ausgrenzung und Ghettoisierung seien gleichsam die Spezialität totalitärer Regime. Wo immer ein solches in Erscheinung trete, schössen Konzentrations-, Vernichtungs-

und Umerziehungslager wie Pilze aus dem Boden, würden unliebsame Minderheiten oder Teilpopulationen in ausgewiesenen Reservaten fixiert. (Natürlich waren Gwens Lieblinge, wo nicht die ersten Opfer, so doch weit oben auf den jeweiligen Ausgrenzungs- bzw. Aussonderungsskalen.) Die proletarische Herrschaft triebe mithin selbst ihre Überwinder zuhauf. Es sei nur eine Frage der Zeit, bis sich daraus die nötigen Konsequenzen ergäben.

Wurde er, was gewöhnlich an solcher Stelle der Fall war, auf die politischen Realitäten von Kapitalismus und Kommunismus, von West- und Ostblock hingewiesen, dann stieß er mit verächtlichem Ton hervor, man solle doch gefälligst nicht auf die herrschende Legitimationslogik hereinfallen. Natürlich würden alle Regime sich die historisch akuten Sehnsüchte der Menschheit auf die Fahnen schreiben; aus deren Verwirklichungsversuchen erwüchsen ja gerade die neuen Probleme, welche die ökologischen Kräfte weckten oder erstarken ließen. So habe, wie es schließlich immer in der Menschheitsgeschichte sei, auch das Proletariat die Bürger beerbt, habe, wie ehedem schon, als die bürgerliche Klasse den Adel beerbte, aus den Tugenden Laster und aus den hehren Zielen abgeschmackte Realitäten gemacht. So etwa sei die Menschheit zum Individualverkehr oder auch zum Massentourismus gekommen: proletarisch würden bürgerliche Freiheitsziele, wie beispielsweise die Entfaltung des Individuums oder das Weltbürgertum, eben in solche Formen pervertiert. Gleichwohl aber werde das Verheißene immerhin eingelöst. Ja, oft könne man sagen, solche Einlösungen seien die zunächst verborgene, tiefere Wahrheit, die erst die fortschreitende Historie an den Tag bringe.

Loisl musste sich unwillig eingestehen, dass Gwens Argumentation, wenn man sich erst einmal auf sie einließ, immer plausibler wurde. Natürlich räumte sie nicht mit allen Widersprüchen auf. Die Behauptung, die proletarische Weltrevolution habe in Wahrheit längst stattgefunden, und die Kommunisten seien einfach zu borniert und beschränkt, um dies zu begreifen, weil sie nicht wahrhaben wollten, wie es um ihr hochgelobtes, proletarisches Subjekt in Wahrheit stehe, hörte sich natürlich haarsträubend an. Gwen stellte eben alles auf den Kopf. Am schwersten tat er sich noch mit den klassischen, bürgerlichen Demokratien angelsächsischen Zuschnitts. Aber den Rest der Welt katapultierte er umstandslos in den totalitären Trichter, ob da nun Entwicklungsstufen übersprungen waren oder vorbildhaft durchlaufen wurden.

„Das", so stieß er triumphierend hervor, „sei ja wohl schon immer so gewesen in der Weltgeschichte. Durch das Aufeinanderprallen von Ungleichzeitigkeiten seien noch stets zurückgebliebene Teilpopulationen in den Strudel des Fortschritts hineingeraten, nicht anders, wie man es auch derzeit bemerken könne."

Auch darauf wies er hin, dass nicht jede Stufe überall gleich stark ausgeprägt werden müsse. So habe die Französische Revolution in ihrer ganzen Brutalität in Frankreich gleichsam stellvertretend für die ganze Menschheit stattgefunden, die dann zwar in den Sog hineingezogen wurde, der aber wenigstens teilweise die revolutionären Greuel erspart blieben. Mit der Oktoberrevolution sei dies übrigens ganz ähnlich, fügte er in einem Nebensatz hinzu, um damit gleichsam vorab jede grundsätzliche Kritik abzuschmettern, denn natürlich fragte ihn ein jeder sogleich nach der Unvollständigkeit von Marxens Plansoll und den Folgen der Koexistenz der Systeme.

Die feinen Unterschiede im Totalitarismus egalisierte er. Die seien vernachlässigbar. Ob da nun ein fundiertes Theoriegebäude bestehe oder nicht, ändere an den historischen Notwendigkeiten wenig. Auch die Todfeindschaft zwischen Faschisten und Kommunisten wischte er etwa mit dem Hinweis hinweg, dass Trotzkisten und Leninisten kaum weniger feindselig gegeneinander gestanden hätten, ja, dass Säuberungen in den eigenen Reihen an Grausamkeit nichts zu wünschen übrig ließen. Historisch gesehen wären die blutigsten Kriege stets um die Nuancen im Glauben an die selbe Sache geführt worden. Das eklatante Beispiel der Religionskriege im post- oder spätmittelalterlichen Europa spräche da wohl für sich. Freilich zugeben könnten dies noch nicht einmal die spätesten Nachfahren der Kriegsparteien.

Erkannt würden dergleichen Ähnlichkeiten stets von außen; etwa die greuliche Blutskumpanei der faschistischen und stalinistischen Schlächter, da habe sich die Linke - auch die neue Linke nach dem Krieg - nur allzu gerne etwas vorgemacht, habe stets bis zum 'Geht-nicht-mehr' zu den Marx-reklamierenden Regimen gehalten, um immer zu spät ernüchtert und enttäuscht zunächst, dann nur allzu oft voller ungläubigem Ekel, aber noch immer nicht entmutigt, auf ein anderes Pferd zu setzen.

Natürlich bedürfe es des Sieges, vorher trete der rote Terror nicht offen in Erscheinung. Vielleicht sei es gerade der Mitleidseffekt, der den Aufständischen zugute käme, die unerfahren und schlecht gerüstet gegen etablierte Mächte anträten nach dem weidlich überstrapazierten biblischen 'David gegen Goliath'-Vorbild.

Einwände - die Niederlagen der Linken seien immer auch Siege der Reaktion mit dem Ziel der Rückkehr zu bürgerlichen Zuständen - konnte Gwen nur belächeln. Dergleichen vulgärmarxistischer Schematismus würde zwar auch im Westen laut, sei aber spätestens nach dem 17. Juni, nach Ungarnaufstand und Prager Frühling nichts weiter als billige Propaganda, mit der die Eliminierung der Vorboten einer 'ökologischen Revolution' legitimiert würde.

- Gelang es dann wirklich einmal einer unabweislich reaktionären Kaste, die Macht in einem Staat an sich zu reißen, in dem zuvor Kommunisten geherrscht hatten, dann schlug Gwen dies den Konkurrenzkämpfen innerhalb des Totalitarismus zu, womit er sein Theoriegebäude sauber halten konnte. Freilich bereitete auch ihm der 'Sonderfall Chile' arge Kopfschmerzen, den er gleichwohl nicht gänzlich als die berühmte Ausnahme, welche die Regel beweise, hinnehmen wollte, was ihm freilich viel wütendes Entsetzen eintrug.

Er litt dann heroisch, freute sich aber dennoch klammheimlich darüber, wie schwer ihm beizukommen war.

Freilich - ganz allein auf weiter Flur - stand man mit so etwas im Abseits. Das würde noch Jahrzehnte brauchen, bis man damit irgendwo ankäme. Es war zu weit weg von allem, was die Weltwirklichkeit zeigte. Überall saß das Großkapital und zwang die Linke mittels der Verführungskraft des Konsums oder mit seinem militärischen Arm in die Knie.

Wo blieb da die weltbeherrschende Bedeutung der proletarischen Klasse? Was sich einem zeige, sei eindeutig bürgerliche Herrschaft, wies man ihn streng zurecht. Doch statt klein beizugeben, holte er zu einem weiten Rundumschlag aus.

Zunächst gälte es, die rote Brille abzusetzen und nicht mehr einfach zu glauben, was einem vorgesetzt würde. Schließlich sei auch die geltende Weltanschauung eine Interpretation und nicht etwa der wahre Spiegel der Wirklichkeit und eine eben solche Behauptung wie die seine.

An diesem Punkt angelangt, machte er sich daran, die Historie ins rechte Licht zu rücken. Als Marxist wisse man ja wohl, wie sich der Übergang von der feudalen zur bürgerlichen Herrschaft abgespielt habe. Das sei vor allem ein langwieriger, verwirrender Prozess gewesen, den freilich Kulminationspunkte klarer gemacht hätten, etwa der Puritaneraufstand im England des 17. Jahrhunderts, und schließlich die ganz und gar eindeutige Französische Revolution, in der tatsächlich das Gemetzel an den einstigen Herrschaften vollzogen worden sei.

Der wirkliche Paradigmenwechsel (Gwen liebte hier das Ausweichen auf wertneutraleres Vokabular) aber habe sich sukzessive in einem äußerst komplizierten, dialektischen Wandel von Abhängigkeiten und Funktionalitäten ereignet. Mit dem Primat der Ökonomie nämlich habe sich die Welt nach dem bürgerlichen Wertekatalog zu wandeln und allmählich auch zu drehen begonnen. Die Repräsentation dieser Herrschaft konnte die souveräne Bürgerklasse Englands getrost in den Händen einer Erbmonarchie belassen. Die Bürger drängte es selbst danach, sich mit der überlebten feudalen Patina zu schmücken, man wollte die Vergangenheit nicht weniger beerben, als man sich auch alles andere gefügig zu machen suchte. So schlüpfte der bürgerliche Geist nicht selten in des Adels Gewandung.

Der entgeisterte Zuhörer, so er überhaupt noch folgen konnte, hatte längst den Bezug zu seinem Zweifel an der Weltgeltung der proletarischen Herrschaft verloren. Gwen wollte ja nicht die Historie erhellen, sondern nur das Muster dafür liefern, wie er sich einen historischen Paradigmenwechsel vorstellte.

Es sei dieses Muster der geistigen Durchdringung der etablierten Machtapparate das wirklich revolutionäre Ereignis. Man müsse also in die Psyche der Herrschenden eindringen, um herauszufinden, wes Geistes Kind sie seien. Dies sei der sichere, der untrügliche Weg, um an die Wahrheit heranzukommen. Und so, wie es nun einmal eine typisch bürgerliche Psyche gäbe, müsse es auch eine proletarische geben.

Verzweifelt rang da der Zuhörer die Hände. Natürlich, man hörte von Neurotikern, von Zwangscharaktären von Sadisten und Perversen, wusste das eine oder andere über Melancholie und Psychose, Schizophrenie und mancherlei Phobie, aber unter einer 'proletarischen Psyche' konnte man sich nun wirklich nichts vorstellen.

Die ärgerliche Frage, was darunter zu verstehen sei, erntete ein provozierendes Lächeln: - Von der bürgerlichen Psyche habe man wohl schon läuten hören? - Hier sei es doch wohl zweifellos legitim, von durchschnittlichen Werten auszugehen, die von der Zugehörigkeit zu einer bestimmten Lebensweise herstammten. Freuds Patienten, und was er über sie herausfand, begründeten im Großen und Ganzen das Handbuch der bürgerlichen Psyche, daran bestünde kaum noch berechtigter Zweifel. - Wenn einem nun bei der Vokabel 'proletarische Psyche' ein merkwürdiges Befremden anfechte, so liege das daran, dass für die dazugehörige Klasse ein ähnliches Handbuch fehle, es sei einfach noch nicht geschrieben worden, gemäß der alten Hegelschen Einsicht, dass *die Eule der Minerva ihren Flug stets* in der *Abenddämmerung antrete.* Erst bei ihrer Verabschiedung als Motor der Weltgeschichte also sei den Bürgern der Spiegel vorgehalten worden. Wahrscheinlich hätte er sie zuvor so erschreckt, dass sie wie Lots Weib erstarrt wären. Gleichwohl sei genügend Universales in Freuds Analysen mitgeliefert worden, um nun, mit diesem Rüstzeug, auch eine andere Klasse unter die Lupe zu nehmen. Würde es getan, dann käme heraus, dass in den Entscheidungszentren und Chefetagen dieser Welt der proletarische Geist längst Einzug gehalten hätte, dass sich die neue Kaste dort nur mehr mit bürgerlicher Attitüde ausstaffierte, wie ehedem auch das Bürgertum sich gerne feudal herausputzte.

Marx selber sei übrigens mit seinem *'favourite subject'* nie recht glücklich gewesen. Von Anfang an habe er es bereits theoretisch säubern müssen.

Und in das höhnisch-haltlose Gepruste hinein, das ob solch absurden Sakrilegs beim versierten Marxkenner ausbrach, fuhr Gwen unbeirrt fort - man solle doch bitte etwa den *'18. Brumaire des Louis Bonaparte'* daraufhin durchlesen.

Immer noch Tränen des ungläubigen Gelächters im Auge, kramte der Zuhörer vergeblich im Gedächtnis, auf was Gwen jetzt nun wieder hinauswollte.

Loisl wusste natürlich schon, was kommen würde. Louis' Usurpation der Macht im Staat war, nach Gwen, ein typisches Beispiel für eine proletarische Revolution. Das Proletariat kürte sich einen Volkstribun zum Führer, hob ihn auf ihr Schild und trug ihn stellvertretend für die Massen an die Macht, was Marx veranlasste, einem Teil seines heldenhaften Subjekts die Präambel *'Lumpen'* voranzustellen, um hinfort diesen unwürdigen Bodensatz zu leugnen, der freilich immer wieder hydrenhaft erstand und nach dem Bonapartistischen Muster halb Europa eroberte, um endlich im deutschen Nationalsozialismus seine gigantisch-schaurige Krönung zu finden. Denn - „wer könne noch ernsthaft leugnen, dass die braunen Sturmtruppen Hitlers aus solchen Lumpenproletariern rekrutiert worden waren?", fragte Gwen dann ein wenig theatralisch in die mitunter imaginäre Runde hinein. Und, mitgerissen vom eigenen Gedankenflug, passierte es sogar, dass er sich in die, für ihn ganz offensichtliche, für andere völlig irrwitzige Wortspielerei verrannte, nach welcher der 'Arier' - *ganz offensichtlich* - aus dem 'Prolet-Arier' abgeleitet worden sei. Eben das sei die dumpfe, platte Denkweise dieser Klasse, der nichts zu absurd sei, wenn es denn dem eigenen Zwecke nütze.

Man verstünde ihn völlig falsch, wenn man annähme, er verbreite dies, weil er Proletarier hasse, was freilich stimme, was aber nicht ausschlaggebend sei, denn wie er sie hasse, müsse er sich oder doch wenigstens einen Teil seiner eigenen Vergangenheit hassen. Er kenne sie nur, er wisse um ihre Gehirntätigkeit, könne die Emotionen nachvollziehen und die Reaktionen voraussehen.

Zu einem so ausgefeilten Psychogramm wie es Freud für die Bürger vorgelegt habe, reiche es bei ihm freilich nicht, er ahne noch mehr als er formulieren könne, spüre, wo jener analysierte, sei sich aber seiner Sache ziemlich gewiss. Was ihn hoffen lasse, sei die Tatsache, dass in dem greulichen Moloch, den diese Klasse darstelle, die Selbstnegation angelegt sei, die nicht nur auf Selbstvernichtung, sondern auch auf Selbstüberwindung weise, wie er dies am eigenen Leibe habe erfahren können.

Was er damit meine, verstehe freilich nur, wer ihn genauer kenne. Ohne diese Kenntnis klinge das wohl ein wenig überspannt. - Gönnerhaft lud er damit zur Nachfrage ein. Sprach man ihn tatsächlich darauf an, dann löste man einen neuerlichen Begeisterungssturm aus:

Geltungssucht sei ein markantes Wesensmerkmal der proletarischen Psyche. Auch er leide an Omnipotenzphantasien und kranke an der Fähigkeit, diese in den Griff zu bekommen. Verheerend daran sei, dass solcher Größenwahn von selbstquälerischen Minderwertigkeitsgefühlen kontrapunktiert werde, die gleichsam die realitätstüchtige Seite dieser Psyche bildeten, da sie den objektiven Gegebenheiten viel weitgehender entsprächen, als die auf infantiler Stufe fixierten Allmachtsphantasien. Die Anfälligkeit für die zu beobachtenden Unterwerfungs- und Identifikationsrituale mit allmächtigen Führern sei hier vorprogrammiert, wie man leicht bemerken könne. Es habe immer schon Einsichten dieser Art gegeben. So sei die Frankfurter Schule mit einem Psychogramm befasst gewesen, das unter dem Titel, 'Der Autoritäre Charakter', nichts anderes war, als die Entlarvung des Proletariats.

Nicht irgendein Randphänomen, sondern die breite Masse sei hier treffend analysiert worden. Die Eiertänze, ob es sich hier nun um Kleinbürger handelte oder um Subproletarier, wurden doch nur aus theoretischer Ratlosigkeit aufgeführt, oder weil man vor den wahren Konsequenzen zurückschreckte.

Die ökologische Fragestellung sei den Philosophen der Frankfurter Schule seinerzeit und auch später nie recht nahe gerückt, aus welchen Gründen, das sei hier dahin gestellt.

So also sehe er sich selbst und diese Klasse, deren Schranken er glücklich überwunden habe (wie er ein wenig zu selbstgefällig meinte). Und noch ehe der versierte Adept der honorigen Zunft widersprechen konnte, griff er die soeben ins Spiel gebrachte Kategorie des Kleinbürgers auf, in der noch so eine von Marxens Hilflosigkeiten sichtbar werde.

Auch Marx sei aufgefallen, wie unangenehm sich die Mehrzahl seiner von ihm gefeierten und hofierten Subjekte meistens verhielt. Deshalb habe er sich veranlasst gesehen, das Proletariat nicht nur nach unten, in Richtung seiner Lumpenproletarier, abzuschotten, und diese aus der Lehre als unreines Amalgam auszuscheiden, sondern auch nach oben bedurfte es einer Zwischenschicht, die das Proletariat gegen die Bürgerklasse abpufferte - eben das Kleinbürgertum.

Quantitativ messbar würden eigentlich beide Irrläufer der Weltgeschichte bei Marx nie, resümierte er nachdenklich, als käme ihm diese Erkenntnis soeben in den Sinn. - In der Marxologie (Gwen glaubte mit diesem Begriff die bürgerliche, auf Marx fußende kritische Theorie denunzieren zu können) jedenfalls nähme das Kleinbürgertum quantitativ beträchtlich zu und avanciere zum Buhmann, setzte er nach. - Und das nur, weil niemand sich das Offensichtliche zu sehen getraue.

Nicht wildgewordene Kleinbürger und kriminelle Elemente jenseits aller Klassen hätten die Säulen des Faschismus gebildet, sondern die breite Masse der Bevölkerung, die breiter war, als es die Basis der meisten kommunistischen Regime sei. Die Faschisten seien eben näher an der proletarischen Psyche gewesen, hätten die klareren Identifikationsangebote gemacht und die ausgeklügelteren Unterwerfungsrituale praktiziert.

An diesem Punkt angelangt, wusste Gwen sich in einer unlöslichen Falle. Denn ganz im Gegensatz zu Marx - seinem Objekt der theoretischen Abarbeitung (er gestände dies nur zu gerne ein) - leite ihn die Überzeugung, dass verheerend sei, dem Subjekt der Geschichte seine Rolle von außen zuzudiktieren. Wenn es diese nicht selbst entdecken dürfe, sondern gesagt bekomme, was für Aufgaben es zu erfüllen habe, sehe man ja hinlänglich, was dabei herauskomme.

„Sehr wahrscheinlich hätte das linke Proletariat ohne Marxens Intervention eine stärkere Stellung gegenüber den faschistischen Konkurrenten bezogen", schlussfolgerte er nachdenklich. „Jedes historische Subjekt müsse sich das eigene Wollen eben selbst erarbeiten. Die bürgerliche Klasse sei da das beste Beispiel. Ihr langwieriger Emanzipationsprozess habe sich Schritt um Schritt und Zug um Zug enthüllt. Kein Theoriegebäude habe den Anfang gebildet. Abschlusshaft seien die Theorien Hegels und Freuds gefolgt, um in der Rückschau zu sagen, aha, so also war das, das war der Sinn, das Ziel und das Wesen einer Epoche."

Gwen sank in tiefsinniges Schweigen, wie so oft schon, er schien wieder einmal am Ende zu sein. Loisl fühlte diesen heimeligen Schauer, der ihn immer überkam, wenn er sich einer wichtigen Sache auf der Spur wusste. Und am liebsten hätte er das Gehörte sogleich mit seiner eigenen Theorie zusammengebracht. Aber die Kluft zwischen den unterkühlten Kristallen, wo er die Dialektik von Chaos und Ordnung studierte, und dem brodelnden Sumpf der Zeitgeschichte, schien denn doch unüberbrückbar zu sein. Ein weiteres Mal nahm er sich vor, Gwen deswegen gelegentlich anzusprechen.

Die zielfixierten Realpolitiker im Rund der tagenden Öko Loge ließen Gwens Ausführungen mit Ungeduld und wachsender Frustration über sich ergehen. Hätte Loisl ihn nicht unterstützt, Gwen wäre mit seinem - als letzten Rettungsversuch für die Öko Loge gedachten -Papier an jenem Abend überhaupt nicht mehr zum Zuge gekommen.

Man war inzwischen völlig abgebrüht, wenn es um dergleichen theoretische Erörterungen ging.

Wen interessierte so etwas noch? Und dann zu diesem Zeitpunkt, und vor allem solch wirres Zeug! Die meisten hörten nur halb hin. Das tat weh, auch wenn man es als Referent von der Uni her gewohnt war.

*

Die Realos verschmerzten die Niederlage, indem sie zum Sturm auf die grüne Partei bliesen. Willkommen waren ihnen dabei Nischenexistenzen, wie Gwen sie so beredt aufzeigte (das, und nichts anderes, war der Grund, weshalb man ihn hatte gewähren lassen).

- „Lasst sie uns beiholen, versuchen wir all die Abstinenten zu motivieren: 'Majorisieren statt Koalieren'", lautete die Devise.

Die Rede war schon bald von 'Rotgrün', was, so fand Gwen, nicht nur logisch, sondern auch theoretisch korrekt war. Nur so verschaffte man sich erfolgreich die entscheidenden Positionen im Machtapparat. (Wenn es derart zur Sache ging, schlichen sich diese abgedroschenen, dürren Vokabeln von einst wie von selbst ein).

Allmählich und gemächlich gälte es, den proletarischen Geist zu unterwandern. Seine Logik, seine Werte müssten durchsetzt und zersetzt werden.

Gwen wusste nicht, ob die, die sich hier so wortgewaltig ins Zeug legten, die Richtigen für diese Aufgabe wären, ob sie schon vom neuen ökologischen Geist durchdrungen oder selbst noch im proletarischen Denken befangen waren.

Wenn er an die Redeschlachten und Intrigen dachte, das Parteiengezänk und das Gehabe, dann verließ ihn jeder Mut. Was daran auch nur um einen Deut anders sein sollte, könnte wohl niemand sagen. Aber vielleicht steckte der Fehler ja bei ihm. Und wenn dem so war, dann würde er ihn finden.

2. Avanti Kamerun & Co

Damals zu Beginn ihrer Freundschaft hieß Aurobindo noch Alfred und Gwen hatte den Yogakurs bei ihm sehr genossen. Vielleicht stellt es sich am Anfang immer ein - dieses sensationelle Gefühl - wie viel man da auf einmal spürt, von dem, was immer um einen herum ist, auf das man aber nicht acht gibt. Aurobindo hatte ihn, nach seinen eigenen Worten, „auf eine neue Bewusstseinsebene gehoben." Seither mochten sie einander, auch nach dessen radikaler Wendung zu den Sanyasins, die ihr Verhältnis trüben, aber nicht zerstören konnte.

Gwen hatte bald in Aurobindos Dissertation zu lesen begonnen, die dieser nach Professor Rovers Tod anderweitig unterbringen musste, was nicht einfach war und ohne seine Hilfe vielleicht überhaupt nicht gelungen wäre.

Wie hatten sie sich in endlosen Disputen die Nächte um die Ohren geschlagen bei Gwens Versuchen „das transzendentale Gelaber auf den Punkt zu bringen." Er hatte Aurobindos Werk wieder und wieder zerpflückt, bis es „doch noch einen gewissen Pfiff" erhielt. „Kaputte Seelen zu trösten und verkrampfte Muskeln zu lockern, kann und darf nicht alles sein..."

Gwens Interventionen hatten bei Aurobindo aber einen ganz unbeabsichtigten Nebeneffekt gehabt, der ihn, so argwöhnte Gwen inzwischen, erst zu Bhagwan getrieben hatte. Der leugnete das natürlich. Er habe sich seit langem einen Meister gesucht, einen, dem er endlich richtig nacheifern könne. Als Gwen meinte, es seien in Wahrheit all die kleinen Ferkeleien dort in der Sekte, die den ehemüden Sexmuffel eingefangen hätten, wurde Aurobindo böse. Gwen habe ja keine Ahnung, wie es in so einem Ashram zugehe. Das sei wie eine Wiedergeburt, man würde sich ganz neu erfahren, entwickle eine neue Identität und lerne ein neues Leben kennen. Gwens ironischer Einwand, das sei ein wenig viel Neues auf einmal, hätte die beiden fast auseinander gebracht.

Als er merkte, wie unangebracht seine spöttische Haltung war, gab er sich ein wenig mehr Mühe. Er tat es um der alten Zeiten willen, nicht um einen 'neuen Menschen' kennen zu lernen (wie er sich selbst sagte). Aber das verschwieg er Aurobindo. Ihr Verhältnis war schon gespannt genug. Um des lieben Friedens Willen würde er freilich nicht wirklich schweigen. Er müsste versuchen, bei den alten Zeiten anzusetzen, als sie noch Rovers Seminare besuchten, um sich von diesem in die Anfangsgründe der Mystik einweisen oder besser einweihen zu lassen.

Gemeinsam hatten sie damals versucht, die Schriften eines Giordano Bruno oder den Meister Eckard zu verstehen, hatten sich die Paradoxien des Lao tse vorgeführt. Über Jean-Jacques Rousseaus Erleuchtung hatten sie gestritten, wie weit und wo sie sich von den Meditationen des René Descartes unterschieden. - Vieles hatten sie gemeinsam, so gesehen, viel mehr als beiden bewusst war.

Aber auch Aurobindo war Gwen gegenüber vorurteilsgeladen. Diesen sah er hoffnungslos in den Fängen des Materialismus gefangen, ohne Antenne für das Spirituelle, und vor allem - ohne Glauben. Dabei hatte sie die Frage nach dem gnostischen Dualismus gemeinsam beschäftigt, was es mit dem radikalen Gegensatz von Licht und Finsternis, von Gut und Böse darin, auf sich habe, hatten versucht, die Mystik von solch dualistischen Fragwürdigkeiten zu reinigen, was freilich bereits eine ernste Kontroverse heraufbeschworen hatte, insofern Aurobindos mangelnde Trennschärfe und seine Ignoranz gegenüber den verheerenden Implikationen des gnostischen Dualismus für die real existierende Welt, Gwen rasend machte.

Aurobindo seinerseits betrachtete die Fixierung auf das Diesseits als Gwens eigentliche Schwäche, denn auch sie bescherte diesem ein gerüttelt Maß an Blindheit.

Derart war ihr Denken, das wussten inzwischen beide, von Anfang an von gegensätzlichen Voraussetzungen ausgegangen. Aurobindo wusste sich auf dem Weg zur Erleuchtung, ihm ging es schon längst nicht mehr um Philosophie, er wollte das Unvorstellbare schauen, das Unnennbare wissen, das Unsagbare verstehen; er wollte gleichsam den Schlüssel zum Jenseits entdecken und das 'Mehr zwischen Himmel und Erde' erschließen.

Gwen hielt ein fanatischer Wahrheitswahn umfangen. Er war ein Weltverbesserer und Revolutionär, der alles auf das Diesseits bezog und für den Transzendenz nicht das Jenseits der Seelen, sondern immer die mögliche bessere Welt bedeutete. Das führte oft genug zu Missverständnissen, denn sie benutzten zwar die gleichen Begriffe, doch bedeuteten sie beiden etwas gänzlich anderes.

Gwen erkannte an Aurobindo den Selbstbetrug, die gedankliche Schwäche, die Konsequenzlosigkeit. Der Freund war für ihn ein hoffnungsloser Neurotiker, der unterbrochen um sein eigenes Ich kreiste und nicht merkte, was um ihn herum geschah oder doch nur das davon, was er an sich heranlassen wollte. Bei all seiner Jenseitigkeit, das erboste Gwen besonders, beseelte ihn ein allzu gesunder Geschäftssinn, etwa wenn es um Kurshonorare ging. Aurobindo ging Unannehmlichkeiten aus dem Weg, wusste die Dinge so einzurichten, dass sie seine Beschaulichkeit nicht störten und lebte bedürfnislos in den Tag hinein, bar allen Ehrgeizes, wie ein Heiliger, jedenfalls tat er so.

In Wahrheit verhielt es sich ganz anders. Was er zeigte, das war seine Maske, die er vor sich und der Welt eisern aufrecht erhielt. Was passieren würde, wenn sie ihm einmal vom Gesicht fiele, und er sich nackt ansähe, wagte Gwen sich nicht auszumalen.

Gwen wiederum konnte sich gewisse Wahrscheinlichkeiten, von denen sich Aurobindo überzeugt hatte, nicht eingestehen. Sie mussten undenkbar bleiben, denn sonst wäre sein Weltbild in seinen Grundfesten erschüttert worden. Er konnte das Supremat des Geistigen über das Materielle nicht dulden: Die gnostische Idee, dass der menschliche Geist ein Gefangener in einer ihm fremden, feindseligen Welt sei, und dass es sein höchstes Ziel sei, dieser weltlich-materiellen Umklammerung zu entfliehen. Eine solche Vorstellung hätte unannehmbare Konsequenzen gehabt. Für Gwen musste das Gute in der Natur und vorzugsweise in der menschlichen Natur vorhanden sein. Für den schlechten Zustand der Welt, über den es nichts zu streiten gab, machte er andere Ursachen dingfest, an die er sich hilflos - und so schien es Aurobindo, wider besseres Wissen - klammerte. Das, so fand er, war dessen Borniert-

heit. Seine ins Feld geführten Gründe für das beklagens-
werte Elend der Welt schienen Aurobindo an den Haaren
herbeigezogen, und das um so mehr, als die Wahrheit so
einfach war.

Ging es dann allerdings um die Frage nach dem Sinn
des irdischen Leids, dann geriet Aurobindo wiederum ins
Hintertreffen, wenn er nicht auf christliche Dogmatik aus-
wich, an die zu klammern, sein letzter Notbehelf wurde,
und womit Gwen freilich nicht beizukommen war: - Gerade die Christen wiesen mit ihrem Eiertanz zwischen dualis-
tisch-persischen und monotheistisch-jüdischen Gehalten in
ihrer Lehre auf die Problematik hin; letztlich sei das doch
immer nur eine politische Entscheidung gewesen, und solange das Christentum die Waffe der Elenden gegen das
römische Imperium gewesen sei, ja, immer wenn das Volk
es als eine solche Waffe im Kampf um Freiheit und
Menschlichkeit benutzt habe, sei deutlich die materialisti-
sche Tendenz betont worden, also die monistische Durch-
drungenheit der gesamten Schöpfung mit dem Geist der
Liebe. Als Herrschaftsinstrument diene die Kirche dazu,
den elenden Zustand hienieden im Interesse der herrschenden Klassen zu zementieren und dazu würden stets die
dualistischen Elemente der Lehre betont.

Aurobindo kam dann mit der Wahrheit. Es gehe nicht
an, die Irrungen und Wirrungen der beschränkten Menschen an die Stelle der Wahrheit zu setzen. Dass die Menschen die Wahrheit in ihrem Interesse zu beugen trachteten, stelle er gar nicht in Abrede, trotzdem käme es sehr
wohl darauf an, über die Wahrheit nachzudenken. Wenn
Gwen hier so täte, als sei die Wahrheit gleichsam demo-

kratisch durch Mehrheitsbeschluss zu bestimmen, dann verabschiede er sich allerdings aus Philosophie und Wissenschaft. So wie Gwen ihm das Abrutschen in die Theologie vorwerfe, müsse er ihm den Vorwurf machen, immer wieder in die Politik abzuschweifen. Was davon schlimmer sei, wisse er jedenfalls nur allzu genau.

Innerlich war Gwen ziemlich gespalten. Einstweilen löste er das Spannungsfeld, in dem er sich befand, zugunsten seiner neugewonnenen philosophischen Einsichten auf. Doch in ihm schlummerte ein tieferes Wissen. Es war nicht eigentlich Wissen, sondern Erfahrung oder besser Gespür, das seinen Sitz nicht im Verstand, sondern eher in den Eingeweiden hatte.

So brachte Aurobindo jedes Mal eine Saite in ihm zum Klingen, setzte etwas in Gang, das ihn von innen her aufrollte, und das seine Verstandeseinsichten, auf die er so stolz war, hinwegzufegen drohte. Wenn er dann dermaßen aufgewühlt war, dann fiel es ihm wie Schuppen von den Augen. Die untergegangene grausame Göttin der Kindheit enthüllte ihm aus gläserner Tiefe ihr Antlitz, und ihm sträubten sich die Nackenhaare. Wie ein verschreckter Hund zog er grollend den Schwanz ein. - Das war freilich eine andere Natur, als die liebliche Heimat grüner Fundamentalisten, deren Entfremdungsgerede ihm dann doppelt hohl klang. Wäre es für den Menschen nicht besser, vor diesem Medusenhaupt geschützt zu bleiben? Was wollten diese eigentlich erreichen, was erhofften sie sich denn von dem zu seiner Natur zurückfindenden Menschen? Wussten sie nicht um die Raubgier und die Mordlust, um den grausigen Überlebenskampf, um die nie endende Not, die selbst die scheinbare Natur- Idylle in Wahrheit bestimmte? Zurück zur Natur, hieße das nicht doch auch das Zurück in den Zustand gegenseitiger Vernichtung, wo der Mensch des Menschen Wolf ist...?

Schon war er mitten in der Debatte, die seit Rousseaus vehementer Kritik an Hobbes und dessen These von der Bestie Mensch, nie wieder abbrach. Theoretisch, das war Gwens Dilemma, war er ohne jedes Wenn und Aber auf der Seite der Naturapologeten. Aurobindos naive Hinwendung zur Gnosis, seine Selbstauslieferung an einen clownesken Meister, dem der Spott aus den Augen lugte angesichts des absurden Welttheaters um ihn her, attackierte Gwens sensible, ungeklärte Haltung und stürzte ihn in die archaischen Strudel seiner Jugend zurück, aus denen er sich so mühsam herausgekämpft hatte.

Erschrocken musste er bemerken, dass es kein Entrinnen gab, dass er den Grundfragen der Existenz nur ausweichen, nicht aber entkommen konnte.

Umständlich setzte er Aurobindo auseinander, wie falsch dessen gnostische Weltsicht doch sei, der nicht einmal wusste, weshalb das, was er über die Welt aussagte, von Gwen der Gnosis zugeschlagen wurde. Vehement verwahrte Aurobindo sich gegen diese Klassifizierung. Es gehe hier schließlich nicht um ein religionsgeschichtliches Zuordnungsspiel, sondern um die Wahrheit. Sein Meister habe ihm das wahre Wissen offenbart.

Als Gwen daraufhin versuchte, Aurobindo die Grundzüge der Gnosis zu erläutern, blockte dieser bockig ab: er wolle nichts davon hören. Solches habe Gwen sich auch nur angelesen, was habe das denn mit ihm selbst zu tun?

Statt in die eigenen Leibestiefen zu lauschen, wo er gefälligst sein verlorenes Seelenfünkchen suchen solle, weiche er dauernd aus in die ungefährlichen Weiten einer fernen Geschichte.

Solche Kritik traf bei Gwen einen Nerv, der seinerseits andere gern auf dergleichen Blindheiten hinwies. Er konnte Aurobindo schlecht zugeben, dass es aus seinen Leibestiefen, wenn man das denn so bezeichnen konnte, tatsächlich ganz anders herausschallte, als es ihm in den Kram passte.

Zwar schienen ihm die Besudelung und Knechtung seines substantiellen Menschtums ein wenig übertrieben, welches ihm nach Aurobindos Aussage widerführe, doch auch Gwen spürte dieses innere Gefängnis, nur hatte er es für sich persönlich den widrigen Lebensumständen zugeschlagen, in denen die Natur zwar eine bedeutende Rolle spielte, die aber - so hatte er sich bislang jedenfalls verstanden - mit Natur nicht identisch waren.

Gwen hatte sein Streben nach Wahrheit und Weisheit nie als das gesehen, was es vielleicht wirklich war - nämlich als die Anstrengung einer allmählichen Herauslösung aus den Klauen der Weltverhaftung. Aurobindos Darstellung jedenfalls erschien ihm äußerst plausibel. Er ärgerte sich, dass er ihr nichts entgegen zu setzen hatte.

Außerdem war das immer nur die eine Seite. Er wurde von diesem weltlichen Etwas ebenso heftig angezogen. Es stimmte nicht, dass all sein Streben dem Loskommen galt. Maß er aber die Qualität des Sehnens, dann musste er sich eingestehen, wie es um ihn stand. Auch er erkannte die Richtungen, von denen Aurobindo so beredt sprach, dass ein Ruf von oben mit den klebrigen Banden von unten im Kampf liege. Von daher spüre man natürlich das süße Sehnen des Verweilens.

Um nun aber nicht ganz schutzlos der inakzeptablen Metaphysik jenes indischen Scharlatans, der aus Aurobindos Mund zu ihm sprach, ausgeliefert zu sein, entwickelte Gwen vor Aurobindos Ohren eine zunächst etwas spitzfindig anmutende These, die ihn selbst und - so hoffte er - auch Aurobindo zunehmend zu überzeugen begann, je länger und weiter er ihr folgte.

Es gäbe in der Natur doch ganz zweifellos Phänomene, die sich nicht anders erklären ließen, als durch ein geheimes Band der Sympathie, ja, mehr noch, sogar ein Band der Empathie, was gleichsam eine Steigerung der Sympathie darstelle. Wer dergleichen Verbindungen leugne, habe wenig Ahnung vom Leben. Diese positive Kraft zeige sich uns Menschen miteinander, aber auch bei den nicht sehr fernen Verwandten von uns im Tierreich. Schwieriger werde es, diese Kraft auch in größerer Entfernung noch zu spüren, etwa bei Fischen oder Insekten, denen es nur selten gelänge, diese Saiten in uns anzuschlagen.

Aurobindo wusste nicht, wie ihm geschah. Gwen rannte weit offene Tore ein. Als er seiner Verwunderung Ausdruck gab, lächelte Gwen ein wenig überlegen in sich hinein:

„Es kommt schon noch, hör nur weiter...!" Es freue ihn ja, dass hier Konsens bestehe. Schließlich sei nicht er es, der die These vertrete, das Wertvollste am Menschen sei in ein schnödes Gefäß gebannt, aus dem zu entfliehen, das höchste Ziel sei.

„Falsch, ganz falsch..." Aurobindo merkte auf einmal, wie missverständlich es zuging. Zunächst müsse der Mensch doch wohl erkennen, was seine Situation in der Welt sei. Er müsse diese positive Kraft erschließen, sich nutzbar machen, um sich zu vervollkommnen. Nicht zu entfliehen sei das höchste Ziel des Menschen, sondern die Vervollkommnung und die gehe mit der Wirkung einher. Je näher der Mensch seiner Vollkommenheit käme, um so größer sei seine Wirkung in der Welt. Erst wenn dieses Leben viele Male durchlaufen sei, stelle sich Vollkommenheit ein, dann erst sei das Ziel erreicht.

Gwen ärgerte sich. Er hatte sich selbst in diese Falle hineinmanövriert. Diese indische Spielart der gnostischen Lehre war viel weniger deutlich, verschleierte die zugrunde liegende Aporie vom Kampf des Lichtes gegen die Finsternis. Die gnostische Umschöpfungsmaschinerie war in diesen Varianten viel undeutlicher und weniger direkt ausgeprägt. Das änderte aber an den Grundannahmen nichts. Und die waren ebenso dualistisch wie im krassesten Manichäismus. Auch diese Arroganz der gnostischen Elekti, jener Auserwählten, zu denen sich Aurobindo ganz umstandlos rechnete, war da. Sein Meister suggerierte Aurobindo zweifellos dessen unmittelbare Nähe zur Vollkommenheit. Aber das könnte Gwen jetzt nicht ins Feld führen. Er müsste vielmehr versuchen, zurück auf den Boden der Tatsachen zu gelangen, von wo er mit seiner Naturbetrachtung ausgegangen war:

- Wenn mithin Konsens bestehe, was die positive Kraft in der Natur sei und bewirke, dann sei es nun an der Zeit, zu überlegen, welche Kraft ihr entgegenstehe, fuhr Gwen also fort. Ohne allen Zweifel herrsche in der Natur desgleichen ein äußerst destruktives Prinzip. Wie beide Kräfte sich zueinander verhielten, könne dann später vielleicht klarer werden. Zunächst wolle er versuchen, das zerstörerische Prinzip etwas genauer zu fassen, denn diesem zu entgehen, dränge in der Natur alles. Was da lebt und liebt, sei auf der Flucht vor dem Todesgrauen. Solches Grauen begegne einem ohne Zweifel in Frost und Schnee, wo die Eisfinger des Todes in die Abläufe des Lebens eingreifen, um sie zu verlangsamen oder gar anzuhalten. Dabei brauche man wohl nicht länger zu verweilen. Auch das Gegenteil, die brennende Hitze, entzöge dem Leben die Kraft und trockne es aus. Ja, allgemein sei es die anorganische Natur, die sich als Barriere gegen das Leben auftürme, um es nach Kräften einzuschränken. In ihr sei die negative Kraft mithin gefunden, die dem organischen Leben entgegenstehe.

Wenn nun im menschlichen Leben der Impuls stark werde, sich existentiellen Umständen zu entziehen, dann sei hier das Grundmuster gefunden. Wo immer Menschen in Bewegung gerieten, stehe das Elend Pate, bedränge diese anorganische Natur das Leben. Daraus sich eine Metaphysik zu machen, sei gleichsam natürlich. Es könne indes nicht angehen, darauf noch immer hereinzufallen. So etwas habe mit Wahrheit nicht das Geringste zu tun:

„Ja, siehst du denn nicht, wie einfach diese Faustregel der Weltgeschichte ist?", fuhr Gwen Aurobindo an - und durchbrach damit den erzählenden Gestus zum ersten Mal - eine nicht ungeschickte, dramatisierende Wendung:

„Wenn es zu Ende geht mit einer Revolution, wenn die Kraft des Volkes einmal wieder nicht ausreichte, aus dem irdischen Jammertal das Paradies zu machen, dann sprießen diese Lehren wie Pilze aus dem Boden. Die Gnosis war die Antwort auf die enttäuschten Versprechungen des Frühchristentums. So, wie dein Bhagwan eine Antwort auf die Enttäuschungen der proletarischen Weltrevolution ist."

Aurobindo, dem der Kopf schwirrte, fühlte das dumpfe Klopfen des Zweifels: - Gwen überzeuge ihn ganz und gar nicht. Gwen bemerke nämlich seinerseits nicht, wie nah er gerade einer ganz anderen Wahrheit käme. Denn was wäre denn, wenn erst am Ende einer durchlittenen Krise, im tiefsten Punkt des Leids, die Wahrheit ihre traurigen Augen öffnete...? Vielleicht hielten die Menschen ja die Wahrheit nicht aus! Was passierte mit ihnen, wenn sie von ihrer Verbannung wüssten? Wenn nicht einzelne Auserwählte, sondern die breite Masse begriffe, wie es um das menschliche Wesen bestellt sei? - Die Folgen wären nicht auszumalen...

Solche Sternstunden der Auseinandersetzung festigten ihre Freundschaft stets aufs Neue. Das war der Kitt, den beide brauchten. Es gab einen breiten Grund, über den beide verfügten, und auf dem es sich fruchtbar streiten ließ. Ein ganz anderer Konsens nämlich beherrschte sie, die von der Vorstellung eines geheimen Weltenplans durchdrungen waren, den zu enträtseln, jeder auf seine Weise, sich mühte. Gwen suchte den Schlüssel in der Historie, Aurobindo hoffte ihn in der Transzendenz zu gewinnen. So geschah es, dass sich die Gegensätzlichkeit ihrer Bemühungen oft als Schein herausstellte.

Für diesmal wäre es an der Zeit, auseinanderzugehen. Beide hätten sie nun zu tun. Um so mehr freuten sie sich auf ein Wiedersehen. Sie waren froh, einander gefunden zu haben. Das war selten genug, soviel hatten beide schon gelernt.

*

Angefangen hatte es mit der Kommunalisierung der Volkshochschule. Seither drängten die Fähigeren aus dieser Einrichtung hinaus. Als dann 1978 gar noch die Wahlschlappe der SPD hinzukam und im Frankfurter Römer die Konservativen zum ersten Mal die Mehrheit erhielten, da brach das Gründungsfieber aus. Unzufrieden war man auch zuvor gewesen. Das skandalöse System der Honorararbeit bot dazu Anlass genug. Jetzt aber waren alle empört, nicht nur die Kursleiter, auch die Festangestellten stießen auf einmal ins gleiche Horn, denn auch ihnen ging es nun an den Kragen, die zuvor als willfährige Handlanger die Direktiven von oben umsetzten, so hart sie das oft auch ankam. Immerhin hatten sie ihr geregeltes Auskommen und vergleichsweise komfortable Gehälter. - Dafür steckten sie auch allerhand ein, fanden sie. - Je weiter die Bürokratisierung voranschritt, um so enger aber wurde ihr Handlungsspielraum. Da brauchte es schon ein dickes Fell. Mit dem neuen Amtsleiter wurde alles noch schlimmer und den schüchteren Reformansätzen wurde endgültig der Garaus gemacht.

Gwen hatte um sich ein Häuflein Unzufriedener geschart, die sich nun gemeinsam durch den Wust von Paragraphen und Vorschriften quälten, der mit einer Vereinsgründung einher ging. Doch da sie darin ungeübt waren, zogen sie es in ihren wöchentlichen Diskussionen vor abzuschweifen. Sie stritten sich um die Namengebung für ihre 'alternative Volkshochschule', um die es gehen sollte, diskutierten mögliche Standorte und inhaltliche Konzepte oder machten sich Gedanken über die Formen der Bekanntmachung (das Wort Werbung kam ihnen noch nicht über die Lippen).

Sogar Aurobindo mit seinem Yoga schloss sich ihnen an. Die anderen waren Sprachlehrer, hatten aber gleichwohl unterschiedliche Interessen, wie sich noch herausstellen sollte.

Zunächst allerdings glühten alle im Gründungseifer. Da kein Geld vorhanden war und auch keines in Aussicht stand, müssten sie entweder eigenes Geld aufbringen oder aber eine billige Lösung anstreben. Es ging vor allem um geeignete Räumlichkeiten, in denen die Vereinsaktivitäten stattfinden könnten. Daneben waren freilich die Inhalte wichtig; eins hing untrennbar am anderen, beschränkte oder beförderte sich.

Es gab viel zu viele Vorschläge und zu wenig Durchhaltevermögen unter ihnen (stellten sie selbstkritisch in jenen seltenen, klarsichtigen Augenblicken fest, die es mitunter gab). Das Meiste war nur so dahin geworfen, unverbindlich und vorläufig, wie man das eben gewohnt war im Elfenbeinturm der Universität, wo die echten Nöte der

Wirtschaftsführung - trotz gegenteiliger Beteuerungen - unbekannt waren und von wo sie in der Mehrzahl kamen.

Aurobindo brachte seinerseits (wenn auch eine anders geartete) Konfusion in die Gruppe, obwohl, oder vielleicht gerade weil er mit beiden Füßen fest auf dem Boden der Geldwirtschaft stand. Da konnten die anderen nur staunen. Von wegen weltfremd und abgehoben! - Wie verschieden sie doch waren. Je mehr sie miteinander zu tun bekamen, um so größer wurden die Unterschiede. Darüber half die gemeinsame Klammer ihrer Frustration nur oberflächlich hinweg, die sich in den fünf oder mehr Jahren angestaut hatte, die sie nun ihre Kurse gaben.

Der eigentliche Skandal, darüber war man sich immerhin einig, bestand in dem Status des 'freiberuflichen Lehrers' - eine Konstruktion aus Bismarcks Sozialgesetzgebung und ursprünglich dazu gedacht, die Hauslehrer zu schützen, die sich in den reichen Bürgerhäusern ein Auskommen verschafften. Da man aber schon seinerzeit den vornehmen Lohnherren nicht auf die empfindlichen Füße treten wollte, hatte man für deren Hauslehrer den Status des Selbständigen geschaffen und diesen der soeben kreierten, staatlichen Pflichtversicherung unterworfen.

Den Volkshochschulen kam dieses Konstrukt später sehr entgegen. Nach dem Krieg wurden sie die Hauptnutznießer des atavistischen Relikts: Blähten sich auf und hielten mit der Nachfrage kaum Schritt. Freilich ging die Entwicklung zu Lasten geplagter Studenten oder arbeitsloser Pädagogen vom Lehrerberg, die dabei weidlich ausgebeutet wurden. Für eine Zwanzig-Stunden-Woche mit Arbeitszeiten zwischen siebzehn und zweiundzwanzig Uhr bekam man kaum den studentischen Fördersatz, der als absolutes Einkommensminimum galt.

Wohl wissend, wie es um sie stand, hatten die Kursleiter denn auch zu einer losen Organisationsform gefunden, in die sich die weltfremden Eigenbrötler allmählich tatsächlich einbinden ließen. Doch durch den politischen Machtwechsel war es damit erst einmal wieder auf unabsehbare Zeit vorbei.

Die 'freiberuflichen Lehrer' wurden - gleichsam als schwächste Glieder in der Kette - Opfer der Verhältnisse. Mühsam erkämpfte kleine Zuschläge zum Urlaub oder zur Krankenversicherung wurden ebenso gestrichen wie die eben durchgesetzte Erhöhung der Honorarsätze und der kleine Fahrgeldzuschuss.

All die Argumente, die seitens der Volkshochschule ins Feld geführt wurden - die Mehrheit der Kursleiter sei ökonomisch anderweitig gesichert, habe im Hauptberuf ein sicheres Einkommen oder wohne als Student noch bei den Eltern oder werde von diesen wenigstens unterstützt - waren oft und oft widerlegt worden. Statt um Mehrheiten, handelte es sich bei den Genannten um Einzelne, während die große Zahl der Kursleiter eindeutig und ausschließlich von dieser Arbeit lebte. - Nicht selten wurden sogar mehrere Institutionen bedient. Die Rede vom 'abgesicherten Nebenberufler' war mithin zynisch und verlogen.

So zogen die Mutigsten nun aus, ihr Geschick in die eigenen Hände zu nehmen. Sie taten es ein wenig mit der Attitüde der Bremer Stadtmusikanten - 'etwas besseres als der Tod fände sich draußen allemal', gleichwohl war ihnen doch unheimlich dabei. Organisatoren waren sie allesamt nicht und wollten es vor allem auch nicht sein. Vom messianischen Geist der Studentenrevolte beseelt, gelang es ihnen zudem nicht, ihre eigenen Ansprüche offen zu formulieren, vielmehr versteckten sie diese hinter altruistischen Projektionen, was ihnen dennoch wenig nützte. Außer bei der linksliberalen Presse fanden sie wenig Verständnis oder gar Unterstützung. Immerhin gelang es Gwen, einen Raum im alten KDW-Haus in der Kameruner Industriestraße zu mieten. Eine Adresse mit denkbar schlechtem Ruf vor dessen Portal an hohen Flaggenmasten die zerschlissenen roten Fahnen der Revolution verwehten und dessen Giebel die Klassenkampfparole der kommunistischen Arbeiterbewegung zierte, mit dem Zusatz 'unterdrückte Völker', da es sich hier um eine maoistische Splittergruppe handelte, die inzwischen in sich zusammengebrochen war, deren Besitzstand gleichwohl fortdauerte, was aus den Streitern wider Kapital und Bourgeoisie unversehens Eigentümer einer stattlichen Immobilie und in der logischen Folge zu Spekulanten machte, die schon bald auf die Offerten einer Großbank eingehen sollten.

Zunächst freilich waren die im Abseits schmollenden maoistischen Ex-Revolutionäre froh, von der ehedem angefeindeten Spontiszene zur Kenntnis genommen zu werden. Dank der neuen Mieter wurde die Adresse Kameruner Industriestraße 375b allmählich salonfähig und entwickelte sich zur Anlaufstelle für alle möglichen Initiativen, Verlage und Vereine, selbst die Grünen zog es her.

Der Zufall bescherte Gwens Gruppe einen Problemstadtteil, obwohl die meisten von ihnen sich lieber im Nordend niedergelassen hätten, wo man heimisch war und unter sich. Zudem war die angrenzende Bahnhofsgegend mit Sprachschulen vollgestopft. Bedarf bestand - so gesehen - ganz sicher nicht für eine weitere. Aber die Sendungsbewussten setzten ihre Hoffnung ohnehin auf die Bevölkerung des Kamerun (eines traditionell ärmlichen Viertels). Eine trügerische Hoffnung, wie sich schon bald zeigte.

In diesem heruntergewirtschafteten von Autohäusern und Gewerbebetrieben durchsetzten Areal, das nach Elend roch und den Spekulanten zum Fraß vorgeworfen war, herrschte zwar materielle Not und es schwelten soziale Konflikte, die Angebote aus dem 'Kommunisten-Haus' aber wurden dennoch nur spärlich wahrgenommen. Statt dessen versuchten sich rechte Rattenfänger bisweilen mit weitaus spektakulärerem Zulauf.

Vielleicht war der Frachtbahnhofsplatz an dessen Peripherie sich das Haus befand, auch schon zu weit von den Wohnquartieren entfernt. Wären nicht die Klienten aus dem Nordend angereist, die sich solch günstige Angebote nicht entgehen ließen, dann wäre der Fremdsprachenzweig des Projekts wohl alsbald gescheitert. So aber schnellten die Teilnehmerzahlen nach kurzer Anlaufzeit sprunghaft in die Höhe. Und je größer der Erfolg war, um so mehr wuchs die Einrichtung.

Die Bemühungen, eine Art alternativer Volkshochschule aufzubauen, waren gleichwohl viel schwieriger, als es sich die Initiatoren vorgestellt hatten. Das lag nicht zuletzt an der Gegend, die manch einer insgeheim als Zumutung empfand, vor allem die Frauen fürchteten sich.

Kam man zu Fuß vom Hauptbahnhof, so konnte man entweder den Schienen der Straßenbahn folgen oder die

Kameruner Industriestraße entlang laufen an den kleinen Läden und Kneipen vorbei, wo es nach fremdartigen Gewürzen und Speisen roch, und vorbei an den vielen Firmenschildern mit den exotischen Namen, die so aussahen wie tote Briefkästen. Die Autohändler, die mit diesen großen Schlitten handelten, befanden sich überwiegend auf der anderen Straßenseite. Man bekam den aufdringlichen Eindruck, als seien die meisten der Autos dort gestohlen.

Als Student hatte Aurobindo einmal eine Autoüberführung mitgemacht. Sie waren auf dem Landweg bis nach Saudi Arabien gefahren. Im Konvoi, über eine Woche lang, jeden Tag zwölf, vierzehn Stunden lang. Das hatte kaum achthundert Mark gebracht. Aber es war doch ein Abenteuer gewesen. So etwas machte man auch nur einmal...

Des Nachts war es zum Fürchten hier. Wenigstens hielt die Straßenbahn direkt vor dem Haus. Doch seit es 'die schienenfreien Innenstadt' gab, musste man am Hauptbahnhof in die Untergrundbahn umsteigen und das mochte niemand gerne, denn in der B-Ebene hielt sich gerade in der kalten Jahreszeit die Drogenszene auf. Das schreckte natürlich ab. Andererseits konnte man um das Haus herum nachts gut parken. Hinten gab es eine stillgelegte Poststraße, von der nur Insider wussten und vorne fand sich auf dem gefährlich hohen Bordstein schon auch mal ein Plätzchen.

Solche Dinge musste man berücksichtigen, das war mitunter wichtiger als die ideologischen Vorbehalte, die sich im Stadtteil hartnäckig hielten, waren doch von hier aus die Aktionen und Demonstrationen der pickeligen Studenten mit den fanatischen Gesichtern im Namen der Arbeiterklasse ausgegangen. Von hier aus war auch der Kommunistische Weltbote - das Zentralorgan des KDW - verbreitet worden. Im Erdgeschoß, zur Straßenseite hin, hatte es eine proletarische Buchhandlung gegeben, die erst ganz zum Schluss, als schon klar war, dass das Haus verkauft würde, aufgegeben hatte. Nur die Arztpraxen im fünften Stock wirkten seriös. Schon ihre standardisierten Schilder im Eingangsbereich flößten Vertrauen ein.

Als Aurobindo gerade ins Haus gehen wollte, sah er Gwen von der anderen Seite mit einem Kinderwagen angeschoben kommen. „War mal wieder kein Parkplatz zu finden", rief er von weitem, „...bin dreimal um den Block, jetzt stehe ich hinten in der Gotenallee. Ohne den Kleinen bräuchte ich wenigstens nicht mit dem Auto zu kommen..."
Aurobindo verstand nicht, was er damit sagen wollten. Statt nachzufragen lächelte er nur freundlich und verbeugte sich mit gefalteten Händen. Sie wuchteten den sperrigen Kinderwagen die steile Steintreppe hinauf zum Lift und quetschten sich hinein. Oben waren die anderen bereits versammelt. Sie standen noch im viel zu großzügig bemessenen Empfangstrakt herum, vor den Klos, aus denen es undefinierlich stank, gar nicht mal nach Pisse, sondern mehr nach Schwefel. Irgendeiner ließ immer die Tür offen.
Die Kaffeemaschine brodelte. Gwen schob sein schlafendes Kind in eine stillere Ecke und hoffte, dass es nicht sobald erwachte.

Jeden Freitag morgen zwischen elf und eins traf sich die ganze Gruppe. Auf einen anderen Termin hatten sie sich nicht zu einigen vermocht. Sie waren nun doch in ihren Sitzungsraum hinein gegangen und hatten sich an die hässlichen Schulbänke gesetzt. Vielleicht hatten die KD-W'ler diese günstig bekommen, mutmaßte Gwen. Aber es war durchaus vorstellbar, dass sie neu angeschafft worden waren, hieß die Etage, auf der man sich befand, doch 'Schulungszentrum'. So etwas hätte deren Denkungsart durchaus entsprochen. Überhaupt der Geschmack! Geschmack sei so ziemlich das Letzte, was einen Kommunisten ausmache... Die Schulbänke waren jedenfalls Abgrund hässlich und äußerst unpraktisch. Außerdem begannen sie sich allmählich aufzulösen. Die Verkleidung der Seitenränder löste sich an manchen Stellen und darunter kam der rauhe Pressspahn hervor. Überhaupt wirkte der Raum nicht gerade einladend.

Anfangs hatten sie sich noch um Dekoration bemüht, aber nachdem diese immer wieder abgerissen worden war, hatten sie es aufgegeben. Besonders an den Wochenenden ging es inzwischen heiß her. Des Öfteren übernachteten dort auswärtigen Gruppen. Sie fanden die Überbleibsel gewöhnlich am Montag, wenn einmal wieder versäumt worden war aufzuräumen.

Diesen Raum unterhielt „der Frankfurter Bildungsverein 'Avanti Kamerun',, als Vereinslokal, gemäß der Satzung, die sich der ordentlich gegründete Verein mit dem etwas seltsamen Namen zusammen geschrieben hatte, und in der manch hehre Ziele fixiert waren, die anzustreben man indessen alsbald müde wurde. Hier jedenfalls hielten die Lehrbeauftragten ihren Unterricht ab. Sogar ein Telefon gab es, das inzwischen ungenutzt im Schrank verschlossen stand. Denn die Büroarbeit zu Hause zu erledigen, hatte sich als praktischer erwiesen. Gwen hatte sich einen Anrufbeantworter angeschafft und war seitdem rund um die Uhr erreichbar.

Der Grund für das heutige Treffen war bedeutend. Nicht dass sie Gründe gebraucht hätten - sie trafen sich sowieso jeden Freitag, aber da es das letzte Mal vor der Sommerpause sein würde, müssten sie heute eine Entscheidung treffen. So wie in den Jahren zuvor konnte es jedenfalls nicht weitergehen: Dass sich alle in den Süden absetzten und im Herbst erwarteten, alles wäre für sie arrangiert... Das konnte so nicht weitergehen! Besonders Vesuvio erregte Empörung, der davon ganz selbstverständlich ausging. An Gwen und Kalle aber blieb immer alles hängen. Sie mussten sich um die Miete kümmern, mussten die Anzeigen in den Szeneblättern stornieren und wieder neu anleiern und hatten sich mit der Hausverwaltung herumzustreiten, der das lockere Gebaren gleichfalls ein Dorn im Auge war. Die Hausverwaltung hätte es inzwischen lieber gehabt, wenn mehr Leben in die Etage gekommen wäre. - „Schon allein aus finanziellen Gesichtspunkten" - wie ihr Sprecher sagte.

Heute also entschiede es sich, ob sie den Raum weiterhin behielten oder es darauf ankommen ließen, im Herbst erst einmal auf der Straße zu sitzen. Denn dass sie mit ihren Sprachkursen weitermachten, war eigentlich allen klar. All die Argumente, die gegen das Haus sprachen, kamen wieder auf den Tisch. Gwen und Kalle signalisierten deutlich ihren Frust. Wenn keine neuen Vorschläge gemacht würden, dann wäre sowieso alles entschieden. Im Grunde wollte man sich die Sache nur so hinbiegen, dass ein jeder einverstanden sein konnte. Jetzt kam erst einmal der lange, schöne Sommer. Im Herbst würde man dann weiter sehen... Ein Jeder sah vor allem, wieviel Geld er sparen würde ohne die Raummiete. Das gab den Ausschlag.

Vor allem vor dem Hintergrund der lockeren Zusage seitens der Hausverwaltung, ab Herbst zu den gleichen oder nur wenig veränderten Konditionen weitermachen zu können, entschied man sich einstimmig, den Raum zu kündigen.

Das Versprechen hatten sie zwar nicht schriftlich, aber wieso sollte die Hausverwaltung sich an ihre Zusage nicht halten? Schließlich war man nicht unwesentlich daran beteiligt, dass die Adresse Kameruner Industriestraße 375b sich in den Öko-Kreisen immer mehr durchsetzte. Sogar im Hinterhaus, wo es im herunter gekommenen Treppenhaus sehr merkwürdig roch, zog der Publikumsverkehr ein, als einer ihrer (inzwischen gänzlich abgenabelten) Ableger zwei Unterrichtsräume für Deutschkurse einrichtete.

Natürlich begänne die Herbstsaison wieder mit einem rauschenden Fest, das war schon jetzt allen klar. „Möglichst schon im September" - so wollte es Vesuvio, der wohl hoffte, niemand würde bemerken, weshalb er das sagte. Denn da er erst Ende Oktober zurück sein wollte, war allen klar, was das bedeutete.

Gwen fühlte Wut in sich aufsteigen. Wie er es hasste, auf so plumpe Weise für dumm verkauft zu werden. Aber manchmal war ihm, als könne Vesuvio wirklich nichts dafür. Vielleicht war das ja neapolitanisch. Keiner konnte eben aus seiner Haut. Aber auch er selbst konnte dies nicht, dachte er trotzig, weshalb sollte immer er nachgeben? - Irgendwo war die Grenze...

Gwen fragte, weshalb man ein Herbstfest schon im September machen sollte, zumal da praktisch niemand zurück sei. Aurobindo, der wieder für länger nach Indien wollte, versuchte zu vermitteln. Alle fühlten es, ein Ausbruch stand unmittelbar bevor. Vesuvio ging die Schärfe in Gwens Stimme sofort an. Wie ein bissiger Terrier sprang er los, als er merkte, dass Gwen es auf ihn abgesehen hatte.

Als die anderen sich verlegen und etwas angeekelt abwandten, die das Spiel bis zum Erbrechen kannten, resignierte auch Gwen und schluckte die Demütigung, als die er Vesuvios Ansinnen empfand, hinunter. Der sollte sein verdammtes Herbstfest diesmal gefälligst selber machen, dachte er. Was bildete der sich ein? - Kam hier jedes Jahr später aus seinem gemütlichen Sommerurlaub und sie sollten für ihn die Drecksarbeit machen. Seine Kurse füllen, sich um Räume kümmern, Feste veranstalten und Presseerklärungen schreiben. Irgendwann war Schluss!

Laut sagte er etwas von dringenden Verpflichtungen. Außerdem schrie sein Söhnchen gerade rechtzeitig. Zum ersten Mal freute Gwen dies, der sich allzu rührend um das Kind sorgte, fanden jedenfalls die anderen. Doch da sie selbst keine Kinder hatten, konnten sie das nicht recht beurteilen.

Überhaupt war es gut, dass er jetzt immer sein Kind mitnahm. Es wäre sowieso nicht anders gegangen und irgendwie entkrampfte das die Atmosphäre.

Der Abschied fiel dann doch nicht ganz so frostig aus. Ein wenig plauderte man noch, fragte sich die Urlaubsziele ab, und was es sonst an Plänen gab. Dass es im Herbst eine böse Überraschung geben würde, ahnte niemand.

*

Mieke, Gwen und die Kinder hatten dieses Jahr so richtig Ferien gemacht, wie schon lange nicht mehr. Sie waren auf das Angebot einer Kommune eingegangen, oben an der Küste auf deren Hof aufzupassen, während die Leute, die ihn bewirtschafteten, mit Aurobindo nach Indien fuhren. Die ganzen Sommerferien hatten sie dort verbracht. Für die Kinder war es herrlich gewesen. Sie hatten den ganzen Tag mit den Tieren umher tollen können. An besonders warmen Tagen oder auch nur, wenn sie die Lust dazu ankam, waren sie ans Meer gefahren.

Doch nun hatte sie der Alltag wieder. So wenig Lust zum Zurückfahren hatte Gwen schon lange nicht mehr verspürt. Was half es! So stürzte er sich denn ins Getümmel.

Wie war ihm der Ort seiner Tätigkeit inzwischen verleidet! Wenn er an diese Schmuddelgegend auch nur dachte! Da konnte einem das Grausen schon ankommen. Erst einmal verabredete er sich mit Kalle. Gemeinsam versuchten sie es noch bei den anderen, doch da hatten sie Pech. Also machten sie sich zu zweit auf den Weg. Zu allem

Überfluss war es drückend heiß wie schon lange nicht mehr im September. - Treibhauseffekt - dachte man da automatisch, das vergällte einem dann alles. An solchen Tagen war es besonders unwirtlich rund um den Frachtbahnhofsplatz, wo die Luft stand und die Abgase flimmerten, dass einem die Augen tränten.

Es war später Nachmittag, und die Sonne brannte heiß zu den nach Westen gelegenen Fenstern herein, die offen standen und welche die giftigen Wolken ungefiltert hereinließen, die mit den Intervallen der Ampelschaltung und dem aufbrüllenden Autoschwall herauf wallten.

Wenigstens wurden sie erwartet. Schon am Telefon hatte eine Frau so komisch herum gedruckst. Man konnte sich all die Stimmen schon nicht mehr merken. Jedenfalls waren sie mit einem Urso verabredet, der hier offensichtlich jetzt das Sagen hatte. Gwen hatte ihn früher schon ein, zwei Mal gesehen, aber weiter groß zu tun hatten sie mit dem noch nicht gehabt.

Urso saß am PC und hackte wild mit zwei Fingern auf der Tastatur herum. Oben auf dem Schirm leuchteten die Buchstaben auf. Gwen, der mit so etwas noch keinerlei Erfahrung hatte, war beeindruckt. Urso schrieb an einem Speiseplan für die nächste Woche.

Das konnte doch nicht so wichtig sein, dachten die beiden Besucher und schauten sich vielsagend an. Sie saßen immerhin schon gut fünf Minuten da und warteten. Urso murmelte und schimpfte leise. Er griff nach dem Telefon und redete dann noch einmal mindestens fünf Minuten heftig auf jemanden ein. Die beiden Besucher beschlossen gerade, wieder zu gehen, als Urso den Hörer auf die Gabel knallte und sich ihnen zuwandte. Er müsse bloß noch schnell einen Ausdruck machen, dann habe er für sie Zeit. Er hieb erneut auf den Tasten herum und unten, auf dem Fußboden versteckt, schrillte der Drucker. Es war ein schreckliches Geräusch, fand Gwen irritiert. Auf einmal merkte er, wie lange er aus so einem Bürobetrieb schon draußen war.

Urso stand auf und fragte sie im Hinausgehen, ob sie auch einen Kaffee wollten. Endlich saßen sie zu dritt um einen der runden Tische, die jetzt in dem Vorraum standen, wo es immer noch schweflig von den Klos her roch. Aber sonst machte die Etage einen besseren Eindruck. Am Eingang war eine fahrbare Informationstafel hingestellt worden, wo man Prospekte einsortieren konnte. An den Wände hingen riesige wilde Ölgemälde mit dreibusigen Frauenakten in grellen Acrylfarben und auf den Tischen lagen geblümte und ein wenig betulich wirkende Deckchen.

Als die Kaffeemaschine zu Ende gebrodelt hatte und sie endlich ihren Kaffee tranken, war immerhin eine halbe Stunde vergangen. Nicht dass Kalle und Gwen es eilig gehabt hätten, aber irgendwie ärgerten sie sich über diese geschäftsmäßige Art mit der sie sich behandelt fühlten. Aber vielleicht kam das ganz automatisch so, wenn man erst einmal in den Bürobetrieb einstieg. Jeder entschied für sich, dass er dafür nicht geeignet wäre. - Bloß unabhängig bleiben und sich von so einem Moloch nicht einsaugen lassen... Sie brauchten sich gar nicht abzusprechen, konnten das vielmehr ihren Gesichtern ablesen, so gut kannten sie einander inzwischen immerhin.

Wenn man bedachte, dass Ursos Kollegen noch vor einem Jahr bei ihnen als Untermieter nachgesucht hatte! Mit deren Zahlungsmoral war es nicht gerade weit her gewesen, erinnerten sie sich. Na, wenigstens könnten sie jetzt diese Karte ausspielen, denn so wie es aussah, hatte sich das Blatt um hundertachtzig Grad gewendet. Das hatten sie immerhin schon mitbekommen, das Veranstaltungszentrum hatte mit der Hausverwaltung eine Art Unterverwaltungsvertrag gemacht, und war jetzt für die ehemalige Schulungsetage verantwortlich, die sich nun auch nicht mehr Schulungsetage, sondern eben Veranstaltungszentrum nannte, dessen Chef Urso geworden zu sein schien. Doch da konnte man in diesem Haus nie ganz sicher sein. Offiziell gab es natürlich überhaupt keine Chefs.

Die Verhandlung begann mit dem Austausch von Artigkeiten. Wie ein richtiges Palaver, dachte Gwen, man kam nicht gleich zur Sache, sondern schwatzte eine Weile über dies und das, interessierte sich für die aktuellen Pläne, nachdem man ausgiebig den Sommer durchgekaut hatte: Wo ein jeder gewesen sei und wie es dort gefallen habe. Bis dann endlich zur Sprache kam, was sich inzwischen im Haus verändert hatte.

Urso bemühte sich, das neue Verhältnis nicht ganz so krass aussehen zu lassen, denn er hatte ganz offensichtlich ein schlechtes Gewissen, das daher kam, dass die Hausverwaltung ihm abverlangt hatte, vor einer Entscheidung erst mit 'Avanti Kamerun' zu verhandeln, was natürlich nicht geschehen und vermutlich auch gar nicht möglich gewesen war, während des Sommers. Aber darum ging es eigentlich auch nicht. Tatsache war, dass Urso „diese

'Avanti-Kamerun' - Spinner" (die nicht nur den Traditiona-listen vom KDW auf die Nerven gingen) nicht hatte da-zwischen pfuschen lassen wollen. Er wollte sein Zentrum alleine machen. Das sagte er Gwen und Kalle natürlich nicht. Denen unterbreitete er vielmehr umständlich sein Konzept. Ein wahres Mekka der Multikulturen sollte hier entstehen.

Seine Sorgen hätte Urso sich sparen können. Doch es war noch immer so - irgendwie wurde 'Avanti Kamerun' von allen Seiten ziemlich überschätzt. - „Sie müssten erst Rücksprache halten", kommentierten Kalle und Gwen Ur-sos Vorschläge. Es ging vor allem um die Mietdauer und um den Preis und natürlich um ihren Schrank, der, wie sie gesehen hatten, noch in seiner gewohnten Ecke stand, und den Urso zu gerne weggehabt hätte.

Um ihres Schrankes willen machten Kalle und Gwen das Zugeständnis, ihre Kursabende statt schon um fünf, erst um drei Viertel sechs beginnen zu lassen. Das sei dann aber auch die absolute Grenze. „Nicht dass da dann erst jemand hinausgeschmissen werden muss", ließ Kalle sich drohend vernehmen.

Lieber wäre ihnen eine Regelung mit wenigstens fünf-zehn Minuten Übergangszeit gewesen. Dafür blieben sie dann bei der Miete hart. Mehr als seinerzeit die Deutsch-kurse bei ihnen seien auch sie jetzt nicht zu zahlen bereit. „Das ist ja wohl logisch", bekräftigten die beiden Besu-cher.

Nun war Urso für die Anmietung seinerzeit überhaupt nicht zuständig gewesen, und wurde davon jetzt völlig überrascht. Sie einigten sich schließlich auf einen monatlichen Pauschalbetrag mit dem Kalle und Gwen meinten, leben zu können, doch dazu müsste vor allem auch Vesuvio gehört werden. Kalle war es im Grunde gleich, er würde hier ohnehin kaum noch Kurse geben, aber das behielt er für sich.

Ihren Freitagstreff könnten sie wahrscheinlich nun nicht länger im Veranstaltungszentrum abhalten, was für Gwen von Vorteil wäre, da er nicht mehr mit seinem Söhnchen durch die Gegend reisen müsste. Denn was hätte sich Besseres angeboten, als sich statt dessen bei ihm zu Hause zu treffen? Dafür aber würde ihr Fest diesmal ganz groß werden. Urso war sofort begeistert und man verabredete für die Vorbereitung einen extra Termin, wo dann alles Nähere beschlossen werden sollte.

*

Beim Gehen grinsten sich die Besucher verstohlen zu. Moralisch waren sie Sieger. Und die Abhängigkeit hielte sich in Grenzen. Vor allem Gwen freute sich. Vesuvio würde ganz schön dumm gucken. Diese Unmutsquelle wäre noch nicht aus der Welt. Aber ansonsten bräuchte man sich viel weniger ärgern. Jeder müsste nun selbst für seine Buchungen direkt an Urso zahlen. Gemeinsam müssten sie nur noch die Werbung regeln. Gwen war innerlich schon ganz schön distanziert. Im Grunde stand ihm die Sache bis zum Halse und am liebsten hätte er das ganze Projekt noch immer hingeschmissen. Vielleicht war im Juni doch das Aus für 'Avanti Kamerun' gewesen, wie er es insgeheim erhofft hatte ...? Man würde sehen.

102

Fast jeder, mit dem sie redeten, warnte sie, nur die Finger von einem Zusammengehen mit denen von dieser neuen Bildungsinitiative - zu der auch Ursos Veranstaltungszentrum gehörte - zu lassen, und auf gar keinen Fall die Eigenständigkeit aufzugeben. Und wahrscheinlich stimmte das auch, der schlechte Ruf war allzu gut begründet. Andererseits müssten sie langsam einsehen, dass ihr 'Avanti Kamerun'-Projekt ziemlich am Ende war. Man könnte ohne Übertreibung sagen, dass sie gescheitert waren. Vieles war leeres Gerede geblieben, von Anfang an, und die wenigen Dinge, die ihnen gelungen waren, hatten sie regelmäßig entzweit. Sobald sie etwas mehr miteinander zu tun bekamen, brachen auch bei ihnen die Differenzen hervor und keine Macht der Erde konnte daran etwas ändern. So war es mit Aurobindos Meditationsworkshop gewesen und mit dem Nicaragua-Projekt von Isabella oder mit Kalles Drogenaufklärungskampagne, mit Gwens multikultureller Schreibwerkstatt oder der Fotoausstellung zur Apartheit von Naomi gewesen - was jemand auch einbrachte, immer gab es daran etwas auszusetzen, oder aber stieß man, was wahrscheinlich noch schlimmer war, auf dieses verhohlene, entnervende Desinteresse, das dann alles zerstörte.

Vor diesem Hintergrund fand Gwen seinen ziemlich einsam gefällten Entschluss, sich mit den Fremdsprachenkursen den anderen Bildungsinitiativen im Hause anzuschließen, immerhin verständlich. Differenzen, so argumentierte er ein wenig kraftlos, gäbe es überall und schlimmer als es jetzt sei, könne es kaum werden. Regelrecht hofiert wurden sie, kaum dass zwei Monate nach der

Vereinbarung mit Urso ins Land gegangen war. Das kitzelte Gwens Ego mächtig und die Aussicht, nun endlich doch noch eine richtige alternative Sprachenschule auf die Beine zu stellen, bedeutete schon so etwas wie eine Traumerfüllung, wenn es sich dabei vielleicht auch nur um einen seiner weniger bedeutenden Nebenträume handeln mochte.

Rein arithmetisch wäre der Anfang gar nicht so schlecht. Durch den Zusammenschluss aller Fremdsprachen im Haus würde ihr Gesamtvolumen wenigstens auf das Doppelte anwachsen. Durch die gemeinsame Werbung würden sie viel Geld sparen und könnten sich endlich einen professionelleren Anstrich geben, der ihrem guten Kursangebot besser entspräche. Hatten sie sich doch zu engagierten Pädagogen gemausert, die einen großen Teil ihrer Energie in die Verbesserung der Lernsituation fließen ließen.

Sie hatten so ziemlich alles an Methoden ausprobiert, hatten sogar manches hinzu erfunden und daraus eigenen Konzepte entwickelt. Längst war die Zeit der Lehrbücher vorbei. Sture Paukerei und gelangweiltes Absitzen unergiebiger Kursstunden waren ihnen ein Greuel, und wie selbstverständlich nahm Gwen an, dass die neuen Kollegen aus dem Haus ähnlich weit gekommen waren.

Das stellte sich jedoch alsbald als eine schlimme Fehleinschätzung heraus. Chaos und Inkompetenz holten sie vielmehr auf den Boden der Tatsachen herunter. Das fing schon mit den ersten Planungsschritten an, ob es nun um ein gemeinsames Programm ging oder um die Organisation der Anmeldung, von der Gwen und Kalle eigentlich angenommen hatten, sie arbeite bereits.

Das tat sie auch, allein die dort Beschäftigten weigerten sich, für das neue Projekt tätig zu werden, sie hätten so schon viel zu viel um die Ohren. Außerdem seien sie auf telefonische Auskünfte nicht eingestellt. Ihr Klientel sei des Deutschen kaum oder wenig mächtig und käme zur Anmeldung an den Schalter, wo sich tatsächlich mitunter lange Warteschlangen bildeten.

Dergleichen konnte man den verwöhnten Deutschen freilich nicht zumuten, nicht bei den geforderten Preisen jedenfalls. Denn da man fast gänzlich ohne Subventionen auszukommen hatte, mussten die Kursgebühren kostengerecht kalkuliert werden.

Sie bräuchten einen professionellen Telefondienst, der regelmäßig besetzt sein müsste und bei dem man kompetente schnelle Auskünfte erhielte über Kursdaten, Inhalte und Verfahrensweisen.

Vesuvio, als er endlich aus seinem langen Sommer zurückkehrte, war - wie konnte es anders sein - lautstark gegen die getroffene Vereinbarung. Andererseits neigte er zu einer pragmatischen Betrachtung, und insgeheim sah er auch die Vorteile. Ihm böte sich endlich Gelegenheit, von der Zerstückelung seiner Kurse loszukommen und nur noch an einem Ort zu arbeiten. Außerdem hoffte er auf eine deutliche Verbesserung des Stundenhonorars. Dafür sei er bereit, den Ärger, den Gwen ihm aufgehalst habe, in Kauf zu nehmen, ließ er sich nach langen Diskussionen gnädig und zu dessen Erleichterung, vernehmen. Wenn er es auch nicht zugab, so kam ihm seine Rolle als 'enfant terrible' in der neuen Konstellation sehr entgegen. Er konnte sich so recht mit dem Flair des geheimnisvollen

Wundertäters umgeben, vor neuem Auditorium, das ihn vielleicht endlich ernst nahm, denn dass die Kollegen von 'Avanti Kamerun' ihn hinter seinem Rücken belächelten, entging ihm keineswegs, hatte er doch ein ausgeprägtes Gespür für alles Atmosphärische.

Man kannte sich nun schon so viele Jahre. Gwen und Kalle hatten Vesuvios erste Unterrichtsversuche mitbekommen. Sie kannten dessen Neigung zu Selbstinszenierung und Theatralik von allem Anfang an. Schon immer machte er dieses Gewese um sich und sein Tun. So entging ihnen vielleicht, dass es ihm inzwischen tatsächlich gelang, Menschen in seinen Bann zu ziehen, um ihnen dann wirklich ein Quäntchen mehr als das Übliche zu vermitteln. Dafür bildete er sich denn auch ununterbrochen und konsequent weiter, während andere auf dem hohen akademischen Ross saßen (das Vesuvio nie wirklich erklommen hatte).

Bei seinen Bemühungen stieß er naturgemäß auf alle möglichen Angebote, denen er sich sodann zumeist willig überließ. Überhaupt erfassten ihn die Zeitströmungen, die ihn zunächst nach links hatten driften lassen, viel leichter als andere. Allerdings wandte er sich regelmäßig und alsbald enttäuscht ab, meist wegen ganz zufälliger Querelen.

Ganz allmählich tastete er sich - bei seiner rastlosen Suche - an sich selbst (als der Ursache der meisten seiner Schwierigkeiten im Leben) heran. Und wie es seine Art war, tat er dies mit der nämlichen Ausschließlichkeit, mit der er zuvor etwa die proletarische Revolution getragen hatte. Freilich hielt er sich bei seiner Selbstfindung eher an esoterische oder populärwissenschaftliche, meist aus Amerika stammende Heilslehren. Therapie wurde alsbald sein magischer Schlüssel, den er benutzte, um sich zu inzenieren. Und auf seine piffige Art beutete er viele seiner therapeutischen Erfahrungen auch für seinen Sprachunterricht aus, was diesem gut zu bekommen schien.

Sein Reden wurde jedenfalls immer eindeutiger, kreiste alsbald nur noch um den rechten Energiefluss und um Kraftfelder, die es aufzubauen und richtig zu benutzen gälte.

Bisweilen kam es auch zu Ausrutschern ins Religiöse (die freilich nie lange anhielten). So erläuterte er Kalle und Gwen bei einem ihrer Treffen einmal mit leuchtenden Augen, er befände sich gerade im Ramadan. Dem verduzten Kellner beschied er mit mildem Lächeln, er nähme vor Sonnenuntergang nichts zu sich, was diesen veranlasste, hilflos zu Vesuvios Begleitern hinüberzublicken, die sich verlegen abwandten und so taten, als ginge sie der Disput nichts an.

Gwen konnte es nicht lassen, Vesuvio auf die banale Tatsache hinzuweisen, dass der Tag in nördlichen Breiten für solchen Hokus Pokus (die muslimische Fastenzeit fiel für dieses Jahr auf den Spätsommer) vielleicht doch ein wenig zu lang sei. Dass er es aber grundsätzlich nicht schlecht fände, wenn auch Vesuvio versuchte, ein wenig abzuspecken. Woraufhin dieser in die Luft ging.

So war Vesuvio. Ohne Gewese ging bei ihm nichts. Das machte ihn ziemlich anstrengend und für manche unerträglich, für andere bisweilen jedoch liebenswert. Vesuvio stürzte sich auf alles, was ihn spontan begeisterte. Vieles davon ließ er alsbald wieder fallen, manches aber behielt er bei.

Unter den hölzern wirkenden Kopfmenschen mit denen sie es nun im gemeinsamen Projekt vermehrt zu tun bekamen, wirkte Vesuvio wie ein Wesen von einem fremden Stern. Entweder diese verstanden überhaupt nicht, was er ihnen mitzuteilen versuchte, oder sie fanden seine Ansichten einfach nur verrückt. Irgendwie behandelten sie ihn, als wäre er ein seltsames, exotisches Tier aus dem Zoo, was Vesuvio, wann immer er es bemerkte, in den Zustand heftigster Rage versetzte.

„Noch nicht einmal auf dem Stand der Volkshochschule sind die", stimmte die alte Truppe von 'Avanti Kamerun' überein, wann immer sie zusammenfand, um sich über den Stand der Dinge zu beratschlagen. Den Freitagstreff jedenfalls gab man nicht preis. „Das ist sture Lehrbuchpaukerei, was die da machen, denen müsste man erst einmal die Grundbegriffe kommunikativen Unterrichtens nahe bringen."

Doch das ginge so einfach nicht, selbst wenn die sich wirklich darauf eingelassen hätten. Man konnte die experimentierfreudigen Jahre reicher Erfahrung eben nicht im Schnellverfahren weitergeben. „Schon gar nicht umsonst und nicht unter solchen Bedingungen", ließ Vesuvio sich vernehmen. Da war man sich auf einmal wieder einig. Inzwischen bereute Gwen seinen Schritt sogar. Er spürte die Anfeindungen deutlicher, da er sich das Organisatorische aufgehalst hatte zusätzlich zu seinen Kursen. Und Vesuvio ließ keine Gelegenheit aus sein allzu gönnerhaftes Bedauern auszudrücken

Bei Vesuvio musste jedes Gefühl echt sein, er kannte kein spielerisches Als-ob, besaß keinen Millimeter Distanz zu sich selbst und den Dingen, was sich um so krasser bemerkbar machte, als nun in Gestalt eines selbstgefälligen Yankees, der auch noch wie Onkel Sam aussah, der angelsächsische Humor wieder ins Spiel kam, welcher ihn schon einmal, in den Gründertagen von 'Avanti Kamerun', hatte ausflippen lassen (was damals, während des Vietnamkriegs, legitim hatte erscheinen können).

Jetzt mochte vieles nicht zuletzt am schier babylonischen Sprachgewirr liegen. Kaum einer ließ sich aufs Deutsche, als der einzig sinnvollen Verkehrssprache, ein. Was waren dies für Lehrer, auch noch Sprachlehrer! Das wiederum mochte Gwen nicht begreifen, der sich auf seine Zweisprachigkeit nicht wenig zugute hielt.

Sprach er Vesuvio darauf an, dann löste er helle Empörung aus. Er tat, als begriffe er nicht. Er schien so fest im Urgrund seiner Gewordenheit zu wurzeln und hatte in Wahrheit so wenig von der Welt da draußen mitbekommen, als sei er nie einen Schritt weit über Neapel hinaus gekommen, das er in Wahrheit vor zwanzig Jahren verlassen hatte.

Gwen staunte immer wieder wie selektiv Wahrnehmung doch sein konnte. Manchmal konnte er schon genau vorhersagen, wann Vesuvio hoch gehen würde. Und wenn der auch nichts verstand und absolut nicht zuhörte, sobald ein Reizwort fiel oder eine Stimmung kippte, merkte er auf. Er warf dann einen blinzelnden Blick in die Runde, senkte den Kopf wie ein zum Kampf entschlossener Stier und brach wie ein solcher los: plötzlich und ohne Warnung für die, die seine Vorzeichen nicht kannten und überhaupt nicht wussten, wie ihnen geschah.

Gwen musste dann mühsam versuchen, ihn da heraus zu hauen, denn er wirkte in solchen Momenten tatsächlich mitunter schwachsinnig, zumal er dann von Dingen redete - was heißt da redete: er schrie und tobte - die anscheinend mit dem Anlass in überhaupt keinem Zusammenhang standen.

Trotzdem war Gwen von Vesuvios Qualitäten als Lehrer überzeugt. Aber gewusst hätte auch er gerne, wie es bei ihm im Unterricht zuging. Mitunter nur bekam er das eine oder andere mit. Denn manchmal unterrichtete er im Nebenraum, den sie inzwischen beanspruchen durften, und es drangen dumpfe Schreie durch die dünnen Wände, oder es stampfte und polterte als sei eine Büffelherde unterwegs.

In seiner kompromisslosen Art verbannte Vesuvio jedes auch nur tischähnliche Möbel möglichst aus seinem Gesichtsfeld. Sehr zum Ärger der Konventionalisten, die sich ein Unterrichten ohne Mobiliar noch nicht einmal vorzustellen wagten. Wenn diese dann hörten, dass Vesuvio auch noch völlig ohne Lehrbuch arbeitete, dann schüttelten sie verständnislos die Köpfe - so etwas konnte nichts Rechtes sein, meinten sie ein wenig verunsichert, zumal ihm der Erfolg recht gab. Auch hier übertrieb er, wie er alles übertrieb. Außerdem stopfte er viel zu viele Teilnehmer in seine Kurse. Er gab vor, dies müsse für die Gruppendynamik so sein, besonders bei den Anfängern, doch das überzeugte Gwen nicht, der wusste, wie Vesuvio hinter dem Geld her war. Seit sie ihre prozentuale Regelung durchgesetzt hatten, bedeuteten größere Gruppen mehr Geld. Und inzwischen orientierte Vesuvio sein Honorar an völlig anderen Maßstäben.

- Was üblicherweise in Sprachkursen bezahlt würde, sei für ihn völlig gleichgültig. Schließlich seien seine 'psychodramatischen Sitzungen' qualitativ etwas gänzlich anderes.

Zusammen hatten sie mehrere Seminare besucht, in denen Unterricht vorgeführt worden war. Gwen aber war nichts Außergewöhnliches bei Vesuvios Demonstration aufgefallen. Der machte das eigentlich wie alle, war sein Eindruck gewesen. Vielleicht lag der Unterschied wirklich nur an der kompromisslosen Art.

Gwen wusste, er würde nie alles in die Tat umsetzten können, was beim Unterrichten an Voraussetzung und Umständen sinnvoll wäre. Weil er dies wusste, deshalb erlaubte er sich Abstriche. Während Vesuvio einmal für richtig Befundenes einforderte und durchsetzte, gleichgültig gegen wen. Seine Sturheit ärgerte und provozierte nicht nur: all sein Charme und seine Distanz zur schnöden Welt und die Kraft, sich ihren Widrigkeiten zu widersetzen, stammten aus der nämlichen Quelle.

Die Kehrseite waren primadonnenhafte Allüren und eine ziemlich ekelhafte Art, die Mitmenschen zu vereinnahmen und ihnen ständig irgend etwas abzuverlangen. Das fing bei Kleinigkeiten an: Vesuvio hortete kleptomanisch die seltenen Tafelschreiber für die weißen Schreibtafeln und lamentierte über das Durcheinander und den Schmutz in den Unterrichtsräumen, obwohl er durch sein ständiges Umräumen daran die Hauptschuld trug, wenn er mit wütender Hast und viel Getöse seine Vorbereitungen traf.

Es verging kein Herbst, ohne dass Vesuvio mit etwas Neuem aufwartete. Es war, als tanke er den Sommer über auf. Und genau das war es wahrscheinlich, was er tat. Das waren sogar seine Worte. Nicht immer kam er zufrieden zurück, dann nörgelte er wie ein kleiner verzogener Junge, monierte die geringen Buchungszahlen oder stöhnte über die entsetzliche Luft im Gebäude. Ihm fiel es nie schwer, etwas zu finden.

War er aber glücklich, dann strengte er nicht minder an, insofern er Zuhörer brauchte, die er mit seinen neuen und ihn ganz erfüllenden Einsichten kaum anders als mit seinen Launen attackierte. Und seine Enttäuschung war maßlos, wenn sein erkorener Zuhörer etwa Zeitmangel anmeldete. Darauf reagierte er fast noch allergischer als auf Zigarettenrauch.

Wahrscheinlich hatte vieles mit Vesuvios Gesundheit angefangen. Ganz zu Anfang ihrer Freundschaft, als er noch Wein getrunken und Spaghetti gegessen und keinen unnötigen Schritt zu Fuß getan hatte, war er bereits gegen die Raucher zu Felde gezogen. Das hatte Gwen seinerzeit imponiert, der da gerade einmal wieder rückfällig geworden war.

Im Laufe der Jahre hatte Vesuvio sich dann vorangearbeitet und mit jedem seiner Schritte war er unduldsamer geworden, was die kleinen und großen Schwächen der Menschen anging. Dabei bestand er darauf, dass die andern ihm gleichgültig seien, dass er sich nicht auf einem Kreuzzug befände, sondern lediglich von diesen nicht behelligt werden wolle, die nichts anderes im Sinn hätten, als ihn wieder in ihren Sumpf zurückzuziehen, statt an seinem Beispiel zu lernen.

Bei ihm klang das immer so, als seien 'die Anderen' irgendwie böse. Er fühlte sich verfolgt und konnte von seinen Verfolgern tatsächlich Geschichten erzählen, die überzeugend echt klangen. Dennoch gelang es ihm nicht immer, seine Ängste vollständig an Realitäten zu knüpfen. Es gab da zweifellos einen hausgemachten Überhang, mittels dessen er äußere Feindbilder ausstaffierte.

- Wäre er doch endlich zu einem richtigen Psychotherapeuten gegangen, wünschte sich Gwen, der diesen Schritt freilich selbst scheute.

Er habe mit Ärzten und Psychologen nur die allerschlechtesten Erfahrungen gemacht, sprudelte es aus Vesuvio heraus, wenn man an dieses Thema tippte. Schon als Kind seien ihm völlig unnötig die Mandeln entfernt worden, seine Schneidezähne habe er verloren, weil der Zahnarzt gepfuscht hätte und in Deutschland hätten sie ihm beinahe die Kniescheibe amputiert, als sein Bein von der Fabrikarbeit angeschwollen war.

Was es mit den Psychologen auf sich hatte, erlebte Gwen auf einem gemeinsamen Selbsterfahrungsseminar, wo es der leitende Psychologe nicht verstand, Vesuvio in Zaum zu halten und ihn am Gruppengeschehen zu beteiligen. Die ungute Mischung aus objektiver Fremdheit, Sprachbarriere und regressiver Selbstinszenierung hätte von außen durchbrochen werden müssen, was indes versäumt wurde. Vesuvio war immer aggressiver geworden, hatte schließlich sogar die Kontrolle über sich verloren und war auf den Übungsleiter losgegangen.

Seit diesem Erlebnis verfolgte er die Seelenärzte womöglich noch wütender als die Schulmediziner und seine Abkehr von allem, was über den Verstand zugänglich gemacht wurde, verstärkte sich. Seinen Körper vertraute er nur noch spirituellen Heilern an, deren Auflagen er sich willig unterwarf, ohne sich über dabei auftretende Widersprüche Gedanken zu machen.

So kam er eines Tages ganz davon ab, sich sein Trinkwasser aus einer Taunusquelle zu holen - eine, wie sich denken lässt, zeitraubende und umständliche Praxis, die er gleichwohl über Jahre hin beibehalten hatte, um sie dann umstandslos und abrupt fallen zu lassen, als ihn ein neuer Meister veranlasste, nur noch - wie er es nannte - 'destilliertes Wasser zu' sich zu nehmen.

Es gehe dabei um die Mineralien, erfuhr Gwen, als sie gerade in einem Speiselokal saßen, wohin er Vesuvio nichtsahnend eingeladen hatte. - Der war in seinem Element. In seinem holprigen Deutsch erläuterte er dem griechischen Kellner seine Mineralientheorie und machte ihn, der ohnehin kaum ein Wort verstand, auf die verbrecherische Vergiftung seiner Gäste aufmerksam, bis der sich endlich verlegen mit einem Schulterzucken abwandte.

Es war ein heißer Spätsommertag und der Biergarten, in dem sie sich befanden, war bis auf den letzten Platz gefüllt. So blieb Vesuvios Auftritt nicht unbemerkt. Die Reaktionen um sie herum umfaßten die ganze Skala vom bösartigen, brüllenden Gelächter der Angetrunkenen bis hin zu blasiertem Schmunzeln.

Als der Kellner wiederkam, mit einem Glas Wasser und Gwens Rhodos, brachte er Verstärkung mit. Vesuvio wurde aufgefordert, sich entweder normal zu verhalten oder das Lokal zu verlassen. Seltsamerweise schien ihn dies einzuschüchtern. Gwen hatte eine ganz andere Reaktion erwartet.

Vesuvio war unberechenbar und steckte voller Widersprüche. Über sein gleichsam angeborenes neapolitanisches Naturell hatte sich wie ein Film eine eigenwillige Zähmung gelegt, bei der sogar die Frauenbewegung eine gewisse Rolle spielte. Er lag, so schien es, im ständigen Kampf mit dem Vulkan in seinem Inneren; und natürlich sprengte er seine - letztlich doch äußerlichen - Ketten öfters, als ihm dies lieb war oder gut bekam. Es brach einfach aus ihm heraus.

Die Entwurzelung hatte ihn zerrissen, hatte die Gewissheiten der Heimat zerstört. Und so klammerte er sich in der neuen Welt an alles, was Halt versprach, was unumstößlich wirkte und die alles relativierende Distanz aufhob, die die intellektuellen Kreise bestimmte, in die es ihn in Deutschland verschlagen hatte, und wo er wenigstens willkommen war. Akzeptiert wurde er deshalb dort nicht, schon gar nicht so, wie er sich gab. Und was vielleicht am schlimmsten war, er akzeptierte sich im Grunde selbst nie vollständig. Mitunter nur durchbrach er den verstellenden Nebel seiner geteilten Identität und begann etwas davon zu ahnen, was für Geheimnisse die Existenz den Menschen in Wahrheit zu lösen aufgibt, und vielleicht wäre er in Neapel nie soweit gekommen, obwohl er dort wahrscheinlich glücklicher geworden wäre.

Der Schmerz, den andere vielleicht deshalb geduldiger trugen, weil sie über keine Alternative verfügten, aber machte ihn wütend. Er kannte kein Dreinschicken ins Schicksal mehr. Für alles Leid, das ihm widerfuhr, wusste er Schuldige auszumachen. Und freilich hatte er oft nur allzu recht mit der Identifizierung der Aggressoren, was es ihm um so schwieriger machte zu erkennen, wenn er im Unrecht war. So wirkte er viel selbstgefälliger, als er war. Ihn dünkte sein Zorn reaktiv, seine Attacken schienen ihm notwendige Verteidigung. Es mangelte ihm an Schuldbewusstsein, wenngleich er im tiefsten Grunde seiner Seele doch das Unbehagen spürte. Aber die überwältigende Wahrheit der objektiv gegebenen Feindseligkeit erstickte die aufkeimende Selbstkritik. Zur Not schob er die Sprache vor, die ihre Schlingen gegen ihn auswarf, in denen er sich fast schon mutwillig verhedderte.

Wer wusste schon, ob er nicht verstehen konnte, oder ob er nicht verstehen wollte? - Von allem Anfang an in diesem kalten Land hatte er selbst dies nur selten zu unterscheiden vermocht.

- Oh ja, er erinnerte sich..., diesen ersten Eindruck würde er nie vergessen und auch nicht das bange Gefühl im Gedärm, nach der schier endlosen Schaukelei in überfüllten Zügen, und den vertrauten, ledernen Gesichtern um ihn her, zwischen die sich dann - zunächst wie Fremdkörper - Gesicher wie bleiche Monde mengten aus denen stählerne Kugeln funkelten, und wo ihm dann diese harten bellenden Laute ans Ohr drangen, die ihn von nun an, als eine ständige Beleidigung seiner unbewusst ererbten melodiösen Empfinsamkeit, begleiten sollten.

Näher und näher rückten ihm diese, so wie draußen das Weiß heraufzog, worin riesige schwarze Vögel wie Applikationen auf einer weiten Abendrobe hockten. Und als er ausstieg, schämte er sich derer, die mit ihm kamen, denn er spürte die Verachtung wie eine Mauer, die ihn gleichfalls ausschloss, so hoch er den Kopf auch reckte, schließlich hatte er studiert.

Die Anwerber lauerten schon in der Bahnhofshalle. Bereitwillig überließ er sich einem, denn er glaubte in ihm einen freundlichen Zeitgenossen zu finden, den er nach dem Weg fragen könnte. Und ehe er es sich versah, saß er in einem schmutzigen kalten Pritschenbus. Den Koffer hatte er sich unter den Hintern geschoben wie die andern, mit den Händen umklammerte er das rauhe Holz der Seitenverschalung, wenn sich das Gefährt in eine Kurve legte und dann immer fester und ängstlicher, als die Piste holprig wurde und die Häuser längst außer Sicht waren und die Fahrt durch dunkle, hohe Stämme ging, zwischen denen schmutziges Weiß die tödliche Kälte anzeigte, die ihm in die Knochen kroch und sich mit seinem Entsetzen mischte, das ins Unermessliche stieg, als ihm, endlich angekommen, bedeutet wurde, seine Sachen in eine schmutzige Baracke zu packen, wo doppelstöckige Eisenbetten an den Wänden entlang standen. Auch das Papier legte er dazu, das sich in seiner verkrampften Hand befand, und das er vergessen hatte.

Kaum hatte er seine Sachen abgestellt, so wie die, die mit ihm gekommen waren, trieb sie die rauhe Stimme des Vorarbeiters heraus. Schippen wurden ihnen in die Hände gedrückt, ein Paar Gummistiefel und Arbeitshandschuhe gab es immerhin, dann ging es zurück durch die dunklen Stämme, wo schon die Bagger fauchten.

So musste es beim Turmbau von Babel zugegangen sein. Kein Zweifel, das hatte System, die Baracke beherbergte nicht einen, der eines andern Sprache mächtig gewesen wäre. Vom Essen bekam man Durchfall. Es gab keine Dusche und keine Küche.

Die ungewohnte Arbeit brach Vesuvio schier das Kreuz. An den Händen bildeten sich Blasen, und als er gar noch Fieber bekam, mussten ihn seine Sklaventreiber wohl oder übel laufen lassen. Man karrte ihn zurück an den Bahnhof, gab ihm einige Geldscheine und ein paar Münzen in die Hand und stellte ihn da wieder hin, von wo er abgeholt worden war.

Als er sich zu seinen Freunden durchgefragt hatte, legte er sich erst einmal für eine Woche ins Bett. Man habe ihn eben verwechselt, hieß es, als seine Freunde Nachforschungen anstellten. Auch sie zuckten die Schultern, so schlimm sei es ja wohl nicht gewesen, meinten sie grinsend. Vielleicht waren sie bereits vom Klima verdorben. Vesuvio trug ihnen das noch heute nach.

3. Feeling the Blues

Man konnte eben nicht mit jedem über alles reden, das war Gwen längst klar geworden, trotzdem fiel es ihm schwer, sich daran zu halten, außerdem war man gegen Überraschungen nie gefeit. Allzu eindeutiges Schubladendenken schlug vielleicht offene Türen zu. Das war der Nachteil der Philosophie, in ihr bewegte man sich stets auf äußerst kultiviertem Boden, wo nichts dem Augenschein entsprach, weshalb es auch äußerst peinlich war, von Laien in dieses Terrain geführt zu werden, die ihre schreiende Unkenntnis mit um so heftigeren Argumenten kundtaten, und die einen ständig zu paternalistischen Querverweisen zwangen. Oder aber ging man auf die scheinhaft authentische Ebene des Alltagsverstandes ein, um sich in die Bande des Scheins verstricken zu lassen, die mit der gleichen Gewitztheit und eben dem Scharfsinn zu schlingen waren, statt ständig einen Hinweis wie den, dass das Rad denn doch wohl bereits erfunden sei, im Munde zu führen.

Dann freilich tat man besser daran, die Hervorbringung, die da gerade geboren wurde, als solche zu würdigen. Immerhin war solch eine Neuerfindung, objektiv betrachtet, zum einen die Bestätigung, dass es damit etwas, dem Menschen universell eigenes, auf sich hätte, zum anderen - und das war vielleicht entscheidender - bewies sich die Intelligenz dessen, der sie von sich gab.

Da blieb einem nur das Staunen: warum war solch ein offensichtlich doch intelligenter Mensch zugleich so ignorant? Wäre es diesem nicht ein Leichtes, die vielleicht zehn bis zwanzig wesentlichen Grundgedanken der Philosophie an Ort und Stelle nachzulesen? Freilich wäre es danach schon etwas schwerer, originell zu sein. Denn das dünkten sich diese Wiederundwiedererfinder allemal. Vielleicht fand sich in der Geltungssucht ja der Grund der Ignoranz?

Jedenfalls strengten sie an, diese Akrobaten des Alltagsverstandes, die bei jedem Querverweis aufschrieen, da sie nicht wussten, was er zu bedeuten hatte. Jedes 'wie schon Platon so richtig befand', jeder Versuch, auf das Ganze hinter dem Phänomen hinzuweisen, wurde als Ausflucht genommen, als wisse man nicht mehr weiter und verschanze sich deshalb hinter großen Namen und epochalen Zusammenhängen. Sie kamen einem vor wie die wütenden Terrier, die sich im Hosenbein verbissen und die nicht merkten, dass sie nur Stoff zwischen den Zähnen hielten.

Die Mühsal auf sich zu nehmen, in die Niederungen der profanen Existenz hinabzusteigen, wo, das wusste auch Gwen, die beinharte, wirkliche Wirklichkeit fabriziert wurde, erfüllte ihn mit äußerstem Unwillen. Hier war alles Täuschung, Übervorteilung und Dummheit; Dummheit von unauslotbarer, bodenloser, schwarzer Tiefe - unsäglich und ekelerregend.

Wie wahr das gnostische Bild doch wurde! Die Schule des Lebens trug es Gwen zu, und als er es in den alten Schriften wiederfand, erschrak er beinahe über so viel und so alte Weisheit. Das movens mundi, die einfache Wahrheit hinter allem Schein, so wurde ihm immer deutlicher bewusst, ließ sich nicht mehr beiseite schieben: Ein göttlicher Funke war ausgesandt worden, war in Gefangenschaft geraten und kämpfte um seine Befreiung und Heimkehr aus der Verbannung.

Besudelt, beleidigt, erniedrigt, geknechtet - so, das fühlte er in jeder Faser seines Seins, erfuhr auch er die Wirklichkeit in der Welt. Das war die letzte Wahrheit hinter den Hoffnungen und Illusionen, die man sich machte, weil man die Wahrheit nicht ertrug. Doch eines Tages wäre man soweit, und dieser Tag der Wahrheit würde zum schaurig-schönen Triumph der Erkenntnis.

Ja, das ist Adams Fluch: Zu erkennen, was dem Menschen auf Erden geschieht.

In den Strudeln der Kindheit und Jugend konnte es so scheinen, als sei das bessere Jenseits nur auf der anderen Straßenseite, als habe man Pech, auf der falschen Seite zu stehen. Doch es genüge, hinüberzuwechseln, dann würde sich alles zum besseren wenden. Und in der Tat konnte die Befreiung aus dem ererbten Schattenreich als eine Kette der Beglückungen erscheinen. Gwen erinnerte sich an das Gefühl, das so sehr dem Fliegen beim Durchdringen der Wolkendecke glich, wo sich dann auf einmal eine ganz unwirkliche Landschaft vor den staunenden Augen ausbreitet, getaucht in ein Licht von unwirklicher Helle wie der letzte oder auch erste Blick auf eine unaussprechliche Verheißung, und einem Tränen in die Augen schießen, von denen man dennoch nicht weiß, ob sie physischen oder metaphysischen Ursprungs sind.

Was früher der Hader mit den unbilligen Lebensbedingungen war, das wurde nun zu unerbittlich schwarzer Galle. Gegen sie wirkten die einstigen Anfälle der Melancholie wie verwässerte Tinte. Und wenn er es richtig betrachtete, dann war auch sein Ausflug ins Reich des Geistes bereits Rückzug aus der Welt gewesen. Er hatte sich damit zu den Philosophen, den Mönchen, den Einsiedlern und Asketen gesellt, die den einzig möglichen Schritt tun, der da heißt Rückzug; Rückzug aus einer Welt voller Dummheit. Infame Dummheit, die einen immer wieder einholt und die, wie die fressende Schweineschnauze, unterschiedslos alles in sich hineinschlingt, dessen sie habhaft werden kann.

Er hatte sich in eine Falle manöveriert, aus der es so leicht kein Entkommen gäbe. Die philosophischen Laien waren ihm eigentlich gleichgültig, sie waren sicherlich nur ein Anlaß, niemals aber die Ursache für seine Enttäuschung. Die Welt da draußen, das wusste er wohl, drehte sich wie eh und je um Gier nach Geld und Macht. Das warf ihn nicht nieder. Auch die unbegreiflichen Irrläufer der psychischen Entwicklung überwältigten ihn, - jedenfalls jetzt - nicht mehr, wo er sie durchschaute und sich vor ihnen schützen konnte.

Und doch waren sie es, die durch sein Utopia geisterten. Er hatte inzwischen einen Abstrich nach dem anderen hingenommen. Am Ende war dieses Inselchen gemeinschaftlichen Strebens übriggeblieben, wo aus eigener Kraft oder wenigstens aus Eigeninitiative eine den Gemeinsinn fördernde Bildungseinrichtung herauskommen sollte, nachdem sich die Träume von der ökologischen Revolution verflüchtigt hatten, da auch in der 'grünen Politik' kein anderer, als der 'alte Adam' Einkehr hielt. Erstaunlich äußerlich waren ihm bei den GRÜNEN solche Schmerzen geblieben, oder hatte er sie bereits wieder verdrängt? Das, was ihm jetzt widerfuhr, traf einen anderen Punkt, drang tiefer und verletzte etwas, von dessen Existenz er zuvor nichts gespürt hatte. Niemals vorher hatte es ihn derart getroffen. Hier, am letzten Ort, der noch verblieben, nachdem all der wundersame Glitter fortgeweht war, traf ihn die Enttäuschung am tiefsten. Nicht eigentlich Enttäuschung, Enttäuschung war zu schwach, da darin die Panik nicht mitschwang und jene Unsäglichkeit, jene absolute furchtbare Erkenntnis.

Ja, es war die Erkenntnis, die das Kernstück des Schmerzes ausmachte. Denn wo früher Nebel aufwallten und sich Schwärze in Ohnmacht und süßes Verlieren überführten, da stand nun ehernes Wissen. Es gab die andere Seite der Straße nicht mehr, das war es. Wenn er jetzt in das 'ganz Andere' hinüberwechselte, dann gäbe es kein Zurück mehr. Es war eben nicht die 'andere Seite der Straße'. Das 'ganz Andere' war nicht irdisch, war, wenn überhaupt, erreichbar nur durch die Preisgabe des Bewusstseins und der Identität, war viel mehr als der 'kleine Tod' seiner alten Leiden und Wiedergeburten, auf die er insgeheim so stolz war. So war, nach Lage der Dinge und nach seinem Kenntnisstand und dem erlangten Grad an Bewusstheit, dieses Schielen völlig inakzeptabel, war wie die Sehnsucht nach dem Versinken im Vergessen der Zeit.

Der Transzendenz gebrach es an Existenz. So verzweifelt er auch in sich hineinwühlte, sich in die Geisteswelt zurückrettete, mehr als dies war da nicht, mehr an Jenseits, gar Volleres, Entlastenderes würde nie zu finden sein. Wenn er nicht hier weiterkäme, bliebe ihm nichts. Angetreten war er, sich in eine andere Wirklichkeit hinein aufzuheben, die es zugleich zu begreifen und zu gestalten galt. Ein Anderer im 'ganz Anderen' hatte er werden wollen.

Sein Glaube an die irdische Wiedergeburt, an eine zweite Chance war dahin. All seine Anstrengungen waren letztlich gescheitert. Mit sich selbst, das wusste er nun, würde er nie in Bereiche gelangen, die dem Ideal entsprochen hätten, von der äußeren Welt ganz zu schweigen, wo sich jede Ideologie immer nur ad absurdum führte und täglich der Beweis erneut erbracht wurde, dass die Schattenseite triumphierte.

War es da nicht wahnwitzig, was er von ihrem Projekt verlangte? Wieso sollte ausgerechnete dieses nun seine Träume erfüllen? - Als ob es um Träume gegangen wäre... Höchsten noch um Alpträume! Schlimmer ging es zu, das war's! Der Sumpf der Intrigen hier war nicht mehr zu überbieten. Gerade weil man sich alternativ gebärdete, war die Verlogenheit so unerträglich. Ohne das Zwangskorsett auferlegter Ordnung kam das Niederste zu oberst, zeigte der Mensch seine häßlichste Fratze. Oder war es so, dass die gebotene Freiheit das üble Gelichter anlockte, das sich wie Schmeißfliegen auf diesen unverhofften Auswurf stürzte und sich daran gütlich tat?

Gwen erinnerte sich an Fouriers geniale Konstruktion, nach der jener glaubte, auch die negativen Kräfte im Menschen in den Dienst des Gemeinwohls stellen zu können.

So ließ Fourier die aggressiven, nach Gefahr und Selbsterprobung gierenden Burschen in seinem Arkadien die gefährlichen Aufgaben übernehmen, ließ sie Sümpfe trocken legen und Naturgewalten bezwingen, was - so befand Fourier - ihre Leidenschaften befriedigte und sie zugleich befriedete, nicht nur ohne der Gemeinschaft zu schaden, sondern ihr im Gegenteil zu Nutz und Frommen zu gereichen.

'Im Projekt' (Gwen weigerte sich, einen Namen dafür zuzulassen) erlebte er die genaue Umkehrung von Fouriers Idee. Hier wurde der Altruismus in den Dienst des Egoismus der Einzelnen genommen. Keine Gemeinheit wurde ausgelassen. Alles nahmen sie sich heraus. Nicht einmal die heiligsten Tabus waren noch geschützt. Es war ein gnadenloser Kampf um..., ja worum eigentlich? War es Macht? Im weitesten Sinne ging es auch um sie, doch da war mehr oder auch weniger, denn kleinlicher Hader und übellauniges Gezänk schienen sich selbst zu genügen. Und das war das eigentlich Erschreckende. Wenn es wenigstens um Existenznöte gegangen wäre, die zweifellos im Hintergrund lauerten, doch darum ging es nur zu selten. Nein, grundloser Hass triumphierte.

Die raue Schiffsgesellschaft vergangener Tage verklärte sich Gwen zum herzigen Männerbund raubauziger Gesellen. - Hätte es sich wenigstens gelohnt, aber was bewegten sie denn schon...? War es nicht völlig belanglos, wo oder wie ihre Klienten ihre Sprachen erlernten? Waren sie nicht einfach ein weiterer Anbieter in einem ohnehin übersättigten Markt?

Es würde Zeit aufzuwachen. Wenn schon die Welt nicht zu bewegen wäre, dann sollte man seine Zeit we-

nigstens nicht damit zubringen, sich ununterbrochen zu ärgern. Der alltägliche Behauptungskampf war auch ohne zusätzliche Erschwernisse hart genug. Seine Leiden entbehr-
ten jeden Sinns und doch schaffte er es nicht, einen
Schlusspunkt zu setzen. Er wusste, es war noch nicht zu
Ende, solange ihn solch wütender Trotz und Rachegedan-
ken erfüllten. Diesmal würde er nicht wieder als Verlierer
das Weite zu suchen. Diesmal würde er es durchkämpfen
und zu einer irgendwie ehrenvollen Lösung treiben. - Etwas anderes als 'ehrenvoll' schien ihm nicht angemessen.
Den Teufel konnte man nur mit dem Beelzebub austreiben.
Und eine von des Teufels Listen war ohne Zweifel der
Appell an den moralisch Stärkeren, sich auch als dieser zu
erweisen, was automatisch bedeutete, im kleinlichen Zank
zurückzustecken.

Gwen hätte sich in der Luft zerreißen mögen vor hilflo-
sem Zorn. Wie war ihm übel mitgespielt worden. Niemand
war je so dreist mit ihm umgesprungen. Diese Mischung
aus Lügengespinst und treuherzigen Beteuerungen war
wirklich einmalig. Damit konnte er überhaupt nicht umge-
hen. Das war seine wirkliche Schwäche und sie war erkannt und ausgenützt worden. Dabei war er sein ungutes
Gefühl von allem Anfang an nie los geworden. Er hatte es
auf die widrigen Umstände, auf Startschwierigkeiten und
Unkenntnis geschoben. Bis er dann in Francos Kampagne
gegen dessen Konkurrentin hineingezogen wurde, der
dann bei jeder sich bietenden Gelegenheit, sein Gift in die
Ohren der alsbald entnervten Zuhörer träufelte, bis diese
schließlich um ihrer eigenen Ruhe willen, und damit er
endlich aufhörte, bereit waren, ihm zuzustimmen. Und da

Gwen Franco zu jenem Zeitpunkt noch kaum kannte, dachte er sich, es müsse schon etwas an dessen Aufregung sein. So gelang es diesem, den Eindruck zu verbreiten, Carmen nutze das Projekt zur eigenen Bereicherung. Erst die nächste Jahresabrechnung deckte, als es zu spät war, den wirklichen Sachverhalt auf. Es war Franco, der sich nicht im entferntesten an die getroffene Vereinbarung gehalten hatte und der nicht einmal die Hälfte der vereinbarten dreissig Prozent seiner Einnahmen an das Projekt abgeführt hatte.

Darauf angesprochen, wälzte Franco alle Schuld auf Carmen ab, deren Kurse negativ zu Buche schlügen. Zumal diese sich nicht wehren konnte, da er sie inzwischen davongeekelt hatte. Außerdem brachte er Carmens Abrechnung geschickt mit Gwen in Verbindung, an den diese sich gehalten hatte (seit sie mit Franco nicht mehr sprach), und der folglich den größten Teil ihrer Kursabrechnungen erledigt hatte.

Dieser vage Schatten eines konspirativen Verdachts aber erschien Franco längst nicht genug. Er drehte nun den Spieß herum und behauptete, nicht er, sondern Vesuvio und Gwen seien diejenigen, die sich unrechtmäßig bereicherten, zumal es ihnen der nötigen Bindung an 'das Projekt' fehle. Sie wollten vielmehr ihren eigenen Verein 'Avanti Kamerun' auf Kosten 'des Projekts' erneuern. - Wohl wissend, dass in dem Hause mit jedem Gerücht, und sei es noch so an den Haaren herbeigezogen, Stimmung zu machen war.

Nun hatte es tatsächlich Gespräche über eine Sezession zwischen Gwen und Vesuvio und einigen anderen gegeben. Außerdem traute auch Gwen Vesuvio in Geldangelegenheiten nicht mehr über den Weg und davon schien Franco irgendwie Wind bekommen zu haben.

Vergeblich wies Gwen in einer jener berüchtigten Krisensitzungen auf die Unterlagen hin, die es zu überprüfen gälte. Daran war ohnehin nie jemand interessiert gewesen. Bei Vorstand und Geschäftsführung, die man sich wegen der erlangten Größenordnung gegeben hatte, empfand man vielmehr Gwens Eifer als unangebracht. Gwen leide wohl an Paranoia, hieß es.

Franco, im Aufwind, forderte gar Gwens Entlassung, was insofern schwierig war, als gar kein Arbeitsverhältnis bestand. Aber eine solche Forderung klang gut und kam noch besser an. Franco spielte den Entrüsteten so überzeugend, dass selbst Gwens spärlichen Freunden Zweifel kamen. Konnte es sich nicht doch um Buchungsfehler handeln - wie Franco das im Brustton der Überzeugung, gleichsam als letzte Trumpfkarte, behauptete? Gwen wusste es besser, dieser Mensch führte alle hinters Licht, und je mehr Zustimmung sich fand, um so dreister plusterte er sich auf. Auch Gwen fühlte sich alsbald so allein wie es Carmen ergangen sein musste. Selbst seine Freunde zeigten sich an dem Problem alsbald nicht mehr interessiert. Sie dachten ganz realistisch, dass es für das große Ganze keinen so großen Unterschied mache, ob Franco ein paar Tausender zuviel kassiert hätte. Alle waren dafür, stattdessen einen Schlussstrich unter die dubiose Angelegenheit zu ziehen.

Franco schwamm wie ein Fisch in seinem Element. Und Gwen fühlte, wie es ihn immer tiefer in dessen Sumpf zog. Er fühlte sich - wie ihm Franco einmal hämisch hatte wissen lassen - 'über den Tisch gezogen'.

Und doch - eigentlich schämte er sich mehr, war eher traurig als wütend, fühlte sich schuldig, weil er es noch immer nicht gelernt hatte, weil er die Wirklichkeit noch immer nicht ertrug. Wäre es nicht allmählich an der Zeit, die Menschen so zu akzeptieren, wie sie nun einmal sind?

*

In Frankfurt war die Hölle los. Bis in die Innenstadt verlagerten sich die Scharmützel, die ihren Ursprung draußen im Stadtwald hatte, wo hinter meterhohen Drahtverhauen und grauen Wallanlagen, die Flughafenerweiterung im Gange war, die von Grenzschutztruppen und eilig herangekarrten jungen Polizeischülern, gegen das heranbrandende, schier unzählige Heer ökologisch oder auch anderweitig motivierter Demonstranten, verteidigt wurde.

Gwen entdeckte Aurobindo zwischen einer Horde schlammverdreckter Kids, die in wilder Panik über die Gleise der U-Bahnstation am Hauptbahnhof stolperten. Bevor sie jedoch von ihren polizeigrünen Jägern gänzlich eingekesselt waren, trennte ein einfahrender Zug die ungleichen Kontrahenten. Und als der Zug die Sicht wieder freigab, war von den Demonstranten niemand mehr zu sehen. Gwen wußte nicht, um wen er mehr Angst hatte oder wer ihm mehr leid tat: die todesmutigen Jugendlichen auf dem Gewirr der Schienen oder die verdatterten Beamten, die dem Räuber- und Gendarmspiel ganz offensichtlich nicht gewachsen waren.

Gwen war auf dem Weg nach Hause. Er hätte an diesem Tag nicht im Stadtwald sein mögen. Dort müsste eine wahre Schlammschlacht im Gange sein. Ihn schauderte beim Gedanken an den eiskalten Matsch. Das war schon tagsüber schlimm genug. - Und wie mochte ausgerechnet Aurobindo in die Auseinandersetzung hineingeraten sein? Demonstrieren war eigentlich nicht seine Art. Andererseits konnte man sich derzeit nicht genug wundern, wen es alles in die Strudel der Ereignisse riss. So breit war der Widerstand noch nie gewesen - auch nicht in Frankfurt, wo es eine lange Tradition des 'zivilen Ungehorsams' gab. Wahrscheinlich war dies der Grund für die Nervosität der Staatsgewalt, zumal sich die sogenannten Autonomen geschickt unter die Massen mischten und unter ihnen ganz offensichtlich Nachahmer fanden.

Wie Szenen aus einem Hollywoodklassiker mutete es mitunter an, wenn die vermummten Horden mit Gebrüll gegen Wall und Graben stürmten und dabei auf die selbstgebastelten Schilde trommelten.

Da draußen wurde es immer ungeheuerlicher, fand Gwen. Selbst die Wortführer schlugen befremdliche Töne an. Das war der groteske Straßenkarneval alter Zeiten nicht mehr. Vielleicht war eben dies der Grund, weshalb Aurobindo hier zu finden war, den man früher vergebens gesucht hätte.

Gwen las den sichtlich Verstörten in der Bahnhofsvorhalle auf, wo er sich, hinter Bücherständern versteckt, vor den Auslagen der Bahnhofsbuchhandlung herumdrückte.

Mit seinen schlammverspritzten Hosen sah man ihm schon von weitem an, wo er herkam. Möglichst unauffällig schlenderten die Beiden Richtung Ausgang, wo sie aber alsbald eine Polizeikette abschreckte, die sie zum Glück schon von weitem sahen. Sie drehten ab und verkrümelten sich erst einmal in die Toilette. Diese Idee aber hatten vor ihnen auch schon andere gehabt. Es herrschte ein fürchterliches Gedränge vor den Stahlschranken, die wegen der Fixer eingezogen worden waren. Um an die Waschbecken und Closchüsseln zu gelangen, musste man entweder fünfzig Pfennige in den Automaten der Barriere stecken, oder man kroch wie ein geprügelter Hund auf dem Bauch unter den Stahlstangen hindurch.

Gwen und Aurobindo versuchten erst gar nicht hineinzukommen. Es hätte keinen Zweck gehabt. Ganz würden sie Aurobindo ohnehin nicht sauber bekommen.

Schließlich schlüpften sie am Südausgang durch das unbewachte Notpförtchen aus dem Bahnhof. Und bald darauf saßen sie in der Straßenbahn.

Aurobindo mochte nicht über den Tag an der Startbahn reden! Er wollte nicht einmal daran erinnert werden. Dabei habe er nur Frieden stiften wollen. Gwen unterdrückte ein unwilliges Kopfschütteln. „Ja, liest du denn überhaupt keine Zeitung?", entfuhr es ihm.

Aurobindo schmollte und schwieg beharrlich. Er tat Gwen beinahe leid. Man sollte ihn auf andere Gedanken bringen, dachte er, stellte aber, als ihm dazu nichts einfiel, fest, dass das gar nicht so leicht war. So saßen sie sich schweigend gegenüber, während sich die Bahn durch den Verkehr zum Messegelände quälte. Aber auch das Geruckel schien Aurobindo zu beruhigen. Und je weiter sie sich vom Bahnhof entfernten, um so heller wurde seine Miene. Alsbald hatte er zu seiner - wie Gwen fand - unaussprechlich schafsdämlichen Sanyasin-Maske, einem eingefrorenen, milden Lächeln, zurück gefunden. Es provozierte Gwen dermaßen, dass er seine Stichelei nicht länger zurückhalten mochte, die ihm noch von vorhin auf der Zunge brannte.

„Was machst ausgerechnet du an der Startbahn West...? Und dann auch noch ganz offensichtlich so richtig militant? Mir jedenfalls sind diese Kids, die da jetzt den Ton angeben, reichlich suspekt... Was hast du mit denen denn am Hut...?"

Aurobindo schien aus allen Wolken zu fallen. Darüber hatte er sich überhaupt keine Gedanken gemacht. „Ja, geht es dir etwa nicht um den Naturerhalt, das kann doch nicht immer so weitergehen, wo soll denn das noch hinführen? Da muß man doch einfach etwas machen..." Und dabei hob er beschwörend seine schmalen wunderschönen Hände vor die leuchtenden Augen. Ein wenig zu theatralisch, wie Gwen fand, was ihn kitzelte, noch eins drauf zu setzen: „Mir ist diese ganze Startbahnsache zu populistisch aufgezogen. Ich habe eher Angst vor den Hunderttausenden... Früher ist's gemütlicher gewesen. Seit das mit der 'kleinen radikalen Minderheit' vorbei ist, halte ich vom Demonstrieren immer weniger. Ich find's heute fast schon faschistoid. Egal, was da sonst noch für Töne aus der Region kommen, falls sie denn aus der Region stammen... Wildgewordene Kleinbürger, die auf einmal merken, wie die

Grundstückspreise purzeln... Obwohl das alles längst bekannt war, als sie bauten...“

Gwen überzog absichtlich. Im Grunde solidarisierte er sich mit dieser 'Bewegung' ebenso, wie mit den vielen anderen und war auch hin und wieder vor Ort dabei gewesen oder war mit zum Landtag in Wiesbaden gezogen. Er wollte Aurobindo jetzt aus der Reserve locken, von dessen Motiven er nicht den Schimmer einer Ahnung hatte. Früher jedenfalls hatte der die Politik der Straße gemieden wie der Teufel das Weihwasser, schon gar, wenn es ernst wurde. Er hatte sich als einer der Ersten in die Esoterik abgesetzt, als es dann losging mit dem Innerlichkeitstrip.

„Ja, ja“, ließ Gwen sich beiläufig vernehmen:

„Gewaltausbrüche gehören zu den unergründlichen Paradoxien der Mystik, hat jedenfalls Rover gelehrt.“ Aurobindo merkte bei Rovers Namen auf.

„Mystik“, fuhr Gwen fort, „schlägt an extremen Punkten in ihr Gegenteil um, lehrte uns Rover dies nicht...? - Alsdann führt sie zu wahrhaft fürchterlichen Eruptionen der Gewalt. Nur ist dies eben nicht rational begründbar, kann nicht berechnet oder geplant werden. Deshalb ist denn auch die kalkulierte Entfachung revolutionärer Gewalt das Fragwürdigste am dialektischen Materialismus...“

Aurobindo beschloss, bei diesem Stichwort abzuschalten. Mit halbem Ohr hörte er, 'was dies für eine unerhörte Hybris sei, wenn Einzelne oder Gruppen sich selbst zum 'Akteur der Weltgeschichte' machten. So etwas habe letztlich zu den selbsternannten unseligen Beauftragten 'dunkler Schicksalsmächte' auf der Seite der Rechten geführt. Selbst der wohlmeinende - dem Sozialismus geneigte - Betrachter der jüngsten Vergangenheit käme nicht umhin, im Naziterror die entsetzliche Parodie des marxistischen Revolutionsmodells zu erkennen... - Vielleicht nicht in toto aber doch wenigstens in großen Teilen. So sei das revolutionäre Grundkonzept, wonach die geschichtliche Entwicklung eine Abfolge blutiger Klassenkriege sei, in denen sich letztlich der begrüßenswerte Fortschritt durchsetze, nur um Denknuancen verändert, in rechtsradikales Bewusstsein zu überführen. 'Rasse, statt Klasse' sei im Grunde schon alles, was man dazu denkstrategisch benötige. Und so manche wohlmeinende linke Schrift sei durch den Austausch der beiden Begriffe ohne weiteres in ein rechtsradikales Pamphlet umzuwandeln...'

Aurobindo hatte sich zwar an diesem Tag mitreißen lassen, aber spontan war aus ihm nichts hervorgebrochen. Der Erhalt der Umwelt schien ihm wirklich nötig. Aus Sorge hatte es ihn an diese Front getrieben, nicht aus Lust an der Randale, wie vielleicht so manchen anderen, das mochte er gar nicht in Abrede stellen. Warum es ihn gerade an diesem Punkt erwischt hatte, war eher Zufall. Das hing mit seiner Lebenssituation zusammen. Seine Ehe war endgültig gescheitert. Es war nur noch eine Frage der Termine, wann die Trennung besiegelt würde.

Als er Gwen seine vorwiegend privaten Motive bekannte, erntete er ein triumphierendes Auflachen: „Eben dies ist nachgerade klassisch - wahrscheinlich stolpern dort draußen täglich Tausende ähnlich krisengeschüttelter Individuen herum, die wie du die Gelegenheit ergreifen. Mitläufersyndrom nennt sich so was...“

Aurobindo schwieg wieder beleidigt. Warum sagte Gwen so etwas? Doch dann besann er sich. Vielleicht hatte der gar nicht mal so unrecht. Und es beunruhigte ihn, wie nah die Dinge in Wirklichkeit zusammen lagen. Dabei hatte er sich bis zum Mittag so sicher gefühlt. Natürlich war er auch jetzt noch überzeugt von der Richtigkeit der Sache, allein der Pathos schrillte ihm inzwischen doch zu grell im Ohr, der 'den Kampf um jeden einzelnen Baum' beschwor. Am meisten aber hatte ihn der schwarze Block erschreckt, von dem er bis dahin nur in den Medien gehört hatte. Mitten hinein war er geraten. Plötzlich war er von knüppelnden, brüllenden Berserkern umgeben gewesen. Das Kampfgetümmel hatte ihn hin und her geschoben und wie durch ein Wunder war er völlig unversehrt wieder hinaus geschubst worden.

Er war dann in den schlammigen Graben gestürzt. Schlotternd vor Kälte und schierem Entsetzen hatte er sich zur Bahnstation geschleppt durch den immer dunkleren Wald, hatte sich auch noch verlaufen, und wäre er nicht jenen Kids begegnet, mit denen er dann über die Gleise des Hauptbahnhofs gejagt wurde, er irrte womöglich noch immer durch den finsteren Wald.

Nie wieder, das wusste er schon jetzt! Um so bereitwilliger hörte er sich Gwens sehr grundsätzliche Kritik an dieser ganzen Bewegung an. Er verstand zwar nur die Hälfte, denn er war einfach zu zerschlagen für solch geistige Klimmzüge, zumal ihn die wohlige Wärme, die unter seinem Sitz hervorquoll, umhüllte und allmählich schläfrig zu machen begann.

Er musste eingenickt sein, denn als er um sich schaute, merkte er, dass er bereits in Ginnheim war. Jetzt müsste er wieder zurückfahren. Gwen war verschwunden. Er hatte ihn einfach sitzen lassen! Der ganze Zug war inzwischen leer, bemerkte er.

Obwohl die Bahn gleich wieder zurückfahren würde, warf ihn der Schaffner an der Wendestation hinaus und hieß ihn die zweihundert Meter bis zur Einsteigestelle vorlaufen, während er selbst seine Pause machte, vorn im Führerstand und sich Kaffee aus einer Thermoskanne einschenkte, Stullen kaute und zu ihm herüber äugte. Aurobindo war es, als grinse er hämisch.

Zeit hätte er jetzt, der Zug führe erst in einer halben Stunde zurück. Es war nicht wirklich kalt, trotzdem pfiff der Wind durch die leere Anlage und Aurobindo kauerte sich in den Windschatten des gläsernen Häuschens, worin die Fahrkartenautomaten standen.

Eine Fahrkarte müsste er auch wieder kaufen. Oder sollte er so tun, als hätte er ein Dauerkärtchen? Kleingeld hätte er jedenfalls. Er klimperte in den Taschen, holte eine halbe Handvoll Münzen heraus und steckte sie wieder ein. Es wären ja nur drei, vier Haltestellen... Dann besann er sich. Für heute hatte er Ärger genug gehabt.

Auf der Anzeigetafel versuchte er vergeblich zu ergründen, wann die nächste Abfahrt war. Außerdem trug er keine Uhr und die, die hier stand, war zerstört worden.

Er zog sich eine Fahrkarte. Danach schlenderte er den Bahnsteig auf und ab und begann über Gwens Worte nachzugrübeln.

Solche Auseinandersetzungen hatten sie öfters, eigentlich stritten sie ständig miteinander, nicht erst seit Poona. Gwen musste alles auf die Spitze treiben. Aurobindo fand dies meist viel zu überzogen. Dabei ließ sich Gwen im Grunde nur von seiner eigenen Stringenz mitreißen. Am Ende überschlug er sich dann, wenn er zu keiner weiteren Steigerung mehr fähig war und nur noch wiederholte, was er wenige Augenblicke zuvor bereits gesagt hatte. Vieles von dem, was er zu sagen hatte, fand Aurobindo sogar langweilig. Es interessierte ihn nicht. Eigentlich hatten sie, so gesehen, wenig Berührungspunkte. Jedenfalls fand er Gwens Erörterungen oft übertrieben - gerade heute. Griffig klang so etwas natürlich: 'Rasse statt Klasse' und schon war eine radikale Fundamentalkritik auf dem Tisch, die nach zwei Seiten hin losging und die sich in ihm fest zu fressen begann. War da etwas dran?

Wo man auch auftauchte, alsbald zettelte jemand diese 'Faschismus in uns' - Debatte an. Gemeint war natürlich immer sein Meister. Es war eigentlich nur die allgemeine intellektuelle Feigheit, die zu solcher Verklausuliererei Anlass gab. Wenigstens feige war Gwen nicht. Der sagte immerhin, was er meinte, und man wusste, woran man war. Gwen teilte zwar die allgemein verbreitete Ansicht, wonach Aurobindos großer Meister seinen Anhängern das kritische Urteilsvermögen raube, doch von Faschismus hörte man ihn in diesem Zusammenhang nur selten reden. Der wenigstens nahm die Sache mit dem 'Faschismus in uns' auch für sich ernst: „Das haben wir doch alle drauf, so was saugt sich hier gleichsam mit der Muttermilch ein..., ja, wo sind wir denn? Und wie könnte es auch anders sein...?"

Manche Nacht hatten sie sich um die Ohren geschlagen, damals als Rover noch lebte. So lange war das noch gar nicht her. Und doch, was hatte sich nicht alles geändert, seither? Die Uni fehlte ihm doch sehr. Er wurde sich gerade jetzt schmerzlich des Mangels bewusst. Vielleicht hatte er sich tatsächlich allzu tief ins Labyrinth der Esoterik verstrickt. Nicht zuletzt deshalb, weil ihm die schneidende Schärfe des Intellekts immer Angst gemacht hatte... War dieser Intellekt nicht sogar die Wurzel allen Übels, hatte mit Descartes 'ich denke, also bin ich', nicht jenes Elend begonnen, das über die Menschheit gekommen war und nun drohte, sie auszulöschen? Um so mehr verletzte ihn die Unterstellung, sein Zurücktasten zu gesünderen Wurzeln des menschlichen Wesens habe etwas mit dieser mörderischen Naziideologie zu tun. Nur weil auch diese anti-intellektuell aufgetreten war, wurde versucht, ihm aus seiner Hinwendung zum eigenen Körper einen Strick zu drehen. Das war wirklich nicht fair.

Vielleicht stimmte ja sogar, was die Vätergeneration immer wieder betont hatte: Nicht alles könne gleich schlecht gewesen sein, unterschiedslos und ohne jede Differenzierung. Aber da herrschte Denkverbot. Niemand wagte sich daran, auch einmal zu verstehen, statt immer nur zu verurteilen. Gerade die Linke machte es sich da sehr einfach, lenkte es doch von den eigenen Gräueln ab, deren auch sie sich schuldig gemacht hatte. Notfalls kam man dann mit dieser griffigen Formel vom Sozialfaschismus. Damit aber meinte man dann immer die anderen. Natürlich hatten die Faschisten, gerade die Deutschen, ihre im Ansatz nur allzu berechtigte Kritik an der Moderne sehr wohl mit dieser zu versöhnen gewusst - alles war letztlich nur Ideologie geblieben, die Kritik hatte überhaupt nichts verändert, hatte alles nur immer schlimmer gemacht. Aber wenn man in der Naziideologie diesen Wagner`schen Pathos der Zivilisationskritik nicht sah, begriff man vom 'deutschen Wesen' überhaupt nichts.

Es ging nicht darum, mit allem einverstanden zu sein, was diese romantischen Seelen - gerade jenen, vergleichsweise unschuldigen des 19. Jahrhunderts - da hervorgeholt hatten. - Freilich konnte man Angst bekommen, was da als deutsche Seele hervor kroch, das jagte einem schon Schauer über den Rücken. Aber wie sollte es weitergehen? Wenn man immer nur unterdrückt und unterdrückt, was in der Volksseele kocht, wohin führte denn das?

Es gab eben nicht nur Denkverbote, die waren schon schlimm genug, sondern auch Verbote, was das Zulassen von Gefühlen anging. Und die 'Fühlverbote', das wurde Aurobindo immer klarer, waren viel einschneidender.

„Entdeckt eure Gefühle, lasst sie zu, überlasst euch ihnen, seht zu, wohin sie euch treiben!", forderte sein Meister. - Oh ja, Aurobindo hatte sich kennen gelernt, hatte in Abgründe geschaut, aber auch in Sphären der Glückseligkeit.

Es fing wieder heftig zu regnen an. Bis er zu Hause ankäme, wäre er an diesem Tage schon zum dritten oder vierten Mal völlig durchnässt. Er fühlte bereits das Kribbeln im Hals, das ihm die nahende Erkältung anzeigte. Da hülfe auch keine Meditation mehr.

Er lebte jetzt bei einem Freund, sehr beengt, denn der größere Raum von dessen Zwei-Zimmer-Wohnung diente der Behandlung und den Workshops. Er konnte sich darin zwar zum Schlafen ausstrecken, aber liegen lassen durfte er nichts.

Er hoffte auf sein gütiges Karma, auf dass es ihm so bald als möglich einen Fingerzeig gäbe. Heute allerdings zwang es ihn erst einmal in die alte Wohnung. Sein Freund veranstaltete an diesem Abend immer seine Gruppentherapie und brauchte den Raum selber.

Wäre er vorhin bloß nicht eingeschlafen, er hätte Gwen wegen einer Übernachtung fragen können, dachte er verzweifelt. Er würde Indira gleich gegenüberstehen, sähe in die vertrauten, herben Züge und litte wie stets unter ihrem spöttischen Blick.

Als er nach Poona gegangen war, hatte er hinter sich alle Brücken abgebrochen. Trotzdem war er zurückgekehrt. Der Meister hatte es so gewollt, außerdem war all sein Geld aufgebraucht gewesen. Der Meister erwartete von ihnen viel. Sie sollten seine Botschaft in alle Welt tragen, sollten ein Imperium voll geistiger und vor allem materieller Güter errichten. Und dabei sollte jeder Einzelne auch noch seinen eigenen Weg finden.

Vielleicht war das doch etwas viel verlangt. Aurobindo ging es nicht besonders gut. Nur widerwillig gestand er sich ein, dass ihm sein Meister bislang eher zum Schaden gereichte. Seine alten Patienten, sein Yogaklientel, war größtenteils nicht wiedergekommen, und mit den anderen

Sanyasins in der Stadt klappte es ohne den Meister auch nicht so recht. Im Grunde waren sie doch alle Eigenbrödler. Zusammenarbeit müssten sie erst noch lernen. Zumal es nicht länger um sexuelle oder geistliche Orgien ging, sondern um profane Wirtschaftsinteressen, und da herrschte schon immer harte Konkurrenz unter den Gurus der Szene.

Inzwischen gab es da noch mehr Konkurrenten, während der Markt eher kleiner wurde, jetzt, wo die wilden Zeiten vorbei waren und die alten '68er sich zu etablieren begannen.

Dass seine Ehe zerbrochen war, wirkte sich erst allmählich negativ aus. Zunächst hatte er nur Erleichterung verspürt. Er hatte sich innerlich inzwischen soweit von Indira entfernt, dass er gar nicht mehr verstand, wie er sie so lange hatte ertragen können.

Indira entstammte einer jener alten großbürgerlichen Familien, welche die Stützen der britischen Krone gewesen waren, jene Schicht der Steuereintreiber, Kolonialbeamten und Soldaten, deren Loyalität zum Empire erst durch Ghandi Löcher bekam. Indira war stolz auf ihre Familie und fühlte sich in deren Tradition noch immer gut aufgehoben.

An ihrer Stelle hätte er ebenso eine englische Debütantin wählen können. Ob die aber den abenteuernden deutschen Volksschullehrer Alfred Huber geheiratet hätte, stand freilich auf einen anderen Blatt. Ihm jedenfalls war es damals gelungen, den Familienclan Indiras zu beeindrucken. All die wichtigtuerischen, gesetzten Herrn, die mit ihren Whiskygläsern umher standen und sich emsig über

Geschäfte und Politik unterhielten, dass die Zipfel ihrer kostbaren Turbane nur so zitterten.

Obwohl er von dem, worüber da gesprochen worden war, kaum die Spur einer Ahnung gehabt hatte, war ihm sein Streich gelungen - Magie der Rasse - anders war es wohl nicht zu erklären.

Indira steckte voller bürgerlicher Normen. Am meisten störte ihn ihr 'versteckter Materialismus'. Außerdem rauchte sie und auch die andere schlechte Angewohnheit ihrer Onkel hatte sie übernommen - sie trank Whisky. Nicht über die Maßen, aber doch soviel, dass es ihn erschreckte. Für Indira bedeutete dies weibliche Emanzipation, und sie hielt sich darauf viel zugute.

Seine Annäherungen an die indische Seele, so gab sie ihm, je länger ihre Ehe währte, immer unverblümter zu verstehen, fände sie ziemlich lächerlich. Wie konnte er sich von dem kleinen Scharlatan, den er auch noch ehrfürchtig 'seinen Meister' nannte, an der Nase herumführen lassen? Seine Sturheit, die er an den Tag legte, sobald die Rede auf 'den Meister' kam, machte sie rasend. „Bildest du dir tatsächlich ein, mehr von Indien zu verstehen, als ein Inder?", fragte sie ihn dann und ihr dunkles, feingeschnittenes Gesicht verfärbte sich grauviolett vor Zorn.

Am meisten aber hassten sie einander um ihrer Tochter willen, die beiden eine uneingestandene Last war, und von der er sich bei seinen Yogaübungen gestört fühlte, worüber sie in helle Wut geriet, was dazu führte, dass sie sich ihm immer häufiger verweigerte. Was er wiederum mit scheinbar stoischem Gleichmut hinnahm, um so mehr, als Enthaltsamkeit ganz oben auf seiner Wunschliste des rechten Lebensprogramms stand.

Es waren im Grunde die vielen Kleinigkeiten, an denen sie sich zerrieben. Anfangs hatte es trotz der unleugbaren kulturellen Differenzen wunderbar geklappt, auch noch hier in Deutschland. Es war eine schöne Zeit gewesen, als sie noch aneinander glaubten. Spätestens als Aurobindo aber begann Alfred diese hochmütige, spöttische Geringschätzung zu spüren. Da war es bereits zu spät gewesen. Und eigentlich begriff er noch immer nicht, was er wirklich falsch gemacht hatte.

Indira wollte einen 'richtigen' Ehemann haben. Alfreds Indienbegeisterung hatte ihr zwar anfangs ebenso geschmeichelt wie die Tatsache, dass er Europäer war und ein gebildeter dazu, der viel gereist war und der Indiens Geschichte und seine vielen Religionen studierte. Aber was wusste er wirklich von diesem Land? Sie kannte die Schwächen der Menschen, konnte ihnen ins Herz schauen und in ihren Gesichtern lesen, was ihm ganz offensichtlich verwehrt blieb. Wie konnte jemand so dumm sein und sich derart blenden lassen? Für Indira war das gesellschaftliche Leben nun einmal fest in dem Glauben an den zugewiesenen Ort für jeden verankert. Und eben dies, seinen Platz in der Gesellschaft einzunehmen, gelang Alfred nicht. Obwohl er beinahe von nichts anderem mehr schwatzte, als von Karma und Vorsehung, wollte er nicht sehen, was ihm wirklich vorher bestimmt war, sondern machte sie und letztlich sich selber unglücklich bei dem wahnwitzigen Versuch, über seinen Schatten zu springen. Hätte er wenigstens europäischen Normen genügt, sie hätte ihm seine

143

Exzentrik gern verziehen. Aber als selbst seine besten Freunde nur noch traurig und nachdenklich den Kopf zu schütteln begannen, da fühlte sie, wie die Trümmer ihres Lebensplans über ihr zusammenstürzten und ihre Liebe unter sich begruben. Sie hatte sich gegen dieses innere Absterben nicht mehr wehren können.

Was hatte sie nicht alles auf sich genommen, ihm den Weg zu ebnen? Wie viele tausend Seiten hatte sie ihm wohl geduldig abgetippt - im Geiste beflügelt vom Bild des distinguierten Gelehrten, des Orientalisten mit dem Forschungsauftrag, des Erfolgsautors oder Hochschullehrers?

Nicht für diese Karikatur des buddistischen Bettelmönchs hatte sie all das getan! Sie hatte sich ihr gemeinsames Leben so schön ausgemalt, hatte ihm zuliebe ein Studium aufgenommen und dazu alle bürokratischen Hürden überwunden.

Wie sie ihn hasste, diesen Meister mit den Augen eines Fuchses, in die sie nur zu schauen brauchte, um Bescheid zu wissen. Er hatte ihre Liebe auf dem Gewissen, hatte ihr den Mann gestohlen, hatte Alfred seiner selbst beraubt.

*

Die 'Alte Post' in der Rotbachstraße war fast so etwas wie ein Geheimtipp. Lucilla kochte und Bruno stand hinter der Theke. Gwen mochte die Kneipe, außerdem hatte er es nicht weit. Er hatte sich anderntags mit Loisl verabredet, der schon da war, als er kam. Loisl hatte sich auf eine Eckbank gequetscht zwischen eine übermütige Horde Jugendlicher, die anscheinend Klassentreffen feierten oder ihr Abi begossen. Auch für ihn fand sich noch ein Plätzchen. Nur zum Essen würde es eng.

Bruno watschelte freundlich grinsend umher, wie er es immer tat. Er goss Wein nach auf seine unnachahmliche Art, schüttete das Glas bis über den Rand voll und fand dabei den Punkt der Brechung jener Oberflächenspannung so genau, dass erst der ungeübte Trinker das Glas zum Überschwappen brachte.

Loisl machte gerade wieder eine 'Entgiftung', wie er sich ausdrückte, seine Leber sei nicht in Ordnung. Statt Wein nahm er Kirschsaft - der sehe genau so schön aus und schmecke ihm inzwischen auch schon besser als Wein, sagte er jedenfalls zu Gwen, als sie sich zuprosteten. - Außerdem könne er dann essen, was er wolle, fett werde er nur vom Alkohol.

An eine ernsthafte Unterhaltung war nicht zu denken. Sie schwatzten deshalb belanglos vor sich hin und lauschten mit einem Ohr auf das, was sich ihre Tischnachbarn erzählten. Loisl kam auf seine Studienzeit in Wien zu sprechen. Er sei da ungefähr in dem Alter der Kids gewesen, was ihn auf die Geschichte von der Gans aus dem Stadtpark brächte.

Gwen glaubte die Geschichte bereits zu kennen, was ihn jedoch nicht hinderte, Loisl aufmunternd zuzulächeln, zumal auch die Tischnachbarn aufmerkten.

Weihnachten sei es gewesen und er habe es übernommen gehabt, für die Verweilenden auf dem Flur im Studentenheim eine Weihnachtsgans zu besorgen. Als er leider habe feststellen müssen, dass er dafür aber gar kein Geld hatte. Auch aufzutreiben wäre keines gewesen, denn wegen Geldmangel waren sie ja übrig geblieben, während alle anderen nach Hause zu den Eltern fuhren.

So sei er auf die Idee mit dem Stadtpark gekommen. Darin nämlich habe es einen Weiher gegeben, in dem einige Gänse lebten. Und von denen habe er sich eine holen wollen. Da der Park nachts abgeschlossen wurde, habe er dazu - unbemerkt von Passanten und dem Parkwächter - erst einmal über die hohe, Efeu überwachsene Mauer klettern müssen...

Draußen ließen sich aufgeregte Stimmen vernehmen, als ob sich dort Menschen versammelten und dann gellten Martinshörner, erst leise, dann immer lauter heran. Nicht dass dies besonders auffällig gewesen wäre - Geräusche gab es viele in der Stadt; immer randalierten irgendwo Betrunkene, oder es raste ein Krankenwagen, die Feuerwehr oder ein Polizeiauto durch die Straßen.

Als das Getöse von allen Seiten lauter wurde und das Blaulicht gespenstische Streifen durch das Kneipenfenster warf, wurden die Gäste unruhig.

Irritiert hielt auch Loisl inne und wollte eben den Kopf zur Tür hinausstrecken, als durch diese ein Pulk aufgeregter Menschen hereinpresste, von denen einige sofort nach hinten zu den Toiletten weiter stürzten, während die anderen aufgeregt die neugierigen Fragen beantworteten.

Putz habe es gegeben nach der freitäglichen Startbahnkundgebung an der Paulskirche, über die viele sich schon lange ärgerten, so ineffektiv wie die geworden wäre. So habe man heute beschlossen, dies zu ändern, um im Sternmarsch den Startbahnprotest in die Stadtteile zu tragen.

Hier in der Rotbachstraße seien sie dann in eine Bullenfalle gelaufen. Draußen sei ein wildes Gemetzel im Gange. Spezialeinheiten ohne Schilder mit überlangen Hartholzknüppeln hauten alles zusammen, was sich bewege. - „Da kommt keiner mehr raus, die haben vorn und hinten alles dicht gemacht." - Und wie zur Bestätigung stürzte schon wieder eine wilde Schar herein, diesmal deutlich blessiert.

„Ruft denn niemand einen Krankenwagen?"

Bruno, der Wirt, versuchte, sich zur Tür durchzukämpfen. Er wollte erst einmal abschließen. „Damit Schweinebulle nix komme rein durch Tire, au no", erklärte er den entsetzt Protestierenden. „Nei, nei, keine Hinterausgang..., nix au Hof gehe, nur Hausflur und Milltonne...", Bruno hatte um sein Lokal Angst. Andererseits lebte er von seinem angegrünten Klientel. Er saß in der Zwickmühle. Und tatsächlich klirrten überall Fensterscheiben.

„Das sind keine von uns", wollte eine sich überschlagende Stimme wissen, als draußen an die Tür gewummert wurde, die Bruno soeben abgeschlossen hatte.

Bangigkeit breitete sich aus. Das Blaulicht spiegelte sich in den bleichen Gesichtern und blitzte im Weiß der Augäpfel. Das Stimmengewirr erstarb. Bruno hatte die meisten Lampen ausgemacht. Die Leute, die bei den Fenstern saßen, ließen die Rollos auf sein Geheiß herunter. Endlich begriffen alle, was draußen passierte. Und die ungeheuerliche Tatsache, dass keine Macht mehr angerufen werden konnte, um sie zu schützen, sickerte allmählich in die benebelten Köpfe der Kneipenhocker.

Vereinzelte Schreie drangen herein. Durch einen Spalt erspähte Gwen rennende Schemen, sah, wie sich einige unter die parkenden Autos warfen, wie sie heraus gezerrt wurden, von höhnisch auflachenden, Knüppel schwingenden Hünen und der dumpfe Aufprall der Schläge vibrierte ihm in der Magenkuhle. Er hätte am liebsten gekotzt.

Immer dichter wurde die grüne Mauer. Von zwei Seiten tanzten die Knüppel und es war niemand da, der sie hätte aufhalten können in dieser dunklen verschwiegenen Straße, wo unter Ausschluss der Öffentlichkeit den Jugendlichen der ohnehin schwächliche Glaube an demokratische Freiheiten ausgetrieben wurde.

Zum Glück nahten endlich einige Ambulanzen von den Johannitern und vom Arbeitersamariterbund. Das war etwas anderes als die Feuerwehr oder das Rote Kreuz.

Je mehr Zeugen, um so besser, dachte Gwen und fing an zu schreien, stimmte in den wohl hundertstimmigen Ruf - „Aufhörn, aufhörn" - ein, der sich in der Kneipe fortpflanzte und die Gläser zum Klirren brachte. Und als auch in den schwarzen Fensterhöhlen der Ruf aufgenommen und um den Zusatz - „Licht an" - erweitert wurde, den viele Anwohner sogleich in die Tat umsetzten, hielten die Beamten schließlich ein und zogen sich, begleitet von den Pfiffen und unter einem Hagel von Steinen, zurück.

Die Tür wurde aufgedrückt und von innen drängten so viele hinaus, wie von außen herein. „Die sind ja nicht kleinzukriegen", hörte Gwen bewundernd sagen, als er mit den andern hinaus gelangte, um zu helfen, denn überall saßen blutende Gestalten gegen Hauswände gelehnt, oder lagen in den Hauseingängen hingestreckt. Die Sanitäter hatten Mühe mit dem Einsammeln.

Auch der Lokalreporter von der Rundschau war endlich da. Sein Foto blitzte ununterbrochen - „wäre überhaupt gut, wenn es davon eine Dokumentation gäbe, möglichst viele Zeugenaussagen, das wäre enorm wichtig", hieß es.

Bruno flitzte zwischen den Gaffern umher, er hatte Angst um sein Geld, außerdem wollte er zumachen. Es war mittlerweile schon nach eins geworden. Loisl zahlte für Gwen mit, der seinen Geldbeutel in der Aufregung nicht finden konnte.

Wie die Geschichte denn ausgegangen sei, fragte er ein wenig aufgesetzt beiläufig. (Eigentlich hatten sie ja reden wollen. Gwen hatte die Hoffnung noch immer nicht aufgegeben, mit Loisl wegen des Öko-Instituts weiterzukommen. Aber heute Nacht würde daraus nichts mehr.)

„Darwischt homs blos oan, dös wor Iih", meinte Loisl trocken und verabschiedete sich, er müsse morgen wieder in die Uni. Gwen vergaß immer wieder, dass Loisl inzwischen ein richtiger Professor geworden war. Der einzige von ihnen, der es in der Uni geschafft hatte.

Nicht dass sich andere zu wenig bemüht hätten; man hatte nur keine Chance mit dem Sponti-Stigma, das war's, oder lag es an der eigenen zu niedrigen Frustrationstoleranz? Theoretisch jedenfalls hatten sie mehr drauf als viele andere, davon war Gwen überzeugt.

Zur Zeit blies der Wind allen, die in der Uni Fuß fassen wollten, herb ins Gesicht. Für die nächsten zehn, fünfzehn Jahre wäre da so leicht nichts drin. Die Idee mit diesem Öko-Institut hatte auch damit zu tun.

Ökologie wäre zukunftsweisend, so das Kalkül und würde wahrscheinlich aus dem allgemeinen Niedergangssog heraus gehalten werden. Alle Parteien würden sich früher oder später darauf stürzen, das war nur eine Frage der Zeit.

Gwen schwebte so etwas wie eine wirkliche Neuauflage des berühmten Instituts für Sozialforschung vor. Warum sollte von Frankfurt nicht wieder ein entscheidender Impuls ausgehen? Es wäre wirklich nicht der erste und auf diesem Gebiet machte er sich besonders gut. Die geeigneten Leute fänden sich gewiss. Aber es kam schon auf den Rahmen und die Größenordnung an. Mit den Grünen allein wäre so etwas nie zu machen. Außerdem waren die viel zu futterneidisch und meinten, alles besser zu verstehen.

Schade, dass Loisl nicht recht anbiss. Entweder war er mit seiner Professur schon viel zu ausgelastet, oder er glaubte nicht so recht an die Schleuse des üppigen Geldregens, oder er besaß ganz einfach ein nüchterneres Augenmaß für ihre realen Möglichkeiten. Schließlich waren sie nicht die Ersten, die sich an ein solches Vorhaben heran tasteten.

Ohne die Naturwissenschaften, das war Gwen klar, ginge gar nichts. Ganz gleich wie kritisch oder selbstkritisch man damit verfuhr, allein auf der soziologisch-philosophischen Schiene bliebe das Ganze schon stecken, bevor es recht ins Rollen gekommen wäre.

Er würde, falls Loisl einverstanden wäre, für die nächste Woche ein paar Leute zusammentrommeln und vielleicht ein Papier schreiben, nahm er sich vor, noch ohne recht zu wissen, worüber.

Die alte Verzagtheit kam über ihn. All seine Euphorie war dahin. Er merkte auf einmal, wie er sich an Begriffen berauschte.

Allein auf der organisatorischen Ebene gäbe es soviel und vor allem soviel Unangenehmes zu tun. Er glaubte selbst nicht an das, wovon er die andern überzeugen müsste.

Wie vermisste er nun die Leichtigkeit der unbeschwerten Studentenzeit. Die Zukunft drückte ihn bleischwer nieder. Wahrscheinlich saß ihm die Nacht in den Knochen - 'die Nacht der langen Knüppel' - hatte sie jemand genannt.

Sie hatten eine blöde Rolle zu spielen gehabt. Was hätten sie denn machen sollen? Jedenfalls nicht die Türe verrammeln und die Verzweifelten draußen ihren Verfolgern ausliefern...! Aber sie waren zu verdattert gewesen, nicht nur er, auch Loisl, dem nun, weiß Gott, immer etwas einfiel, von den Kids ganz zu schweigen und dem anderen Tisch, an dem Gwen einige bekannte Gesichter entdeckt hatte. Auch der Tresen war von denen voll gewesen. Doch das war alles keine Entschuldigung.

Über Bruno ärgerte er sich. Wozu gab's denn Versicherungen! Außerdem, was hätte groß passieren können, ein paar Stühle und Gläser wären schlimmstenfalls zu Bruch gegangen, na und!

Vom Wein bekam Gwen Kopfweh. Er fühlte sich müde und zerschlagen. Trotzdem wusste er, dass er nicht schlafen können würde. Das war immer so, wenn er mit dieser schnöden Wirklichkeit plötzlich konfrontiert wurde.

Er hasste solche Überraschungen. Sie waren so unnötig. Nicht dass er bewusst allem aus dem Wege ging, das war es nicht, nein, es war diese überfallartige, katastrophenhafte Verkettung, die so unausweichlich daherkommt und der man sich so hilflos ausgeliefert sieht.

Er hielt sich vor, dass dies nun einmal das wirkliche Leben sei, vor dem sich zu schützen einfach absurd wäre und der Witz mit dem Eisenbahner fiel ihm ein, dessen ganze Sehnsucht dem personenlosen Personenverkehr gilt, wo dann endlich einmal alles reibungslos klappt.

Er würde einfach noch ein wenig durch die Nacht wandern, vielleicht auch in den Park, der ganz in der Nähe lag. Vor den Bullen hatte er keine Angst mehr, die waren abgezogen. Außerdem, nach Hause müsste er sowieso.

Wenn er an das triste Loch dachte, in dem er jetzt hauste, wurde ihm ganz schlecht. Es war alles so verfahren. Zuviel war passiert. Mieke hielt ihn seit geraumer Zeit auf Distanz. Es sei ihr zu eng geworden, man drücke sich gegenseitig die Luft ab. Vielleicht, dass man später wieder...

Aber erst mal hieß das, in diesem Karnickelstall zu hausen, wo er das Alleinwohnen so hasste! Er hätte sich darauf nicht einlassen sollen...!

Goethe fiel ihm ein, nicht eigentlich Goethe, bei Freud hatte er es gefunden, in dieser kulturpessimistischen Spätschrift 'Über das Unbehagen an der Kultur'. (Mehr und mehr geriet er in diese Talfahrt. Manchmal suhlte er sich nachgerade in Pessimismus.) - Den Anfang hatte er vergessen - irgendwas von Schicksalsmächten - 'Ihr laßt den Armen schuldig werden, dann überlaßt ihr ihn der Pein, ...denn jede Schuld rächt sich auf Erden'-.

Die Zeilen hatten sich ihm eingebrannt. Ja, er war schuldig geworden. Und die tiefe Einsicht in die Psyche, sein sich selbst Erkennen, ließ ihm wohlige Schauer über den Rücken kitzeln, so weh und bang ihm dabei auch um das Herz war.

„Wir können uns doch jederzeit sehen, wenn uns danach ist" - flötete sie ihm jedes mal ins Telefon, wenn er herumdruckste, wie schlecht es ihm ginge - mit ihrer zuckersüßen und so unendlich lieblichen Stimme, dass er sich vor Schmerz in den Knöchel biss und keinen Ton mehr herausbrachte. Bis er endlich wieder fähig war auf ihr drittes „bist du noch dran?" - zu antworten. Wenn sie nur wüsste, wie schlecht es ihm wirklich ging.

Von wegen Glücksumstand - ein ehemaliger Studienkollege wollte für ein halbes Jahr nach Neuseeland. Mieke hatte das praktisch eingefädelt. Ehe Gwen es sich versah, steckte er in diesem Karnickelstall: „Ein sogenanntes Apartment, wahnsinnig praktisch, mit Einbauschrank und Kochnische. Richtig etwas für jemanden, der sich zurückziehen will."

Das hatte er nun davon! - Sein jahrelanges Herumnörgeln an den Kindern, sie seien zu laut, es gäbe keine Arbeitsatmosphäre. - Er merkte erst jetzt, wie ihm die Ablenkung geholfen hatte.

- Anfangs hatte er tatsächlich drauf los geschrieben. Aber schon nach drei, vier Wochen war die Lust dahin gewesen. Leer und ausgebrannt fühlte er sich seither, ihm fehlte die Perspektive, ein richtiges Projekt, etwas, das mehr als Selbstzweck war. Nur so zu schreiben, war nicht genug...

Ein solches Appartement war schon irgendwie erniedrigend. Das ganze Haus steckte voll von diesen vereinsamten, abgesprengten Partikeln eines immer beziehungsloser werdenden Großstadtmilieus. Diese Vereinsamten atmeten ihr Elend förmlich aus, ihr Unglücklichsein wehte durch den Hausflur, die Wände reflektierten die Frustration - man kam gegen diesen atmosphärischen Druck nicht an; er vereinnahmte einen, zwängte einen in diese merkwürdige Rolle, eine Mischung aus Tragik und Traurigkeit, lächerliches, künstliches Elend, Rückzug auf die letztmögliche Position und Konsequenz aus einer Kette von Niederlagen.

Niemand konnte ihm weismachen, all diese hätten zuvor nicht versucht, dieses Los abzuwehren! Natürlich behaupteten sie trotzig, ihnen gefiele es so, faselten etwas von Freiheit und von der Fülle all der Möglichkeiten, die sich ihnen nun böte.

- Alles Gerede! - Die Wahrheit war, dass sie niemanden um sich her ertrugen und auch das war nur die vorletzte Lüge. - Man ertrug *sie* nicht, *sie* waren die Ausgegrenzten, mit denen keiner auf Dauer auskam. - Das war die letzte, bittere Pille, an der sie alle schluckten vor dem endgültigen Aus.

Die Gemeinschaft sonderte sie aus, machte sie zu trotzigen Einzelgängern, die mitunter andere Einzelgänger fanden, um sich an ihnen für kurz zu wärmen, wie jene Stachelschweine Schopenhauers, die sich in kalter Winternacht aneinander kuscheln bis ihre Stacheln sie gegenseitig stechen und sie zu erträglichen Abständen zwingen.

Und selbst wenn es jemanden gab, der aus dieser Lebenslage das Beste zu machen verstand - er, das wurde ihm schmerzlich bewusst, gehörte zu diesen nicht, ihm schlug die Einsamkeit aufs Gemüt und lähmte ihn viel mehr als jede Ablenkung.

Mieke fand es chic, ihn zu besuchen. Sie nannte die unwürdige Bleibe ihr heimliches Liebesnest - das war's für sie wohl auch! Sie könne gar nicht verstehen, weshalb er darüber so abfällig spräche... Zugegeben, alles sei ein bisschen zu klein geraten - aber irgendwie doch putzig... Es sei ja schließlich nicht für ewig. Gwen könne doch jederzeit - oder doch fast jederzeit - bei ihr vorbeischauen. Natürlich müsse er vorher anrufen, - 'was denn sonst!'

Ihre Stimme wurde eine Nuance schärfer, als sie das sagte, und sie bekam ihr Racheengelgesicht. (Das musste wirklich tief bei ihr sitzen.)

Sie könne nicht anders. Nein, sie wolle sich nicht rächen, sie tue das nicht gegen ihn, sondern für sich...

Aber es war zu fadenscheinig. So etwas musste man sich dann vormachen. Sie besonders, die auch nicht einen Augenblick lang den Gedanken, nicht gut zu sein, ausgehalten hätte. So etwas verstieße gegen die Auffassung, die sie von ihrer Mutterrolle hatte, ebenso wie gegen den linken Altruismus, der bei ihr mehr und mehr in eine eher christliche Nächstenliebe überging. - Sie hätte dies keineswegs geleugnet, auch das passte zu ihrer undogmatischen Art.

Gwen fühlte, wie ihn die Sehnsucht überrannte. Zwischen ihnen war mehr, als beiden bewusst wurde. In der letzten Zeit hatten sie manches aus den Augen verloren. Beide, nicht nur Mieke. Er war vielleicht um einiges schuldiger. Aber dass sie ihm diese alten Kamellen wieder und wieder vorhielt, war nicht recht. Sie war eben doch rachsüchtig wie eine alte Elefantenkuh!

Aber vielleicht stimmte dies gar nicht. Vielleicht steigerte er sich in seiner Blindheit nur in Etwas hinein. Sie jedenfalls sprach von seinem Fehlverhalten damals mit keiner Silbe. Er selbst hatte sich das zurecht konstruiert. - Schließlich musste es einen Grund für ihre abweisende Haltung geben. Und da war er auf nichts Schlimmeres gestoßen.

Es hatte sie damals schwer mitgenommen - hatte sie fast an den Rand getrieben. Dabei hatte er ihr gar nichts angetan, so gesehen, sondern einzig versucht, mit sich selbst ins Reine zu kommen, hatte sie nicht betrogen oder so was...; hatte auch nicht, wie sie jetzt mit kalten Augen und eingefrorenem Lächeln, vom „Besten für uns beide in dieser Situation" geredet.

Natürlich hatte er damals Abstand gewollt, aber doch nicht von ihr, jedenfalls im Nachhinein war ihm dies klar geworden, sondern von der ganzen Lebenssituation dort in dieser Landkommune. Aber das war ihm eben so klar nicht gewesen, so etwas bekam man erst hinterher heraus. Das war doch immer so im Leben...

Hätte sie die Situation jetzt wenigstens nicht so genossen! Aber es gefiel ihr. Das merkte man. Sie war auch ganz anders im Bett. Viel spontaner und wieder richtig Feuer und Flamme. Etwas war auseinander getreten, was ihr anscheinend gut bekam, ihn aber fertigmachte. Sie hatte ihm einen Part zugeschoben, an dem er zu ersticken drohte.

Bei all ihrem Feuer war sie doch ausgebrannt. Er fühlte das. Es war die Innigkeit nicht mehr. Sie kam ihm vor wie eine Sexmaschine. Als diese funktionierte sie besser denn je. Aber das Entscheidende war nicht da. Irgendwie erreichte er sie nicht mehr. Sie schien ihm völlig distanziert. Und das Gemeinste war, sie wusste es, wusste es, ohne es zuzugeben. Wenn er sie darauf ansprach, tat sie, als wisse sie nicht, wovon die Rede war.

Wieso hatte er sich nur auf den Kuhhandel mit dem Apartment eingelassen? Aber sie hatte ihn so richtig reingelegt, hatte ihm sogar die Initiative überlassen und dann, als er sich festgerannt hatte, hatte sie ihm kaltlächelnd, mit süßer Stimme ins Ohr geflötet, dass sie genau derselben Meinung sei wie er, dass auch sie sich durchaus vorstellen könne, welche Vorteile eine distanziertere Beziehung für beide hätte. Dabei betonte sie beide so merkwürdig. In ihm waren alle Alarmsirenen losgegangen.

Er hatte natürlich das Gegenteil erwartet, hatte sich auf ihren Widerspruch eingestellt, hatte erwartet, dass sie wie immer versuchen würde, ihn an sich zu binden. So hatte er sich selbst in die Falle getrieben, aus der sie ihm diesmal nicht heraushalf. Sie hatte statt dessen die Falltür hinter ihm zugemacht.

- Dass sie derart hinterlistig sein konnte! Dabei hatte er geglaubt, sie gut zu kennen. Wahrscheinlich überraschte sie sich selbst damit.

Aber warum nur, was war geschehen? Diese alten Geschichten vor fünf, sechs Jahren konnten es doch nicht nur sein, da müsste noch etwas anderes ins Spiel gekommen sein, und sei es auch nur als Auslöser...

Bestimmt hatte sie sich verliebt, das musste es sein. - Anders konnte er sich ihr Verhalten nicht erklären. Immerhin spielte auch sie ein gewagtes Spiel. Was, wenn er sie beim Wort nähme - und...? Er wagte den Gedanken nicht zu Ende zu denken. Ihm wurde heiß und kalt bei der Vorstellung an ein Leben ohne Mieke.

Er fühlte es ganz deutlich, wenn Mieke ihn verließe, wäre dies sein Ende. Und der Gedanke überwältigte ihn mit all der Plötzlichkeit, mit der er ihn angesprungen war, packte ihn gleichsam bei der Gurgel und ließ ihn aufstöhnen und nach Luft japsen. Die Eishand des Todes berührte sein ängstliches Herz, Schwindel erfaßte ihn, vor den Augen drehte sich alles, er musste sich hinsetzen, erreichte gerade noch die nächste Parkbank, auf die er sich fallen ließ, als ihn die Schwäche überwältigte.

Er musste eingeschlafen sein, denn als er erwachte, graute der Morgen. Er fror entsetzlich. Die Zähne klapperten und Schauer jagten ihm über den Körper.

Er versuchte, in einen schaukelnden Trab zu kommen, aber die Beine wollten ihm nicht recht gehorchen. So schlurfte er wenigstens dahin. Alles an ihm schien ihm abgestorben. Er war völlig leer, wollte nur am Leben bleiben.

Schopenhauers Teller kam ihm in den Sinn. Ja, er hatte ihn umrundet, war wieder da, von wo er aufgebrochen war. Schon glaubte er, das Meeresrauschen zu hören, doch es war nur die Brandung des Morgenverkehrs auf dem Alleenring.

Genüsslich schalt er sich einen 'immer gleichen Affen', vielleicht war es Schopenhauer nicht anders ergangen, von dem er nur zitatehalber wusste. Er nahm sich vor, ihm mehr Aufmerksamkeit zu widmen. Später einmal, wenn Zeit dazu wäre...

Seine Denkmaschine kam wieder in Gang, bemerkte er mit Genugtuung und auch die Selbstverständlichkeit des Körpers kehrte zurück und gab ihn frei. Man kam aus dem Staunen über sich nicht heraus.

Man ignorierte so vielerlei: Was hatten sie nicht alles übersehen!

Und mit wie viel Euphorie hatte man sich damals auf diese statischen Kulturen gestürzt, die vorgeblich in geschlossenen Kreisläufen lebten und angeblich keine lineare Zeitvorstellung kannten. Was hatte Schopenhauer anderes gemeint, den man im gleichen Atemzug niedermachte als pessimistischen Niedergangsphilosophen einer abgehalfterten Klasse?

Gegen seinen Willen drängte sich ihm assoziativ - wegen des klassenkämpferischen Gedankens - das KD-W-Haus und die mit ihm verbundene Schlappe seiner Alternativprojekte (oder sollte es nicht besser *Projektionen* heißen? - sagte er sich, bitter auflachend) dort ins Gedächtnis. Unwillig ließ er es schließlich geschehen, er hatte ohnehin keine Wahl. Zu heftig überkam ihn der Zorn.

Ob es anders wäre, wenn er sein Leben änderte? So ein Bürojob fraß einen mit Haut und Haaren, da konnte man nicht noch auf einer anderen Hochzeit tanzen. Franco war da ganz anders, der war mit all seinen Sinnen bei der Sache. Natürlich war Franco skrupellos, er wollte sich bereichern und sich gleichzeitig vor der Arbeit drücken und sich die Verantwortung vom Halse schaffen. Er wollte, dass alles möglichst wie von selbst ging.

Solange Gwen sein Streben nach den Sternen nicht aufgab und sich nicht endlich auf die nämliche Realitätsebene einließ, die in den Köpfen der meisten vorherrschte und die Franco virtuos zu handhaben verstand, solange Gwen also dessen Realität nicht zu seiner eigenen machte, könnte er sich neben diesem nicht behaupten.

Ihm schien's, als ginge es bei ihnen zu wie im naturalistischen Verdrängungswettbewerb: die primitivere, gleichwohl kräftigere Lebensform drückte der höheren ihre Existenzbedingungen auf. Die rohe Gewalt triumphierte. Die Vorstellung von der Zecke drängte sich ihm auf (wo hatte er nur davon gelesen ...? Ihm fiel der Name nicht gleich ein - so ein konservativer Anthropologe aus den Fünfzigern):

Franco, die Zecke - hilfloses, ärgerliches, gleichwohl unbändiges Lachen überfiel ihn, wenn er sich das Bild vor Augen führte.

 -(Gehlen so hieß er - er hatte noch so mancherlei Erstaunliches, wie Gwen fand, krauses Zeug geschrieben: Dass der Mensch nicht etwa vom Affen herstamme, sondern dass dieser einen degenerierten Seitenzweig des Menschen darstelle).

- Die Zecke, nur mit einen einzigen - auf den Geruch von Buttersäure ansprechenden - Instinkt ausgestattet, lauert im Baum auf ihr Opfer und lässt sich, so sie den Impuls dazu erhält, einfach fallen.

Gwen stellte sich den Vorgang wie einen Bombenabwurf vor: Da sitzt Franco, die Zecke, auf seinem Ast, macht sich bereit zum Sprung, noch ist sein Ziel nicht im Fokus, er zählt: „10, 9, 8,7, 6, 5, 4, 3, 2, 1" - Plumps, Klatsch, Aua, Ätsch! - daneben!

Ah, wie der Hass brannte! Vergeblich versuchte er, sich an Vergleichbares zu erinnern, ihm fiel nichts ein, außer vielleicht ...!

Aber das war etwas völlig anderes auf einer ganz und gar anderen Ebene gewesen. Nur von der Stärke her war's vergleichbar. -

Franco, diese Kreatur! Was maßte der sich an, ihn derart mit Beschlag zu belegen! Bis in solche Höhen hinauf war er schon an ihn herangekommen. Seine Empörung schwappte neuerlich über ihn hin, die gerade hinter dem Vorhang des schlechten Gewissens, das er sich wegen seiner Belustigung machte, verschwinden wollte.

- 'Auch noch ein schlechtes Gewissen! - soweit kommt's noch', ließ sich seine innere Stimme vernehmen.

Hier war ein Kampf auf Sein oder Nichtsein entbrannt. 'Er oder ich - für zwei von uns ist in dieser Stadt kein Platz!' (Er grinste grimmig, während er den breitbeinigen Cowboygang nachahmte und sich entsetzlich albern fühlte.)

Wenn es ihm doch gelänge, Franco seine Bedingungen zu diktieren ...! (Freilich fiel ihm nichts ein, das er dem hätte diktieren wollen.)

Was für ein absurdes Theater..! Ärgerlich versuchte er, sich von seiner Regung zu befreien. Er benahm sich unglaublich. - Wie käme er da nur wieder heraus? So sehr er sich auch in seinen Hass hineinsteigerte, begreifen konnte er ihn dennoch nicht. Was dachte er sich eigentlich?

Er wusste nicht, worüber er sich mehr beunruhigen sollte, darüber, dass ihn sein Vergleich Francos mit der

Zecke belustigte oder darüber, in wessen Gesellschaft ihn dies brachte.

Waren Vergleiche mit Tieren nicht ein wesentlicher Bestandteil des Totalitären? Das also war aus ihm bereits geworden! Die Auseinandersetzung mit Franco kitzelte äußerst unangenehme Wesenszüge in ihm wach.

Wo war da der Unterschied zu den 'Parasiten, Blutsaugern und Aasgeiern', den 'Schädlingen am Volks- körper' oder den 'braunen Ratten'?

Franco hatte die Angewohnheit, nein, es war mehr als eine Angewohnheit, es war seine Natur, sein innerstes, eigentliches Wesen, sich seiner beunruhigenden Impulse dadurch zu entledigen, dass er für sie in seiner Umgebung Träger suchte, auf die er sie projizieren konnte.

Er tat dies mit so großer autosuggestiver Kraft, dass er nicht nur sich selbst, sondern auch andere überzeugte. Gwen hatte noch nie einen Menschen getroffen, der sich derart in seine eigenen Schöpfungen hineinsteigern konnte. Franco besaß sogar die Fähigkeit, sein eigenes Gewissen mit der Bestrafung seiner Opfer zu entlasten.

Vergeblich durchforschte Gwen Francos Verhalten auf Zeichen von Reue hin, etwa nachdem er Carmen davon getrieben hatte, über deren angebliche Vergehen und Versäumnisse er Gwen in den Ohren gelegen hatte.

Vermutlich hätte Gwen es da schon nicht mehr vermocht, dem von langer Hand angelegten Netz der Intrigen zu entgehen, auch dann nicht, wenn er Franco früher durchschaut hätte. Ein Umstand, der ihn ganz besonders verbitterte, war er Franco doch stets mit leiser Verachtung begegnet, den er für ungebildet, primitiv und leicht lenkbar gehalten hatte.

Einem ebenbürtigen Gegner gäbe man sich leichter geschlagen, wenn man schon verlieren musste, dachte etwas in ihm. Freilich belächelte er sich deshalb, wenn auch zähneknirschend. Er kam sich vor wie ein Wanderer, der neben sich den zuverlässigen Weggenossen weiß, mit dem man über die Hügel und Felder streift, um plötzlich beim Einbruch der Dunkelheit (in der Stunde der Schwäche) zu bemerken, dass es der Tod war, der einen den ganzen Tag lang begleitete.

Das Grauen, welches sich da einstellen mochte, fand er in einer Filmszene wieder. An den Titel und den Inhalt des Films erinnerte er sich freilich nicht, dafür um so lebhafter an eine Szene mit einem gefräßigen Theaterkritiker, dem ein wahnsinniger (von jenem verrissener Mörder-) Schauspieler genüßlich mitteilt, er habe soeben von seinen kleinen, über alles geliebten Hündchen gegessen, die er für ihn in eine Pastete hineingebacken habe.

Der Gedanke an diesen Film half ihm denn auch aus diesem schwarzen Loch heraus, in das er sich mit seinen Selbstzweifeln gestürzt hatte. Er konnte wenigstens noch über sich lächeln, wurde er mit Genugtuung gewahr.

Wie ihm dies hatte passieren können ...! Ausgerechnet ihm. Er würde dies wohl nie begreifen. Eine solche Schlange ...; und wie sie sich an ihn heran geschlängelt hatte! Diese Geschicklichkeit, diese unglaublich geschickte Ausplünderung!

So also kam man sich benutzt vor, so dumm, so lächerlich so ... Ihm fiel keine Steigerung mehr ein.

Schon wieder ein Tier! 'Aber so ist das, das machten die aus einem, so ziehen die einen rüber zu sich, das ist unglaublich, die sind wie Gift, wie eine Seuche, wie eine ansteckende Krankheit, vor der man sich vergeblich zu schützen sucht und gegen die es keine Medizin gibt.'

Von wegen 'proletarische Psyche' alles leere Sprachhülsen, großtönende Begriffe. Oder mit wem schlug er sich da herum? Er wusste es nicht, das war es, das war vermutlich das Schlimmste. Er wusste nicht, mit wem er kämpfte.

Erst ohne es überhaupt zu bemerken, dann zunehmend bewusster und noch ganz mit der Arroganz des Überlegenen, der sich zum Schlagabtausch viel zu fein ist. Und schließlich am Boden zerstört, von einem solchen Subjekt, von diesem Phänomen, das sich nicht einordnen ließ, das nicht greifbar, nicht begreiflich, nicht fassbar werden wollte, das sich jeder Kategorisierung widersetzte und dennoch triumphierte.

Im Moment lenkte ihn Franco sogar von Mieke ab. - Was war dies für eine Ablenkung ...! Das hieß wahrhaft, den Teufel mit dem Beelzebub austreiben! So ausweglos und rundum verbaut war ihm der Horizont schon lange nicht mehr gewesen. Wo war das Schwert, das diesen gordischen Knoten durchschlug? Aber da war kein Fingerzeig, kein noch so schmaler Silberstreif.

Unbegreifliche Existenz - Niederlage, immer wieder Niederlagen.- Wie gerne wäre er losgestürmt, hätte sich mit Feuereifer in die Schanze geworfen.

All sein Studieren hatte an der Grundkonstellation nichts verändert. Ehern stand sie da, Korsett, das ihn einzwängte; nichts hatte geholfen. Begreifen hieß, sich zu unterwerfen, war womöglich schlimmer als die blinde Geworfenheit.

Was nützte das sehende Auge, wenn es nicht den Schimmer irgend eines Lichtes gab? Was das Wissen ohne den Weg, ohne die Richtung, ohne die Gewissheit, das Richtige zu tun?

Aber könnte er nicht wenigstens unterlassen? Etwas *nicht* zu tun, von dem er wusste, wie falsch, wie abschweifend und zerstörend es war? Wenn er nur fähig wäre zu unterlassen. Wäre das nicht bereits ein Anfang? Wenn er ausstiege, Rache, Rache sein ließe, Niederlage, Niederlage und Triumph, Triumph? Wenn er sich einen Dreck drum kümmerte, wie das aussähe, was davon zu halten wäre, wie es eventuell ausgeschlachtet würde?

Das aber konnte er auch nicht, noch nicht, soweit war er noch nicht. Ergo war er noch keineswegs am Ende dieser Straße angelangt. Die Verzweiflung war keineswegs schwarz genug. Ein keckes Mütchen brannte in ihm fort, stachelte ihn zu immer neuen Racheplänen auf, die sein gestrenger Zensor ihm zwar verbat, die ihn gleichwohl beschäftigten und ausfüllten und an denen er ein bitteres Vergnügen fand.

Er ekelte sich vor sich selbst. Wie konnte man so sein? Damit gehörte er dazu und würde selbst zu einem Teil des absurden Theaters.

Was wusste er denn, was seine Gedanken anrichteten, allein deshalb, weil er sie dachte? Waren sie nicht bereits Gift genug, brauchte es der Ausführung überhaupt? Bohrten sie sich nicht wie die tödlichen Gamma-strahlen durch alles Lebende? Was maß er sich ausgerechnet an Franco? Hätte er nicht vielmehr Mitleid empfinden müssen? Warum dieser abgrundtiefe Hass, was hatte Franco ihm wirklich angetan? Das bisschen Schlitzohrigkeit konnte im Ernst nicht alles sein.

Was, wenn auch er nur eines Sündenbocks bedurfte? Konnte es nicht sein, dass Franco für viel mehr einstand, als er zu verantworten hatte? War unter dem, was er ihm womöglich zu Unrecht anlastete, nicht auch seine eigene, verfehlte Erwartung? Wie kam er dazu, hier die Erfüllung seiner utopische Träume zu suchen? Wäre es nicht viel gescheiter, die Träume zu hinterfragen, statt ihre schrägen Realisationsversuche der Unvollkommenheit zu zeihen?

Sein moralischer Rigorismus war ihm schon früher zur Falle geworden. Er biss sich seltsam mit dem Anspruch, den Unterdrückten moralischen Kredit zu gewähren, statt sie, wie die Staatsmacht, mit besonderem Nachdruck zu verfolgen.

Immer wenn's konkret wurde, dann verstrickte er sich in unauflösliche Widersprüche. Franco hätte sehr wohl als ein adäquater Prototyp des Unterprivilegierten gelten können, dazu bedurfte es nur wenig Kosmetik. Diese Mischung aus Raffinesse und Borniertheit, das falsche Pathos und die alles überwindende und alles zugleich zerstörende Gier des zu kurz Gekommenen waren allzu deutliche Merkmale.

Die anderen im Projekt waren womöglich nur geschickter und tarnten sich besser. Letztlich war er der einzige Rigorist, der allen auf die Nerven ging. Zwar war eine solche Instanz vielleicht notwendig, sein Gefühlsüberschwang dabei aber war dies mit Sicherheit nicht, den verlangte ihm niemand ab, damit strapazierte er sich und die anderen völlig unnötig.

Hätte er nur aus seiner Haut gekonnt. Er wollte sich nicht unentwegt ärgern, wollte nicht den Kopf voller unnützem Zeug haben, wollte den Ärger nicht spüren, der ihn des Nachts nicht schlafen ließ, was ihn um so wütender machte.

Er wusste, dass er all das auf Francos Schuldkonto verbuchte, und dass er mit jeder Neubuchung in größere Wut geriet. Das war falsch, wenn auch unvermeidlich. Was war mit den anderen, wie stand er zu diesen, warum fühlte er sich von ihnen nicht im Stich gelassen?

*

Seit sie einander das letzte Mal begegnet waren, hatte Aurobindo sich erneut zu seinem Meister geflüchtet, um sich von diesem aus seiner Lebenskrise, in die ihn die Scheidung von Indira stürzte, retten zu lassen. Er war nun schon wieder einige Wochen zurück, aber irgendwie war er noch immer nicht wieder ganz da. Als ob ein Teil von ihm dort geblieben wäre, so fühlte er sich, der die Unverbindlichkeit des Touristendaseins mit transzendentaler Gelassenheit verwechselte, die ihn, so war ihm von seinem Meister suggeriert worden, von nun an allzeit umfangen würde.

So war Gwen eigentlich der Erste, der sich mit existentiellen Nöten an ihn herandrängte und der damit die ätherische Hülle jener geliehenen Leichtfüßigkeit durchbrach, mit der Aurobindo sich seiner Umgebung entzog.

Aber Gwen war so angefüllt mit seinem Kummer, dass er, selbst wenn er Aurobindos Zustand richtig eingeschätzt hätte, kaum der nötigen Rücksicht fähig gewesen wäre.

Außerdem kannten sich Aurobindo und Franco, wenn auch nur flüchtig. Aurobindo erinnerte sich sogar an ihn, bemerkte er, als Gwen umständlich daranging, ihn mit seiner neuen revolutionären Typologie zu behelligen, in die sich Franco, zu Gwens ein wenig gespielt wirkender Verzweiflung, nicht so recht einordnen lassen wollte.

Tat er doch inzwischen so, als sei diese Typologie das Hauptproblem. In Wahrheit ging es freilich immer noch um Rache oder was es auch war, denn selbst darüber erlangte er keine Klarheit. Er wusste nur, er könnte das alles nicht auf sich beruhen lassen. Es arbeitete und gärte in ihm weiter und bei jeder sich bietenden Gelegenheit brach wieder ein Teil davon hervor. Wenn er sich all dies doch endlich von der Seele reden könnte!

Aurobindo wirkte entspannt und bereit. Es schien Gwen, der hoffte, dass dieser Zustand noch eine Weile anhielte, als hätte er jemanden zum Zuhören gefunden.

Zunächst versuchte er, Aurobindo nicht vorschnell zu verärgern. Es hätte wohl keinen Sinn, jetzt diese Typologie des 'neuen Subjekts' und der 'proletarischen Psyche' weiter auszuführen, obwohl ihn dies sehr gereizt hätte.

Er malte sich aus, wie er Aurobindo damit in staunende Bewunderung versetzte, vorausgesetzt, es gelänge ihm, sich überhaupt verständlich zu machen, was bei Aurobindo schon deshalb nicht einfach war, als der in seinen eigenen

Kategorien steckte, gerade jetzt, wo er aus Indien zurückkam. Der Ashram lugte ihm quasi aus allen Knopflöchern.

So schilderte er Aurobindo erst einmal, wie übel ihm
mitgespielt worden, dass er schamlos ausgebeutet, benutzt
und hintergangen worden sei, was Aurobindo zu sorgen-
vollem Stirnrunzeln veranlaßte und in seine Augen das
sanfte Licht des Mitleids zauberte, womit er Gwen völlig
erstaunte, der mit einem Male so etwas wie Achtung vor
'diesem indischen Phänomen' verspürte.

Der Blick irritierte Gwen dermaßen, dass er sich am
liebsten in Aurobindos Arm geworfen und sich dort ausge-
weint hätte.

Aber dann siegte sein negativer Impuls, und er entwickelte vor Aurobindos Ohren, was er sich über Franco zu-
rechtgesponnen hatte. Dabei konnte es gar nicht ausbleiben, dass er doch noch auf seine Klassentheorie zu sprechen kam und auf die große 'ökologische Wende', die
sich ihm in seinem 'neuen Subjekt' ausdrückte.

Aurobindo war inzwischen nun doch ziemlich irritiert.
Gwen bemerkte, wie er sich nur noch mit Mühe zum Zuhören zwang und immer wieder zu einer Erwiderung ansetzte,
was Gwen jedoch durch seinen Redefluss verhinderte.

„Ich habe da doch sehr grundsätzliche Zweifel", begann Aurobindo, als er endlich doch Gelegenheit zum
Sprechen bekam: „Am meisten ärgert mich deine totalitäre
Gleichsetzung. Die ist mir zu phänomenologisch. Außerdem stimmt sie nicht mit meinen und, wie ich glaube, auch
nicht mit deinen Sympathien und Antipathien überein, das
hast du wohl nicht bedacht. Franco ist da doch der beste
Beweis. Was du mir über ihn geschildert hast, geht ganz

klar in eine bestimmte Richtung. Diese sture Borniertheit, die Ignoranz gegenüber der Umwelt und die bösartigen Projektionen ... - du hast es im Grunde ja selbst herausgefunden ... Franco verkörpert den Prototyp des verbohrten Rechten. Gerade durch die Neigung, anderen die eigenen Schändlichkeiten zu unterstellen, scheint mir die Richtung, in die das weist, klar zu sein. Ich denke, mit dieser Gleichsetzerei von links und rechts hast du dir selbst die Sicht vernebelt."

Gwen verneinte stumm und heftig, indem er verzweifelt den Kopf schüttelte, aber Aurobindo ließ sich nicht einschüchtern: „Du hast dich verrannt, gib's dir doch zu. Gerade an einem solchen Beispiel wird dies ziemlich deutlich, finde ich. Außerdem tust du deiner eigenen Vergangenheit unrecht."

„Aber die Beweise sind erdrückend ...", stammelte Gwen, der seine Felle davonschwimmen sah. Hätte er seine Theorie doch draußen gelassen!

„Blödsinn", ereiferte sich Aurobindo: „Die Linken sind keine Rechten und das weißt auch du ganz genau, du alter Spinner."

Während er dies sagte, hieb er Gwen kameradschaftlich auf die Schulter, mit einem Schlag, der, wie Aurobindo selbst bemerkte, viel fester ausfiel, als es seine Absicht gewesen war. Auch Gwen bemerkte den Überschuss der angestauten Energie, die sich so entlud.

Aurobindo zeigte ihm gleichwohl einen Weg, seine Seele von seinem undurchschauten Hass gegen Franco zu befreien. Wäre er mit Franco einem dieser gewöhnlichen Faschos aufgesessen, dann bräuchte er nicht weiter zu grübeln. Nur zu genau glaubte er zu wissen, weshalb es diese Menschen gab, und weshalb sie so massenhaft vorkamen. Da bräuchte er sich nicht mit diesem einen Exemplar zu quälen. Er könnte sich sagen, dass er sich hatte täuschen lassen. Allenfalls die Frage, warum es Franco nicht bei seinesgleichen hielt, und wie es ihn ausgerechnet ins KDW-Haus verschlagen hatte, wäre dann noch von Interesse.

Gerne ließ Gwen sich mithin von Aurobindo überzeugen. Er verabschiedete sich mit der ihm eigenen Plötzlichkeit, wenn auch mit einem lachenden und einem weinenden Auge von dem, was er hinfort den 'Gründerwahnsinn' zu nennen pflegte, der ihm womöglich noch tiefere Wunden geschlagen hatte als so manche kaputte Beziehung davor.

Irgendwie war das, was Franco da bewerkstelligt hatte, wie in diesen Science Fiction Filmen, wo die Fremden aus dem All sich unter die Menschen mischen, indem sie in deren Haut schlüpfen.

Vielleicht wäre seine Theorie trotzdem irgendwie aufrecht zu erhalten ...? Aber nein, er wollte sich nicht schon wieder packen lassen. Ein ander Mal vielleicht. Er sehnte sich nach dem Frieden in seiner Seele und nach dem Ende dieser mörderischen Empfindungen.

Als hätte Aurobindo seine Gedanken gelesen, sagte er: „Wenn man will, dass etwas gelingt, dann biegt man sich die Tatsachen solange zurecht, bis sie passen."

Zwar wusste Gwen nicht, worauf Aurobindo sich bezog, ob darauf, dass er mit Franco erstaunlich lange hatte zusammen arbeiten können oder darauf, dass er sich nun endlich von ihm befreite, aber das war auch nicht so wichtig.

„Stimmt, du hast recht, wenn ich's mir richtig überlege ...", murmelte er in Gedanken: „Nein, mit so jemandem hätte ich sicherlich nichts zusammen gemacht normalerweise. Und auch von manchen anderen dort im Projekt, habe ich wohl nie viel gehalten. Zwei, drei gab es schon, aber der Rest ... Ich wollte halt, dass es gelingt, wollte mein 'alternatives Projekt' auf Biegen und Brechen."

„Das wird der ganze Grund schon gewesen sein", pflichtete Aurobindo bei. „Oft ist die Lösung einfacher, als man denkt. Franco verkörpert seiner ganzen Psychostruktur nach eindeutig einen dieser Neonazis."

Und obwohl Gwen wusste, wie fragwürdig und beschränkt Aurobindos Ansicht war, schloss er sich ihr nur zu gerne an. In ihr verbarg sich freilich auch Aurobindos Rechtfertigung der Linken. Er hatte ein sehr persönliches Motiv, über das er besser Stillschweigen bewahrte. Denn als Transzendentalisten hätte ihm eigentlich gleichgültig sein können, ob die weltverhafteten Atheisten zur Linken und zur Rechten miteinander identisch waren oder nicht.

4. Marx und Männer

Gwen telefonierte mindestens einen halben Tag herum. Dummerweise schrieb er sich nur wenige Telefonnummern auf und wenn, dann auf irgend welche Papierschnipsel, die in seinem Geldbeutel verschwanden. Zum Glück waren andere ordentlicher. Er erreichte fast die ganze alte Öko Loge, die sich nun schon seit mehreren Monaten nicht mehr traf. Es war niemand mehr gekommen, als ob sie sich verabredet hätten. Mit dem neuen Ort hatten sich ohnehin die wenigsten angefreundet, denn diesem ermangelte es der Atmosphäre. Zwischen vollen, unaufgeräumten Schreibtischen zu sitzen, machte nichts her. Da ginge man doch lieber gleich ins Café oder zum Griechen oben auf der Ecke.

Ansonsten war die ehemalige Fabrik in der Homburger Straße keine schlechte Adresse. Denn es gab hier das scene-eigene Programmkino, allerlei Zeitungsprojekte, einen Kinderladen und einen Jugendclub. Den notdürftig hergerichteten Räumen sah man ihren Ursprung freilich an. Besonders im Winter wirkten sie stets ein wenig zugig.

Zu seinem großen Gründungsabend kam praktisch niemand, denn Aurobindo und Loisl zählten im Grunde nicht, für die hätte er sich die ganze Mühe nicht zu machen brauchen. Er konnte seine Enttäuschung um so weniger verhehlen, als er hinter sich die Brücken abgebrochen hatte.

Loisl kam eher pflichtgemäß. Er hatte jedenfalls kein sehr existentielles Interesse, er wusste eigentlich nicht recht, was er hier sollte. Er glaubte nicht daran, dass sie mit so etwas in Frankfurt eine Chance hätten. Es gab schon zu viele dieser Institute. Manche kannte er persönlich. Er wusste, es gehörte mehr dazu als Enthusiasmus und die zweifellos vorhandene genialische Überspanntheit. Man brauchte soliden Boden unter den Füßen, ging es dabei doch um Summen, bei denen selbst ihm schwindlig wurde. So etwas gab in diesem Staat niemand in Hände wie ihre, dessen war er sich sicher, obwohl gerade er diesbezüglich der Ansprechpartner hätte sein können. Eine Vorstellung, die ihm sehr missfiel. Aber das konnte er Gwen nicht sagen, nicht an diesem Abend. Der müsste das selbst allmählich begreifen. Und ein wenig reden schadete wohl nicht. Außerdem war Loisl auf Gwens Vorschläge gespannt.

Die Anwesenheit Aurobindos behagte ihm dabei freilich um so weniger, als dessen scharlachrotes Gewand seine dubiose Weltanschauung allzu wohlfeil zu Markte trug. Loisl teilte die üblichen Vorbehalte gegen die Bhagwan-Jünger. Ihm war nicht einsichtig zu machen, wie ein halbwegs gebildeter Mensch im 20. Jahrhundert am Ende seiner Politisierung in ein solches Extrem zurückfallen konnte.

Es war nicht so, dass ihn okkulte Phänomene völlig kalt gelassen hätten, wenn sich sein Trachten auch auf das Diesseits bezog, aber er verstand Menschen wie Aurobindo nicht, sie waren ihm völlig fremd. Vielleicht war es ihm als Österreicher auch unangenehm, dass diese die alte Mühl'sche Verstiegenheit wiederbelebten.

Sexuelle Libertinage hatte die Studentenbewegung die ganzen Anfangsjahre über begleitet. Sie war nicht wegzudenken und bildete einen wesentlichen Teil der achtund-sechziger Identität. Um so ärgerlicher mutete es an, wenn man dergleichen, auch noch religiös verbrämt, nun wieder präsentiert bekam und zwar so, als handle es sich dabei um eine unverhoffte, transzendentale Offenbarung.

Loisl beschloß, sich nicht weiter zu ärgern. Gwen musste wissen, wen er sich einlud. Entschlossen griff er sich eines der Papiere, deren viel zu großer Haufen traurig auf dem Tisch lag und begann zu lesen:

Erste vorläufige Begründung des Instituts für Ökolo-gie- und Kulturforschung von J. Gwentris, Frankfurt, 8.10.1980.

Gedacht ist an eine kritische Anknüpfung ans Institut für Sozialforschung ...

- Na, das geht ja flott in medias res - stilistisch ist das nun auch nicht gerade ausgereift, dachte Loisl schaden-froh, der sich selbst mit dem Schreiben solcher Papiere schwertat. Aber er las doch weiter:

Die bereits in der kritischen Theorie erfolgte Hinter-fragung des dialektischen Materialismus (Diamat), soll auf ökologischer Basis fortgeführt werden. Insofern sich die Problemstellung veränderte (statt der sozialen, zeich-net sich die ökologische Katastrophe ab), wurde auch die Kritik verändert. Nicht länger geht es nur um die Fragen nach dem historischen Subjekt, seiner psychischen Kon-

stitution, seiner Kulturneurosen, die das alte Institut für Sozialforschung beschäftigten.

Mit der veränderten Problemstellung genügt die bereichernde Kritik der Frankfurter Schule nicht mehr. Nicht Marx mit Freud anzureichern, ist die aktuelle Aufgaben, sondern die Marxschen Grundlagen sind zu hinterfragen.

Aber wie?

Ich will eine Schwachstelle in der Marxschen Konzeption benennen: die Konsumtion!

Wenig bis nichts gibt es darüber. Einzig die Grundrisse geben einen Eindruck, was sich Marx da vorzustellen in der Lage war. Mit der dürren Vokabel 'Verzehr' ist sie eigentlich schon erledigt. Wollten wir versuchen, diesen 'Verzehr' genauer aufzuschlüsseln, so rückte uns alsbald das ökologische Problem ins Blickfeld. Denn Verzehr im ökologischen Sinne ist Metamorphose. Marx aber verstand Verzehr als Vernichtung.

Der derzeitig negative Charakter dieser Metamorphose ist bekannt: zunächst und drängendst als Mülllawine und Abfallentsorgungsproblematik mit - im Falle des Atommülls - vieltausendjähriger, lebensbedrohlicher Langzeitwirkung.

Weder diese, noch aber auch die produktive Seite der Konsumtion, die es auch gibt, findet Würdigung. Denn wie die Naturaneignung eine Bereicherung darstellt, so bereichert auch die Konsumtion sowohl in biologischer, als auch in soziologischer Hinsicht. Und ist die bereichernde Wirkung der Konsumtion im Falle der Nahrung auch eher ein biologischer Vorgang, so gilt dies für die

'Konsumtion' eines Möbelstücks oder eines Buches keineswegs. Hier gewinnt die Bereicherung andere Dimensionen. Mehr noch, der Mensch drückt seine Individualität in den Nutzgegenständen aus, das ist ihm Aneignung. Die Gegenstände werden ihm eigen, unverwechselbar und individuell. Sie tragen seinen Stempel.

Loisl blätterte ein paar Seiten weiter. Das klang doch ziemlich schräg, fand er. Selbst wenn es stimmen sollte mit Marxens Versäumnis, sah er - für sich wenigsten - wenig Grund, deshalb nun in diese Marx-Debatte einzusteigen. Er suchte nach einem Absatz und las dann weiter:

...Feuerbachs Atheismus sei ein versteckter Theismus, befand Marx richtig. Nun, Marx' Materialismus ist ein versteckter Idealismus in dem nämlichen Sinne - aus folgendem Grund: Die idealistische Dichotomie von Geist und Materie kehrt in der These vom Zurückdrängen der Naturschranke in den Diamat ein. Die naturwissenschaftlich-technische Dimension des Marxschen Fortschrittsbegriffs ist rein idealistisch, insofern darin nicht mit dem evolutionistischen Kontinuum gebrochen wird. Von daher wird die erhoffte dialektische Qualität im Fortschritt nicht fruchtbar. Der technische Fortschritt sitzt vielmehr als ein Pfropfen vor dem humanitären Fortschritt. Ja, deutlich zeigen sich (barbarische) Regressionen im Sinne des Faschismus und Stalinismus.

Ökologie - so unsere These - ist konsequenter Materialismus, insofern sie an die Wurzel geht - nämlich an die Konsumtion, wo Marx ganz auf die Produktion fixiert war.

Denn Konsumtion ist der Bereich der Naturwüchsigkeit, der Anarchie und Unwägbarkeit; Konsumtion ist zugleich die logische Konsequenz der Produktion, ist deren wahrer Inhalt.

Wieder blätterte Loisl weiter, bis seine Augen halt an einigen Thesen fanden - die Sache begann ihn allmählich doch zu interessieren:

- Marx sah die Welt mit den Augen des Produzenten, der Ökologe sieht sie als Konsument.
- Marx sah den produzierten Reichtum, der Ökologe sieht das Elend der Konsumtion, sieht Müll, Gift und Chaos.
- Konsumtion ist der unmittelbare Bereich, wo im Aneignen Leben geschöpft wird (organischer Aufbau, sinnliche Bereicherung, Individuation).
- Produktion ist dazu mittelbar - Entäußerung, Auszehrung von Lebenskraft, Reduktion von Produzent und Naturbasis, Verstofflichung der Materie, Verdinglichung des Menschen!
- Produktion ist Entleerung, die der Kompensation bedarf.
- Konsumtion ist in sich Bereicherung, ist verlebendigend und ohne zusätzliches Bedürfnis.
- Produktion schafft Mangel zweifach: beim Produzenten (als Kompensationssucht und in der Natur (als stoffliche Entnahme).
- Konsumtion repariert und revidiert die Produktionsschäden.

Loisl überlas die Wiederholung der 'versteckten Idealismus-Kritik', die sich diesen Thesen anschloss und kam zum Schluss:

Vor diesem Hintergrund braucht die mangelnde Sensibilität der marxistischen Linken, was ökologische Problemstellungen betrifft, also nicht zu verwundern. Ökologische Blindheit können wir im gesamten sozialistischen Denken Marxschen Ursprungs feststellen. Es ist dies der wahre blinde Fleck der Lehre.

Als Loisl von dem Blatt aufsah, blickte er in die leuchtenden Augen Aurobindos, der zu ihm hinstarrte. Dies war ihm unangenehm, zumal Aurobindo keine Anstalten machte, seinen Blick abzuwenden.

Diese aufgeblasenen Burschen, dachte Loisl ärgerlich, die meinen doch tatsächlich den Durchblick gepachtet zu haben. Aber vielleicht verunsicherten ihn die zweifellos ausdrucksvollen, schönen Augen auch nur. Wie sollte da eine Diskussion in Gang kommen? Schon gar mit so einem Papier. Einen anderen Einstieg hätte Gwen sich wohl nicht einfallen lassen können ...? Wen interessierte diese Marx-Debatte heute noch? Man hatte inzwischen, weiß Gott, andere Sorgen, als die alten, theoretischen Schaukämpfe um 'die richtige Linie' wieder aufzuwärmen.

Irgendwie steckte jeder auf seine Weise in der achtundsechziger Vergangenheit fest, fiel ihm nun auf: Aurobindo mit seiner esoterisch verbrämten Libertinage und Gwen mit dieser Marx-Kiste und er selbst mit seinem bisschen Respektlosigkeit, auf die er sich so viel zu Gute hielt.

Sie bildeten aber auch eine zu traurige Versammlung! Waren sie nicht drei Fossilien, einsame Männer, die nicht begriffen, dass das Leben weitergegangen war und die stürmische Zeit der Jugend hinter ihnen lag?

Sie hatten sich in ihre Träume verrannt und hatten sich - und vermutlich auch ihrer Umgebung - dadurch das Leben schwer erträglich gemacht. Er selbst bildete - gerade wegen seines beruflichen Erfolges - keine Ausnahme. Er allein wusste, wie es um seine Professur in Wirklichkeit stand. Er war und blieb das 'enfant terrible' in der Fakultät, das dank seiner genialischen Attitüde vom Dekan noch protegiert wurde, den es drängte, seine zu Ende gehende Laufbahn mit der Hervorbringung eines Einstein verdächtigen Homunkulus zu krönen. Da brauchte nur irgendwo im Fachbereich ein neuer Stern aufzugehen und schon hätte er das Nachsehen.

Gwen brannte darauf, endlich loszulegen. Seine Enttäuschung hatte er mühsam weggesteckt. Trotzdem konnte er es noch immer nicht lassen, zur Tür zu schielen. Aber da kam wohl niemand mehr.

Den widrigen Umständen zum Trotz gelang es ihm, sich an dem - sogleich wieder unglaublich erregenden - Gedanken, in der Konsumtion den einzig wirklichen Hebel zur Zertrümmerung seines einstigen Idols gefunden zu haben, zu berauschen.

Sein Idol zu zertrümmern, erfülle ihn mit nachgerade heiligem Schauer, „fast wie beim Orgasmus", eröffnete Gwen die Diskussion, als Antwort auf Loisls Hinweis, dass dergleichen Marxexegese onanistisch und völlig abge-lutscht und endgültig ausgestanden sei.

„Marx aus den Angel zu heben, das ist so schön blas-phemisch", widersprach Gwen mit verzücktem Augenauf-schlag: „Nichts sonst könnte ich akzeptieren. Die Ausein-andersetzungen innerhalb der Linken waren durch die Bank Exegesenstreits gewesen und die Kritik der Rechten und Bürgerlichen, selbst die kritischen Bemerkungen Freuds, gehen sämtlich an der Sache vorbei, bringen die schreiende Unkenntnis viel mehr zum Ausdruck als alles andere. Und selbst wenn hier und da ein Körnchen Wahr-heit aufblitzt, eine theoretische Zertrümmerung kann der-gleichen nicht genannt werden. Anders als derart gewalt-sam aber kommt man, nach meiner festen Überzeugung, ei-nem solchen Giganten nicht bei. Das liegt an dessen Eigen-art, die vielleicht auch die Geisteskrankheit des 19. Jahr-hunderts gewesen sein mag, oder aber, wie es die Frauen wollen, Ausdruck des Patriarchats. Aber dies wäre noch-mals eine ganz andere Kritik, die im übrigen nicht weniger von außen kommt und nicht weniger ignorant ist. - Nein, auf Marx muß man sich schon einlassen, muß ihm Fehler und Gedankenschwächen und vor allem Widersprüche sys-tematisch nachweisen. Und eben dies ist mir gelungen.

Marxens Falschheit besteht nicht in dem, was er unter-suchte, sondern darin, was er zu untersuchen versäumte. Aus diesem Versäumnis nämlich ergaben sich fatale Kon-sequenzen für die Handlungsanweisung an das Subjekt der Geschichte.

- Man kann die Menschheitsentwicklung eben nicht einseitig an die Produktivkraftentfaltung binden und das zweite Standbein, das in notwendiger Korrelation zum ersten steht, sträflich ignorieren. Auch die konsumtiven Kräfte bedürfen der systematischen Entwicklung. Sie können nicht sich selbst überlassen bleiben. So wenig wie die 'invisable hand' eines Smith oder Ricardo die Produktion und das Marktgeschehen lenkt, kann man dies für den Konsumtionssektor erwarten. Auch hier müssen die Kräfte der naturwüchsigen Selbstregulation versagen."

Aurobindo war nicht sicher, ob er Gwen genau verstand. Er hatte Probleme, allzu lange zuzuhören. Vielleicht wäre es besser, Gwen zu unterbrechen. „Irgendwie ist das noch nicht recht greifbar für mich", meinte er, „diese Gleichstellung von Produktion und Verbrauch klingt mir irgendwie zu schematisch. Mit Produktivkraftentfaltung hat Marx schließlich viel mehr gemeint, praktisch alle schöpferischen Kräfte im Menschen..."

„Alles, was ihm je ausgekommen ist als Werkzeug oder auch als Kunstwerk", sekundierte Loisl sogleich. „Das kann man doch einfach nicht voneinander trennen..."

„Natürlich schwebten Marx die Werkzeuge und Maschinen vor, aber das war für ihn doch nur die Materialisation des gesamten Überbaus, sozusagen das geronnene Denken und Streben der Menschheit", setzte Aurobindo nach und Gwen freute sich, wie zügig es zur Sache ging.

„Das eben ist meine Kritik, dass bei Marx alles durcheinander geht, dass er den produktiven vom konsumtiven Sektor nicht zu trennen verstand, was übrigens der schwammige Überbaubegriff nochmals belegt, wo Wissenschaft, Kunst und Religion, statt als einfache Gegensätze und Widersprüche begriffen zu werden, als dialektische

Einheit auf die Produktivkraftentfaltung bezogen gedacht sind."

„So stimmt das doch nicht", warf Loisl ein - „fällt dir wenigstens ein Beispiel ein, woran man die beiden Ausgänge aus dem Überbau fassen könnte, die du ja wohl vor Augen hast?"

Gwen war verwirrt, unversehens war da mit dem Überbau so eine Art 'magic box' ins Spiel gekommen, die zwei Löcher haben müsste, aus denen Produktiv- und Konsumtivkräfte hervorquellen sollten. Vielleicht war dies sogar eine brauchbare Figur. Doch bevor er darauf eingehen konnte, meldete sich Aurobindo wieder zu Wort: „Und wo bleibt die Philosophie selbst? Nach Gwen wäre sie ja bereits zweigeteilt, oder ...?"

„Vergiss die Eule nicht ...!", ließ Gwen sich heftig vernehmen. „Was für eine Eule?", wollte Loisl wissen. „Na, die Eule der Minerva, die ihren Flug erst in der Abendämmerung beginnt!", sprudelten Aurobindo und Gwen simultan hervor, die sich ziemlich stark dabei fühlten.

„Das heißt dann wohl, dass die Philosophie mit der Produktivkraft weniger befasst ist, da das Verdauen bekanntlich nach dem Essen kommt. Klar ...?!" Gwen schaute triumphierend in die kleine Runde und war sich der Zustimmung gewiss. „Erst müssen die Menschen die Scheiße anrichten, dann müssen sie versuchen, damit fertig zu werden, das ist Philosophie." - „Das ist aber auch Kunst!" - „...und natürlich auch Religion!" - fügte Aurobindo hinzu.

- „Was bleibt dann eigentlich noch ...?"

- „Richtig, nichts anderes bleibt ....! Da haben wir sie mal wieder, die Schlimme", - Loisl konnte seinen Sarkasmus nicht unterdrücken. „Okay, die Wissenschaft ist die Mutter der Porzellankiste, soweit so gut; ist nichts gegen einzuwenden. Das pfeifen die Spatzen längst von den Dächern, damit sind wir angetreten." (Loisl dachte an *seine* alte Öko Loge, als er das sagte) - „Und weiter, was ist daran sensationell, bloß weil du damit Marx ans Bein pissen kannst?"

Da merkte man wieder einmal, wie wenig Loisl gelesen hatte! Ah, diese ignoranten Fliegenbeinzähler! So was konnte auch nur so einer sagen. Wenigstens Aurobindo wusste Gwen auf seiner Seite.

- „Na, gut, wahrscheinlich ist ja was dran, an deiner Konsumptivkraft, dass sie ins Hintertreffen geriet ...", gestand Loisl widerwillig zu, unterbrochen von Aurobindo:

„ ...mit den Schlachtrufen von den Toden Gottes, der Philosophie, der Kunst, ecetera, ecetera, - eben all den Verbrechen der Moderne ..."

„Verbrechen würde ich das, was die Moderne bewirkt hat, nun gerade nicht nennen", konterte Loisl - „immerhin leben wir recht kommod damit, würde ich sagen."

„Alles verschwand im Moloch Wissenschaft, wurde von ihm aufgesaugt, seziert, durchleuchtet, entheiligt und zerstört oder transformiert und produktiven Zwecken zugeführt ...", pflichtete Gwen Aurobindo bei:

„Unter die Räder kamen diejenigen menschlichen Vermögen, die unsere Innerlichkeit ausmachen, unsere Fähigkeiten der psychischen Verarbeitung, wie Sublimation und Empathie ..."

„Ja, der göttliche Funke ..." Aurobindo konnte sich dieses gnostischen Einwurfs nicht enthalten. Er wurde diesmal mit einem dankbaren Blick Gwens belohnt, dem immer wohler wurde, je breiter sich seine Entdeckung ins Bett der Geistesgeschichte einpasste.

„Was interessiert mich schon Originalität", warf er Loisl hin, „Wahrheit suche ich."

„Verstehen müssen wir, was um uns her geschieht", pflichtete auch Aurobindo bei. „Wie wollen wir den Lauf der Dinge beeinflussen, wenn wir nichts mehr vermöchten, als nörgelnd am Rande zu stehen?"

- „Utopie statt Misanthropie" - rief Loisl. Er fand so etwas wohl witzig.

„So ganz habe ich dich noch immer nicht verstanden", sagte Aurobindo, den Loisls Zwischenruf nur irritierte. Er blickte hilflos von einem zum andern: „Wissenschaft sei also die Wegbereiterin des technologischen Fortschritts, das ist mithin die Einheit Produktivkraftentfaltung. Auf der anderen Seite, bei der Religion, bei Kunst und Philosophie fehlt mir diese historische Dimension, wie sieht es denn da konkret aus?"

„Das ist es eben", ereiferte sich Gwen, „eben der Mangel ist der Skandal. Marx hat die dazu gehörige Wirklichkeit verkümmern lassen, schlimmer noch ..."

„Man schaue sich bloß den sozialistischen Realismus an", nickte Loisl. „Das kommt davon, wenn man die Kunst der Produktion unterordnet."

„Mit der Philosophie haben sie es genauso gemacht. Da war doch auch bald Sense, von wegen Auseinandersetzung ...", Gwen fühlte sich bestätigt.

„Nein, die Sache ist die, ohne Eigenständigkeit, ohne eine Seinsgarantie und ohne gesellschaftlich ausgewiesene

Funktionen musste das, was Marx schwammig den Überbau nannte, allmählich verkümmern. So was unterwarf man
nicht ungestraft auf Dauer den Zwängen der Produktion.
Schließlich nahm selbst die Wissenschaft, weiß Gott eine
heilige Kuh im Sozialismus, dort so großen Schaden, dass
man getrost von Agonie auch in diesem Bereich sprechen
kann ...“

„Na, ich weiß nicht, das bringt nun aber wieder alles
durcheinander, ich denke die Wissenschaft ...“

„Lassen wir die Wissenschaft doch erst mal beiseite.“
Aurobindo, wollte die Konsumtivkraft klarer haben.

„Wo blieb denn diese Konsumtivkraft konkret? Ich
meine, historisch muss es doch wenigstens Ansätze gegeben haben, oder bringe ich da jetzt was durcheinander?“

„Gwen meint wahrscheinlich so Sachen wie Seelen-
wanderung, diesen ganzen Castaneda-Kram, nein danke,
also ich bin inzwischen wieder soweit, mich auf das Telefon zu verlassen, wenn ich mit jemandem Kontakt aufneh-
men will.“ Loisl gab sich betont flapsig, fand Gwen; als
ob der nicht selber ..., gerade Loisl.

„Du musst gerade reden. Wer hat denn den Fliegenpilz
gegessen? - Das warst du doch. Ich finde das echt nicht
gut, wenn man hier den Zynischen raushängt, das kann
schließlich jeder. Außerdem, wer sagt dir denn, dass du
damit nicht genau in die sozialistische Falle gehst?“, konterte Gwen, dem, und das war sein Dilemma, auch nichts
einfiel, was Aurobindos Frage befriedigend beantwortet
hätte. Sich selbst behalf er mit dem Hinweis auf die Unter-
drückheit der Konsumtivkraft.

Aber dem Hinweis, erst im Sozialismus sei dies *systematisch* geschehen, konnte er nichts entgegensetzen. Das traf wohl wirklich zu.

„Nein, da hilft uns alles nichts, der Zustand der Welt beweist uns, dass die menschlichen Anstrengungen schlimmstenfalls *destruktiv* und bestenfalls *produktiv* genannt werden können. Auf die realitätsstiftende Wirkung der *konsumtiven* Fähigkeiten warten wir ganz offensichtlich noch. Einstweilen können wir nur versuchen, uns davon ein Bild zu machen. - Was sind denn Kräfte der Konsumtion und wie könnten sie sinnvoll zu den Produktivkräften in Verbindung treten, diese gar in ihre Schranken verweisen? - Solchen Fragen müssen wir uns stellen, hier sehe ich die eigentliche Aufgabe eines Öko-Instituts."

Gwen hatte zu seiner Erleichterung den Bezug zu seinem Anliegen wieder gefunden. Doch im Grunde trauerte er den vergangenen Tagen der Öko Loge nach. Loisl ging's nicht anders. Hätte Gwen wenigstens einmal ein richtiges Öko-Institut besucht, dachte er. Der wusste ja gar nicht, was man da machte, ihm wären die Augen übergegangen. Dachte der im Ernst, für seine philosophischen Drahtseilakte ließe sich auch nur eine Mark locker machen?

„Lassen wir das Institut erst mal beiseite", schlug er deshalb vor, „da müssten wir schon noch mal etwas genauer und vor allem viel konkreter diskutieren. Warum bleiben wir nicht bei dieser Veranschaulichungsdiskussion? Das hat doch was gebracht. Jedenfalls mir." Er schaute in die Runde und erntete nur Zustimmung: „Die Erde, die Menschheit, das Leben - alles was ist, leidet an Verdauungsstörungen und zwar an hausgemachten. Der Mensch zerstört seine Lebensgrundlagen durch seine Hervorbringungen, durch seine *Produktion*. Zwar verbessert und vermehrt er sich, sein Leben, seine Vergnügungen, im Endeffekt aber ...“

„Nicht im Endeffekt“, fuhr Gwen dazwischen, „die Verdauung ist das Problem, die Welt leidet an Verdauungsstörungen, sagtest du selbst, das gefällt mir viel besser.“

„Die Kunst der Verdauung ist nicht ausgebildet worden“, assistierte Aurobindo, „die Menschen sind nicht fähig geworden, das, was sie produzieren, so zu verbrauchen, dass ...“

„Andererseits - richtet die Produktion selber nicht bereits den größten Schaden an?“

- „Das wäre dann aber ein andere Diskussion ...“

„Man müsste die Dinge eben anders benutzen: das Auto statt zum Fahren zum Anschauen, so als heiliges Kultobjekt ... Das wär doch was ...“

„Gar nicht schlecht“, fand Gwen, „aber nur jeweils ein Modell pro Museum, denn was bereits auf den Straßen rumsteht ...“

„Ja, so kann’s nicht weitergehen“, pflichtete Aurobindo bei.

„Wisst ihr übrigens, dass die Angst vor dem Verkehrstod noch vor der Verbrechensopferangst kommt?“

„Wie isses, habt ihr auch Durst?“ - Gwen ergriff diesen Faden, bevor der andere riss, den er gelegentlich weiter zu spinnen hoffte. Zwar war kein Öko-Institut herausgekommen, aber es war doch seit langem einmal wieder eine fruchtbare Diskussion gewesen und das war vielleicht sogar besser.

Sie zogen es vor, nach oben ins Café neben dem Kino zu gehen. Da wäre es hoffentlich nicht so verraucht. Inzwischen rauchten alle drei nicht mehr. Auch sonst fühlten sie sich viel mehr zueinander hingezogen. Loisl hatte Aurobindos signalfarbene Kutte schon ganz vergessen, und Gwen war inzwischen sogar froh darüber, dass die Diskussion in diesem kleinen Kreis stattgefunden hatte.

Aurobindo wiederum verspürte Dankbarkeit da es ihn aus seinem sektiererischen Ghetto herauszog und sei's auch nur für ein paar Stunden. Er wusste plötzlich wieder, woran es im Ashram mangelte. Gespräche wie dieses wären dort niemals möglich.

Ohne dass darüber auch nur ein Wort verloren worden war, empfanden sie ein viel tieferliegendes Band. Es hatte etwas mit Männlichkeit und Lebensalter zu tun und mit den Erfahrungen von Frankfurter Linksintellektuellen. - Jedenfalls umfasste sie die Einsamkeit und hüllte sie zum Paradox in eine merkwürdige Gemeinschaft ein.

Sie fühlten sich einander so nahe, dass ihre zufälligen Berührungen sie nicht länger zurückschrecken ließen. Wie sie so dasaßen, an dem winzigen, runden Tischchen, auf diesen unbequemen, billigen Thonet-Imitationen, wirkten sie auch noch hier drinnen befremdlich, wo sich nun wirklich genug exotische Erscheinungen die Klinke in die Hand gaben.

Aurobindo überragte die anderen um Haupteslänge. An seinem dürren Hals baumelte 'die Mala', eine Art Rosenkranz mit dem Bild seines Meisters. Seine ausdrucksvollen

Augen blickten milde über die Köpfe seiner Begleiter hinweg ins Leere und um die Mundwinkel spielte ein kleines melancholisches Lächeln.

Loisl wirkte neben Aurobindo beinahe klein. Sie hätten Brüder sein können. Sie sahen einander tatsächlich ähnlich, fiel es Gwen auf. Dass er dies nicht früher bemerkt hatte! Die selbe scharfe Nase und eine nämliche Kopfhaltung. Nur Loisls Augen waren kleiner.

Sich selbst konnte Gwen kaum entdecken - im Spiegel an der gegenüberliegenden Wand. Er sah nur seinen helleren Schopf. Es waren auch nicht die Einzelheiten. Es war die Komposition, die Ausstrahlung. Als ob eine Aura sie umfloss, einende Traurigkeit, ein leuchtender Schatten im künstlichen Neonlicht. Es ist Melancholie, glaubte er zu wissen. Vielleicht dass ... Denn Mieke fiel ihm ein. Aber nein, dies wäre purer Zufall.

- „Ja, ja" - Aurobindo seufzte tief, aus vollem Herzen. Er litt am meisten unter dem Nichtverstandenwerden, bei ihm ging es viel weiter als bei den anderen, da war er sich sicher.

„Vielleicht kommt es daher, dass die Frauen mit sich selbst genug zu tun haben", rätselte Loisl, als ob er beider Gedanken gelesen hätte. Auch ihm erging es wie diesen, die wie die Vogeljungen im Frühlingssturm aus ihren Nestern geschleudert worden waren.

Keiner getraute sich den Anfang zu machen. So saßen sie eine Weile schweigend da, tranken und wünschten sich Gemeinsamkeit. Bis Loisl, der Mutigste, endlich aufstand und vom Tresen ein Blatt Spielkarten holte.

Sie spielten tatsächlich Skat! Es war nicht zu glauben, zwar ungeübt und reichlich holperig, doch allmählich kamen sie besser zurecht, so dass es sie sogar nach Stift und Block verlangte. Nur mit dem Reizen hatten sie Probleme. Aber darüber sahen sie großzügig hinweg.

Der Alkohol tat ein übriges. Er verschweißte die drei zum Männerbund. Sie hatten schon fast vergessen, wie das war. Die fernen Schulerinnerungen oder Studentenulk und Seemannsgarn kamen in ihnen hoch, in jedem nach seiner Facon, aber das tat der Wirkung keinen Abbruch.

Endlich begannen sie frei vor sich hin zu schimpfen, redeten sich das angestaute Elend von der Seele, das sie selbst überraschte.

So schlimm stand es um sie? Zunächst waren sie noch bemüht, den Anschluss an ihr hohes Niveau nicht zu verlieren. Aber dann polterten sie immer unflätiger daher. Wie gut das doch tat!

Aus Frauen wurden Weiber und aus Weibern endlich Hyänen - was musste man als Mann nicht alles in sich hineinfressen in diesen schweren Zeiten, wo einem das Mannsein immer mehr verleidet wurde! Etwas suchte nach einem Ventil, wollte heraus aus dem Kerker, vorbei an dem inneren Zensor.

Man hätte meinen können, Aurobindo mit seinem Training für die Zulassung spontaner Regungen sei besonders prädestiniert für dergleichen Offenbarungen. Aber es war der nüchterne Naturwissenschaftler, dem es als Ersten gelang, sich zu überwinden und seinen Empfindungen freien Lauf zu lassen, zumal es inzwischen keine Zeugen ihrer dumpfen Gefühlsausbrüche mehr gab. Vielmehr wankten sie durch den Anlagenring, der sich vom Messegelände hinauf bis zum Palmengarten zog und sich dann - nur durch die breiten Autoschneisen unterbrochen - bis nach Sachsenhausen fortsetzte. Aber so weit wollten sie gar nicht.

Loisl erbot sich als Gastgeber und hieß sie deshalb am Scheffeleck auszuscheren, wo er wohnte. Ohne dass sie darüber ein Wort verloren hätten, war ihnen danach, zusammen zu bleiben, um das Kostbare, das ihnen der Abend beschert hatte, nicht sogleich wieder zu verlieren.

„Die Frauen verstehen uns einfach nicht", eröffnete Loisl das Gespräch neuerlich, nachdem sie sich aus der Küche mit einigen Bierflaschen versorgt hatten. Bedächtig nickten Gwen und Aurobindo, denn das Herz war beiden doppelt schwer.

„Versteh einer die Frauen ...", murmelte Aurobindo - „ich versteh sie nicht! Habe ich denn alles falsch gemacht?"

Die Frage verlangte nach keiner Antwort - natürlich wusste er sich weitgehend schuldlos. „Wir haben uns eben auseinander entwickelt, da kommt man mit einfachen Schuldzuweisungen nicht weiter."

Das war das Stichwort für Loisl, dessen Freundin seit voriger Woche verschwunden war und der nun in der eigens für sie gemieteten, viel zu großen Wohnung allein saß.

„Was soll ich jetzt damit, wir haben nicht einmal zwei Monaten hier gewohnt."

„Eine sehr schöne Wohnung ist das", sagte Gwen zusammenhangslos - „und auch noch in der Lage. Was zahlst du denn so?"

„Um die zwölfhundert warm, für knapp hundertfünfzig Quadratmeter ..., war wirklich ein Glücksfall, die Vermieterin ist die Witwe eines Physikers, war Professor an meiner Universität - deshalb ...!"

„Ach so, na dann ...", in Gwens anerkennenden Pfiff mischte sich Neid, jedenfalls glaubte Loisl den heraus zu hören.

Aurobindo hatte wieder einmal nicht zugehört, sondern meditierte mit geschlossenen Augen. Jedenfalls tat er, als höre er nicht zu.

„Wollt ihr mal sehen?" fragte Loisl. Gwen stumpte Aurobindo an, der verwirrt um sich blickte.

„Wohnung angucken, komm!" Sie wanderten über das knarzende Parkett, von Raum zu Raum. Die Wohnung wirkte um so größer, als sie halb leer war.

Zwei nach vorne liegende Zimmer schienen ganz unbewohnt zu sein.

- „Könnt ihr sofort haben", meinte Loisl wie nebenbei, als sie weitergingen, am Wintergarten vorbei, zurück in den Salon mit den schönen, reichen Stuckverzierungen an Decke und Wänden.

„Wirklich ...?" - kam es wie aus einem Munde, denn Gwen war seinen Karnickelstall gründlich leid und Aurobindo hatte noch immer nur dieses Notlager in der Heilpraktikerpraxis.

Loisl blickte einen Moment lang versonnen zu Aurobindo hinüber. Den allein - käme nicht in Frage, aber so... Und er nickte. - „Aber selbstverständlich, was soll ich denn allein mit diesem Riesenschuppen?"

„Und wenn deine Freundin wiederkommt?"

„Die kommt nicht wieder, und wenn schon, wird sich halt bescheiden müssen, zwei Zimmer werden der ja wohl reichen, außerdem haben wir zwei Bäder."

„Was ist denn nun mit deiner Beziehungskiste?", wollte Loisl von Gwen wissen. Er kannte Mieke flüchtig, hielt aber eine Menge von ihr. „Versteh gar nicht was ... Ich meine, wieso diese Trennung? Und dann auf die Art, so was hätte ich der echt nicht zugetraut ..., ich kenn sie ja kaum, aber trotzdem ..."

„Das ist es eben, irgendwas ist anders, es ist wie ein Bruch, hab's auch nicht richtig mitgekriegt, ich glaube, es hat was mit dem ganzen Ärger und mit meinem Frust im Projekt zu tun, du weißt doch ... - Nein? ...hast du bestimmt schon von gehört, von unserem Projekt - Deutschkurse, Horte und so Sachen, ich hab da die Fremdsprachen gemacht ... Den Ärger hab ich wohl zu Hause abgeladen, ich war wirklich total geladen und im absoluten Stress und wenn dann noch irgendwas mit den Kindern dazukommt ... Kann schon sein, dass ich da auch mal ausgerastet bin ..."

Seine eigene Rede klang Gwen falsch und hohl im Ohr: „Vergiss es einfach", sagte er, als Loisl ihn fragend anblickte. - „Ich glaub ja, es ist Rache.", fuhr er fort: „Nicht unbedingt bewusst, mehr so was wie intuitive Rache, falls es das gibt. Ich glaube, Mieke kann gar nicht anders, sie muß es tun, sie hat nie verkraftet, dass ich von ihr weggewollt habe, damals. Die Frage ist eigentlich nur, weshalb sie damit gerade jetzt kommt, in so einer Krisensituation. Aber wahrscheinlich tun das alle. Darauf können wir wohl gegenseitig keine Rücksicht nehmen." Und auf Loisls fragenden Blick hin erzählte Gwen, wie er damals in der Landkommune die Panik bekommen und Mieke verlassen hatte. „Mit Abschiedsbrief und allem drum und dran ... Könnt' ich mich heute noch für in Arsch beißen, ich Idiot ich ...“

„Je mieser wir drauf sind, um so abstoßender wirken wir, und um so leichter kriegen wir noch eine rein“, pflichtete Loisl bei und bezog sich damit auf nichts Bestimmtes, er nickte versonnen vor sich hin. Gwen hatte in ihm eine Saite zum Klingen gebracht, die ihn nachdenklich stimmte.

„Klingt ja schrecklich 'der Mensch, des Menschen Wolf' - ich will mich damit aber nicht abfinden, so darf es einfach nicht sein, dies ist hier nicht der Hobbes'sche Naturzustand ...“, warf Aurobindo ein.

„Nein, Großstadtdschungel, sekundäre Verwilderung - der ganze Instinkthaushalt ist gekippt, ...wie mit den Flüssen - irgendwann bricht das ökologische System zusammen und einsame Monster lauern in der trüben, giftigen Brühe ...“, entfuhr es Loisl ärgerlich.

„Oder der Tod! - im Fluß jedenfalls lebt wahrscheinlich dann nichts mehr.“ - „Nun, im Stadtdschungel ist das anders ...“

„Man kann es auch übertreiben, wo lebt ihr denn im Dschungel?“, wollte Aurobindo wissen.

„Stimmt auch wieder ... aber trotzdem ist was dran - unsere Sicherungen knallen doch laufend durch, wir sind wie die Artisten auf dem Drahtseil, ohne Netz und doppelten Boden, wenn wir stürzen, hält uns nichts mehr, das ist es ...“

Aurobindo dachte an sein 'erstes indisches Abenteuer', wie er die Zeit mit Indira inzwischen nannte. „Vielleicht, wenn es mehr Austausch gäbe ... Man lebt einfach viel zu isoliert, vielleicht ist es ja das. In Indien, wenn es da Ärger gibt, wenn Eheprobleme auftauchen, dann ist da die Familie ... - jeder mischt sich da ein ... - Na ja, trotzdem kennen auch die die Scheidung ... - Nee, ich weiß auch nicht weiter ..."

„Also, ich will dir mal was ganz ehrlich sagen, so hart das jetzt vielleicht auch für dich klingt, aber ich kann deine Frau verstehen ... Ja, glaubst du denn im Ernst, jemand macht solche Eskapaden mit, so was kannst du doch nicht im Ernst erwarten?" sprudelte Loisl heraus.

„Was verlange ich denn von ihr? Habe ich etwa verlangt, dass sie eine Sanyasin wird, habe ich sie zu irgendwas gezwungen?"

„Das vielleicht nicht, obwohl ich dir das so nicht ganz glaube, aber eins hast du jedenfalls, du hast sie um deines Meisters willen verlassen - und nicht nur innerlich - schließlich warst du drei Monate weg, oder vielleicht nicht?"

„Aber das ist es wirklich nicht, sie hat es immer und immer wieder gesagt, es ist ..., es ist ..., es ist, weil sie den Meister verachtet, weil er kein Brahmane ist, weil er aus der falschen Kaste kommt. Ich hab ihr zu erklären versucht wie unwichtig die Kastenzugehörigkeit sei, hab mit Jesus, mit Mohamed, sogar mit Buddha und Lao Tse argumentiert ... Sie lässt gar nichts an sich heran, als ob da eine Mauer wäre..."

„Du willst uns doch wohl nicht sagen, dass dies der ganze Grund sei ... Nee, mein Lieber, da machst du's dir entschieden zu leicht ...", warf Loisl ein.

„Ja, ja, die Frauen ..., sagen nie, was sie wirklich denken", pflichtete Gwen ihm bei, „da musst du immer interpretieren ..." Er machte eine gedankenvolle Pause bevor er nachdenklich sagte: „Aurobindo ist geschieden worden, mich hat man erst mal auf Eis gelegt, aber was dir passiert ist, hast du noch gar nicht erzählt, Loisl ..."

„Da gibt's auch nicht viel zu erzählen. Soweit ich raus bekommen habe, hat sich Sylvie Hals über Kopf in einen andern verliebt. Ich war eine Woche weg zu einem Symposion und als ich zurückkam, war sie nicht mehr da..."

„Hat sie nicht wenigstens angerufen oder geschrieben?"

„Ja, einen Abschiedsbrief hat sie schon hinterlassen, aber der war nicht gerade aussagekräftig ..."

„Und zuvor gab es keinerlei Vorwarnung?", wollte Aurobindo wissen.

„Also nicht, dass ich was bemerkt hätte. Im Nachhinein kann ich mir freilich allerlei zusammenreimen, aber konkret, damals - nein, da war nichts, nichts wirklich anderes, war eigentlich wie immer ... - Ach, wir hätten niemals zusammenziehen dürfen, war der größte Fehler ... Wahrscheinlich war's das ja, wir haben diese permanente Nähe nicht ertragen ..."

„Aber sie muss doch jetzt auch irgendwo wohnen", Gwen hatte seine Zweifel, ob diese Sylvie dies genauso gesehen hätte.

„Sie kann jederzeit zu ihren Alten zurück, die haben schwer Kohle, wohnen hier ganz in der Nähe bei Bad Homburg, außerdem haben die ihr ein eigenes Apartment gekauft, glaube ich jedenfalls. So genau hab ich da nie nachgefragt."

„Wie alt ist Sylvie eigentlich?" - Irgendwas kam Aurobindo komisch vor, das war eine andere Welt für ihn.

„Jedenfalls noch keine dreißig. Ich fand, sie war eigentlich noch ein richtiger Teenager, aber sehr süß und unglaublich schön, so was Schönes hatt' ich noch nie gehabt ..."

„Du redest wie von einem Möbelstück ... - gekannt scheint ihr euch nicht zu haben, du und Sylvie." Aurobindo schaute ziemlich fassungslos drein, worüber Loisl sich ärgerte:

„Was ihr in eurem Ashram treibt, ist auch nicht gerade das, was man unter der bürgerlichen Neigungsbindung versteht ..."

„Die Sexualität geht nun mal ihre eigenen Wege, ob uns das passt oder nicht", warf Gwen ein.

„Ich geb's gerne zu, für mich sind Frauen *auch* Lustobjekte, ich sage, nicht nur, aber auch ... Wenn es anders wäre, würd' ich mir glatt 'ne Kugel geben. Da könnt ihr lange reden ..., alles verlogen, die ganze Softischeiße eine einzige Lüge, natürlich wollen Männer nur das eine, was denn sonst ...?!"

Aurobindo seine Bemerkung ungeschehen machen. Das mit dem Möbelstück war ihm so raus gerutscht.

„Ich hab's nicht so gemeint", sagte er kleinlaut.

„Dann sag's auch nicht", knurrte Loisl, nur halb versöhnt. Vielleicht sollte er sich's doch noch einmal gut überlegen, bevor er mit dem zusammenzog. Auf jeden Fall gäb's eine Probezeit.

Dass die beiden einziehen wollten, war ihm eigentlich völlig klar, so abgebrannt wie die waren. Hoffentlich klappte die Mietzahlung dann.

„Irgendwie ist mir deine Einschätzung zu pauschal", meinte Gwen. „Über die Bedürfnisse müsste man sich schon genauer unterhalten. Dass sich die Geschlechter zueinander hingezogen fühlen, erklärt schließlich nicht, warum es zu all den Perversionen kommt. Ja, selbst die sogenannte Normalität ..."

„Red doch nicht so geschwollen daher, ihr wisst genau, was ich meine. Es geht einfach darum, dass mir dieses verlogene Getu unwahrscheinlich auf den Geist geht, um nichts anderes. Natürlich grauselt's auch mich, wenn ich höre, was mit Frauen alles angestellt wird. Klar müssen wir uns fragen, wieso Männer ihre Triebe viel öfter als Frauen so grausam ausleben, aber sich deswegen das wahrscheinlich Beste an diesem beschissenen Dasein auch noch mies zu machen, halte ich für absoluten Schwachsinn. Ich geb's gerne zu und sage es noch mal, ich fahre sehr grundsätzlich und ohne jede intime Kenntnis des Individuums auf weibliche Reize ab, einfach so. Im Gegenteil, mir kann es sogar passieren, dass das Kennenlernen wieder was kaputtmacht. Vielleicht ist die Sylvie in Wirklichkeit eine saublöde, alberne Tussie - ich fürchte fast, das ist sie - aber ich fahre nun mal unwahrscheinlich auf sie ab. Natürlich sehe ich auch diesen Widerspruch zwischen Geilheit und Sympathie, auch ich will natürlich, dass da was zur Deckung kommt, aber irgendwie haut das bei mir nie hin, jedenfalls bis jetzt noch nicht ..."

„Wenn wir schon über Sexualität reden..., bei mir ist es so, dass ich nicht mal einen hoch kriege, wenn ich zu jemand kein Vertrauen habe ... So die ersten zwei, drei Male ist's jedesmal ein ziemliches Geacker, ich brauche ein bisschen Zeit, ich bin schließlich kein Zuchtbulle." Gwen sah Loisl zweifelnd an, während er dies sagte.

„Irgendwie redet hier jeder über was anderes, scheint mir. Wir im Ashram versuchen, unsere Gefühle freizulegen, herauszufinden, was wir wirklich wollen in einer jeweils konkreten Situation. Da kommt manchmal was ganz anderes raus, als man von sich erwartet. - Sexualität, habe ich da gelernt, ist jedenfalls viel mehr, als vögeln. Manchmal durchläuft man seine ganze Kindheit noch einmal, da merkt man dann, was wirklich mit einem los ist."

„Aber dieses Gefühl, mit der da kann ich, musst du doch auch kennen, um dann vielleicht festzustellen, wie wenig du sonst mit ihr anfangen kannst", beharrte Loisl auf seinem Punkt.

„So stellt sich uns dies überhaupt nicht dar. Du musst dir die Situation ganz anders vorstellen, nicht die übliche Anmache in der Kneipe oder sonstwo auf 'ner Party, im Park oder so. Allen ist von vorn herein klar, dass sie zusammen gehören, dass sie füreinander da sind, so oder so..."

„... ist mir zu künstlich, so geht's doch nicht, so ist das wirkliche Leben nicht", Gwen kam gleich auf den Punkt, denn hier fand sich seine eigentliche Kritik an der Sekte.

Loisl nickte heftig - „so was kann nicht funktionieren, nicht, wenn alle wirklich zu ihren Gefühlen stehen, denn dann, das verspreche ich dir, habt ihr bald Mord und Totschlag. So lassen Menschen nicht mit sich verfahren. - Frag mich eh, wo ihr die ganzen Frauen her bekommt. Dass die Typen kommen, verstehe ich schon eher."

„Wirst dich wundern, aber es kommen fast mehr Frauen als Männer, und es sind öfters die Frauen, welche die Initiative ergreifen, das bedeutete am Anfang eine ganz schöne Umstellung, sogar für mich", meinte Aurobindo.

„Kann ich mir schon vorstellen", Gwen kaute immer noch auf dem Vertrauen herum, ohne das es bei ihm nicht ging. „Wenn man erst mal weiß, dass einem nichts passieren kann, dass alle nach den gleichen Regeln handeln ..."

„Aber das ist es ja", fiel Loisl Gwen ins Wort, „in Wirklichkeit sind die Regeln viel komplizierter und vor allem, wer weiß denn schon, nach welchen Regeln einer in Wirklichkeit spielt, hier liegt doch gerade der Reiz des Lebens."

„Aber auch das Elend ...", warf Aurobindo ein.

„Kann man so sehen ...", sekundierte Gwen. Und selbst Loisl nickte nachdenklich geworden.

„Du meinst das anscheinend wirklich ernst mit dem Einziehen, Loisl?" fragte Gwen, dem nicht danach zumute war, jetzt noch einmal hinaus in diese naßkalte Nacht zu müssen.

„Aber sicher doch ..., natürlich müssten wir uns über die Miete einigen, aber ansonsten ..., von mir aus ginge das schon klar. Vielleicht erst mal so ein, zwei Monate, bis wir herausgefunden haben, wie gut wir zusammen können. Ich muss euch aber gleich sagen, die Küche ist nicht meine starke Seite, außerdem bin ich ziemlich oft weg."

Die beiden nickten eifrig, waren mit allem einverstanden.

„Na, da können wir doch gleich mal probeschlafen", meinte Gwen, „sicher hast du noch irgendwo einen Schlafsack und ein paar übrige Decken."

Es fanden sich sogar einige Matratzen. Aurobindo und Gwen wurden sich schnell einig, wer welches Zimmer nähme, zumal diese in etwa gleich groß waren. Aurobindo überließ Gwen großzügig das mit dem Erker, der es diesem besonders angetan hatte.

Am nächsten Morgen dürften sie nicht vergessen, Schlüssel nachmachen zu lassen, dachte Gwen noch, bevor er in einen unruhigen Schlaf fiel.

Aurobindo ertastete noch schnell die Ausstrahlungen, indem er sich in die Raummitte hockte, aber ihm fiel nichts Negatives auf, selbst die Steckdosen wirkten eher freundlich, jedenfalls ungefährlich, sie waren in sicherer Entfernung.

Zum Schlafen wählte er die dem Fenster entfernteste Ecke. Mit der Frischluft würde er sowieso Probleme haben, denn wegen des Verkehrslärms könnte man das Fenster wohl nicht öffnen; und es war die Ecke, von der die wenigsten Irritationen ausgingen.

Als Gwen gegen Mittag erwachte, war Loisl schon fort und Aurobindo kramte in der Küche herum. Auch er war gerade erst aufgestanden. Normalerweise versuchte er, sich zum Aufstehen an den Sonnenaufgang zu halten.

Eine Umstellung würde das Zusammenwohnen schon bedeuten, für sie alle. Ein bisschen fühlten sie sich wie die Untermieter. Sie trauten sich nicht recht an den Kühlschrank und an das, was sonst noch an Vorräten da war. Diese Scheu würde sich schon noch geben.

Aurobindo hätte es einfach mit seinem Umzug und auch Gwen könnte den seinen mit zwei, drei Fahrten schaffen. Mieke würde staunen. Er merkte, wie er voller Aggressionen gegen sie steckte. Was war nur los? Auch gestern Nacht war es aus ihm hervor gebrochen, als ob man einen Damm sprengte.

Er war unfair, weil er all seine Frauenprobleme auf Mieke projizierte. Er wusste dies wohl, trotzdem bereitete es ihm ein heimliches Vergnügen. Er war ihr noch immer gram. Sie hätte ihn nicht hinauswerfen dürfen, nicht auf diese Weise. Entweder richtig oder gar nicht, aber so ...?

Eine Wohngemeinschaft ganz ohne Frauen war neu für ihn. Aber sie hatten gute Voraussetzungen. So eine schöne, große Wohnung und bei allen Differenzen lagen sie doch auch auf einer ähnlichen Wellenlänge, vieles sah nur auf den ersten Blick so verschieden aus. Sie kamen aus dem gleichen Stall, hatten ähnliche Erfahrungen hinter sich. Die 68er hatten sie geprägt, waren ihre Generation. Und was ihn am meisten freute, sie hatten alle ähnliche Konsequenzen gezogen, hatten sich auf die pazifistische Seite geschlagen, weg von der Militanz, die ihn erschreckte und abstieß. Natürlich musste man sich sagen lassen, man habe resigniert. Das hatten sie insofern, als ihnen die Marxsche Interpretation der Rolle des Proletariats dubios geblieben oder auch geworden war.

Jeder hatte sich dieser unersättlichen, mächtigen Freundin Ökologie von seiner Seite genähert, die sie sogleich an sich riss und die den Wandel rasant beschleunigte, in dem sie sich befanden, um an ihnen zugleich ihre Facetten aufzuzeigen, denn keiner verstand die Ökologie wie der andere, ein jeder aber glaubte sie ganz zu verstehen.

Den universellen Charakter ihrer neuen Göttin begriffen freilich alle. Doch während Loisl mehr das grandiose Selbstmissverständnis der Wissenschaft in ihr las, starrte Aurobindo gebannt auf das Wunder der Ganzheit kosmischer Harmonie. Gwen aber sah die Antwort, glaubte ihr Rezept zu verstehen, das sich wie eine Spur Goldstaubes durch die Historie zog und ihm aus den Blättern uralter Bücher entgegen wisperte.

So hatten sie sich endlich gefunden: der Alchemist, der Mystiker und der Philosoph. Wie die verwunschenen Brüder im Märchen, deren drei verlorene und wiedergefundene Schlüssel das Tor zum geheimen Schatz öffnen, erging es ihnen, nur dass sich hinter ihrem Tor ein anderes Geheimnis verbarg.

Ihre Zusammenfinden erschien Gwen als ein Wunder: Alles hatte sich für sie gefügt, der Strom des Lebens, der die Menschen auseinanderreißt und in die Strudel der Ungleichzeitigkeiten stürzt, war für sie unterbrochen worden und erwischte sie in der Talsohle ihres Leids, nur um sie emporzuheben auf diese Woge der Gleichzeitigkeit, die es ihnen ermöglichte, sich zu finden.

Wie oft fühlt man nicht dieses - 'ach, wären wir uns doch vor ein, zwei Jahren begegnet ...' Sie waren am richtigen Ort und zur richtigen Zeit aufeinander getroffen. Jeder in sein Leid verkrochen, waren sie aufgescheucht worden, das scheinbar so Müßige doch zu tun, ohne die rechte Überzeugung. Eine Nacht veränderte ihr Leben, so las es

Gwen in seinem Herzen und Aurobindos Blick bestätigte ihm, was er nur zu gerne glaubte. Dass Loisl nicht zugegen war, dämpfte seine Euphorie nur wenig.

Am liebsten hätte er sich sogleich in die Arbeit gestürzt, doch zuvor mussten noch einige schnöde Widrigkeiten des Alltags bewältigt werden. Es galt die Vermietung des 'Karnickelstalls' zu regeln, die Umzüge müssten gemacht werden, zum Schlüsseldienst müsste auch einer von ihnen gehen ...

Das Ganze war kaum mehr als ein gutes Gefühl, bis jetzt. Es müsste sich in Arbeit umsetzen und auf Loisl könnten sie dabei nicht zählen. Der war anderweitig beschäftigt.

Die Überwindung der verkehrten Moderne - des alten Professor Rovers Programm und ihr Erbteil von diesem - war es nicht identisch mit den ökologischen Grundfragen? Vielleicht war Rovers Begrifflichkeit sogar differenzierter als die ihre, die indes den Vorteil hatte, inzwischen - wo noch nicht in aller Munde - so doch immerhin im Munde vieler zu sein:

Anknüpfen an die wahren menschlichen Wurzeln, Rückkehr aus der Entfremdung, Überwindung der gespaltenen Welt - ein vermessenes, ein gigantisches Programm, das ohne die Frage nach der '*Bedingung der Möglichkeit*', Makulatur war:

- Was verändert den Menschen *wie*? - Und wenn man sich über die Frage nach dem *Wie* verständigt hat, dann erst beginnt die Frage nach der Umkehrung, nach dem *Reversionsprozess* und dem Neubeginn; - quer dazu immer wieder die Frage, was die Menschen bewegt und den Lauf der Welt verändert. Und wie die Fehlentwicklung aufgehoben werden soll.

Die ganze Menschheitsgeschichte galt es unter dem ökologischen Blickwinkel neu zu interpretieren. Und dabei musste die marxistische Geschichtsinterpretation ebenso wie die bürgerliche Geschichtsschreibung revidiert werden. Man müsste heraus arbeiten, warum es zu dieser gigantischen Verirrung in die Moderne hinein hatte kommen können, die nun als die Grundlage und Voraussetzung jeder weiteren Entwicklung hingenommen werden musste. Denn das hieß die Überwindung - mit einfacher Negation war der Wirklichkeit nicht beizukommen. Schließlich war es die Moderne, die so viele der einst als Segnungen begrüßten Entwicklungen zum Fluch werden ließ, indem sie die Dinge auf die Spitze trieb und verallgemeinerte.

Gewaltsam riss Gwen sich aus den Gedanken, versuchte stattdessen mit Aurobindo ins Gespräch zu kommen. Aber der war in seine eigenen Meditationen vertieft, die nur scheinbar in eine andere Richtung gingen. Auch diesem ging der gestrige Abend nicht aus dem Kopf, auch er fühlte eine seltsame Erregung. Er wusste selbst nicht, wie ihm geschah. Kaum gewonnene Sicherheiten gerieten ins Wanken, der Meister stand barhäuptig, ohne Aureole vor seinem inneren Auge und eine nie gekannte Kraft bemächtigte sich seiner.

Auf einmal lag das ganze Universum so klar und einfach vor ihm, dass er hätte schreien mögen, entsetzt und beglückt zugleich. Und nur dieser Widerstreit beließ ihn schweigend.

Noch glaubte er nicht an die *irdische* Heilsbotschaft der Ökologie. Nicht, weil er die Gegenwart überstark und unüberwindlich wähnte, sondern aus einem anderen Grund. Er glaubte nicht, dass es des Menschen Aufgabe sei, auf Erden den Himmel zu finden. Er hatte sich zu weit in die Religionen und Kulte aus allen Teilen der Welt verstrickt, als dass es ihm möglich gewesen wäre, die Dinge mit diesseitsgewandten Augen zu sehen, fast automatisch blickte er hinüber.

Mit dem Tod stand er auf du und du. Er wollte sich, sein Karma, seine Seele oder was auch sonst bleibend an ihm war, hinüberbringen, wo es nach übermenschlichem Ratschluß eine neue Verwendung fände. Zugleich wusste auch er, wie wichtig es wäre, im Sinne einer Vollendung zu wirken, dass die irdisch gesammelten Punkte im himmlischen Konto gutgeschrieben würden ..., ja, mehr noch, dass sich das Rad der Welt mitunter um eine Speiche bewegte, auf ein allgemeineres Ziel zu, als es der einzelnen Seele beschieden ist.

Was Aurobindo aufhorchen ließ, waren die neuen Töne, die in der Öko Loge anklangen. Hier wurde nicht mehr *vollendet, verwirklicht, vom Kopf auf die Füße* gestellt. Die Sprache war weitaus defensiver, war bescheiden, entsprach dem Bild, das er dem Menschenleben angemessen fand. Eigentlich war *diese* Ökologie nichts anderes als ein Flehen um Vergebung des Frevels und um die Hoffnung darauf, Gnade zu finden, um für die Menschheit ein Schlupfloch in eine irgendwie passable Zukunft zu erwirken.

Das Bild der Pietà verband sich ihm mit *dieser* Ökologie. Ja, die Pietà war ihm die Verkörperung, war ihm deren innerstes Wesen. Jene Pietà, die den geschändeten Sohn im Arme hält und deren Tränen vergebens das Leben zu ihm zurückzubringen trachten, das endlich doch, wenn auch vergeistigt und überhöht, in diesen Körper zurückkehrt.

Als diese Pietà sah er die Bewussten und im Sohn erkannte er die Welt, die Natur, die Kreatur, die dem Menschen geschenkt worden war, und die er vor dem Tode nicht hatte bewahren können, oder schlimmer, die er in seinem Unverstand - nicht selten mit zerstörerischer Lust - selbst vernichtete.

Ob er nicht vielleicht die Schlüssel nachmachen gehen könnte, wollte Gwen von Aurobindo wissen, der diesen damit aus seinen Gedanken riss und roh auf den Boden der Tatsachen schleuderte. Auch Umziehen könnten sie eigentlich heute schon, ob er damit einverstanden sei, wollte Gwen weiter wissen.

Aurobindo war natürlich völlig überfordert. Eben noch dem Karma der Welt auf der Spur, verwirrte diese Rückholung das ohnehin wenig belastbare Gemüt.

Unsicher fragte er deshalb zurück, ob sie nicht alles gemeinsam erledigen könnten. Gwen war es recht, es war ihm sogar lieber, er hatte sich dies nur nicht vorzuschlagen getraut. Mehr Zeit bräuchten sie wahrscheinlich ohnehin nicht. Außerdem, hatten sie nicht Zeit, was drängte sie denn? Ihm fiel nichts Unaufschiebbares ein. Nicht dass er nicht gewusst hätte, was er mit seiner Zeit anfangen sollte, wäre er frei gewesen, sich zu entscheiden, er wäre schnurstracks in die Universitätsbibliothek gegangen und hätte sich wieder in seine Arbeit gestürzt, zumal er sich voll brauchbarer Gedanken wusste. Doch es wäre vernünftiger, sich Schlüssel zu besorgen, dann wären sie voneinander unabhängig und jeder könnte kommen und gehen, wann er wollte.

So fuhren sie als erstes zur Schlüsselzentrale, wo sie die Schlüssel abgeben mussten. Sie sollten in einer Stunde wiederkommen, hieß es. Sie nutzten die Zeit und holten Aurobindos Sachen aus der Heilpraktikerpraxis, die näher lag als Gwens Bleibe.

Sie mussten sogar noch zehn Minuten auf die Schlüssel warten, so schnell waren sie wieder zurück. Die nachgemachten Schlüssel verschlangen ihre letzte Barschaft. Wie sie heute noch etwas zu essen kaufen sollten, war ihnen schleierhaft. Gwen hatte zwar noch etwas Geld auf der Bank, jedenfalls hoffte er dies, aber es war inzwischen schon wieder nach drei und bis sie jetzt zu der Bankfiliale gefunden hätten, wäre es zu spät. Außerdem wollten sie noch Gwens Sachen - möglichst vor dem Berufsverkehr - holen.

Dies klappte natürlich nicht. Pünktlich um halb sechs saßen sie auf dem Alleenring fest, wo sie sich eine dreiviertel Stunde lang vorwärts arbeiteten, bis Gwens VW den Geist aufgab. Er hatte zuvor schon seltsam geröhrt.

Da standen sie nun im dicksten Verkehrsgetümmel. Um sie her hupende Autos und wutverzerrte, rote Gesichter, die aus den Wagenfenstern starrten. Vergeblich versuchten sie zunächst, an den rechten Fahrbahnrand zu gelangen. Man ließ sie nicht hinüber.

Schließlich kamen sie auf die Idee, auf die linke Seite auszuweichen. Sie bräuchten nur eine Ampelphase abzuwarten und könnten dann die beiden Fahrbahnen ungehindert überqueren, da auf der Gegenfahrbahn kaum Verkehr war. Außerdem bekämen sie mehr Schwung, um auf den Bordstein hinauf zu gelangen. Mit dem voll gepackten Auto wäre auch dies nicht einfach, aber sie müssten es versuchen, dies wäre ihre einzige Chance von der Fahrbahn zu gelangen. Hier liegen zu bleiben, um auf eine Streife zu warten, hätte ihnen mit Sicherheit eine Mängelanzeige eingebracht, wahrscheinlich wäre Gwen sein altes Fahrzeug sogar losgeworden, dessen TÜV ohnehin gerade ablief.

Sie schafften den Bordstein auf Anhieb. Aus der wartenden Autoschlange wurde höhnisch Beifall gejohlt. „Laßt euch gleich mit verschrotten ihr langhaarigen Affen ihr Waldschrate, ihr Öko-Zombies ..." - Dergleichen Rufe begleiteten sie, als sie halbtaub und schwindelig, von der ungewohnten Anstrengung und den eingeatmeten Abgasen, davon taumelten.

Ein weiterer Tag würde mit dieser leidigen Notdurft verplempert werden müssen. Für heute war alles zu spät. Sie müssten versuchen, jemanden zum Abschleppen zu finden. Aber das machte man besser in den Abendstunden. Eilig war es außerdem nicht. Zum Glück hatten Gwen daran gedacht, einen Zettel hinter die Windschutzscheibe zu klemmen, der auf die Panne hinwies. Das würde ihn vor einem Strafzettel schützen, hoffte er jedenfalls.

Es tröstete ihn, nicht allein mit dieser Situation fertig werden zu müssen. Trotzdem war ihm zum Heulen zumute. Dies waren die Dinge, die ihn umwarfen, dafür war er nicht gemacht. Wenn er sich vorstellte, in einer solchen Wirklichkeit ganz aufgehen zu müssen! Hatte er dies jemals ertragen? Es gab Zeiten, in denen es ihm so erschienen war.

Mit Schaudern dachte er an die vergangenen Monate, als es beinahe wieder so weit gewesen war. Ehe man es sich versah, war man gefangen. Unmerklich ging das, plötzlich steckte man bis über beide Ohren drin.

Nie wieder, das schwor er sich. Keine Macht und sei sie noch so verführerisch, sollte ihn je wieder dazu bringen, sich so weit zu verlieren.

Was für eine Welt war das, was taten die Menschen einander an? Sie meinten es auch noch gut dabei, jedenfalls behaupteten sie dies. Wären sie nicht derart gemein und bösartig, sie könnten seines Mitgefühls sicher sein. So aber schreckten sie ihn mehr, als sie ihn dauerten.

Ihre Feindseligkeit war mitunter leichter zu ertragen als die Anbiederungsversuche, zu denen es bisweilen kam. Jede Freundlichkeit war mit Ballast befrachtet, war, so wusste er inzwischen, niemals rein.

Mitunter fand er auch sich ungerecht, dann schalt er sich einen überheblichen pharisäerhaften Narren, aber sobald eine neuerliche Woge solch zwiespältiger Mitmenschlichkeit über ihn hin schwappte, verflogen seine Selbstzweifel, so wie hier auf der Straße, wo er die Hähme wie Messerspitzen zu fühlen glaubte, die sich ins Fleisch seines Rückens bohrten.

Deprimiert schleppten sie sich zu ihrer neuen Wohnung. Dort angekommen, versuchten sie sich aus kärglichen Speiseresten ein Abendbrot zu machen. Danach verkrochen sie sich in ihre Zimmer, Aurobindo meditierte, und Gwen versuchte zu lesen.

Doch seine Gedanken schweiften immer wieder ab, kehrten zu der hässlichen Szene auf der Straße zurück, die er nicht loswerden konnte, was ihn um so mehr verbitterte.

Was hatte er ihnen getan? Er hoffte nicht wirklich, darauf eine Antwort zu bekommen, denn er wusste, dass es darauf keine Antwort gab, die auch nur einigermaßen vernünftig hätte genannt werden können.

Es war die Abweichung von der Norm, die jene aufbrachte. Dass es manche wagten, anders zu sein, gegen den Strom zu schwimmen, das allein genügte schon, entzündete ihren Hass, der sich bei allen Gelegenheiten in vielen tausend kleinen Nadelstichen äußerte.

Stets und ständig war sogleich jemand mit einer boshaften Unterstellung zur Hand. Von Behördenwillkür konnte jeder von ihnen ein Lied singen. Die hatten ihre Terroristenschublade; in die wurde jeder, der ihnen nicht passte, hineingesteckt.

Mit dem einzelnen Individuum war noch zu reden, jedenfalls mit denen, die zur aufgeklärteren und leider auch zur weitaus kleineren Hälfte der Bevölkerung gehörten, aber im Massenverhalten ging auch deren bisschen Verstand unter.

Freuds Massenpsychologie funktionierte wie ein Uhrwerk, undurchschaut von den Betroffenen. Die Normabweichler, wie er oder Aurobindo, nahmen die Sündenbock-funktion ein.

Man hätte doch annehmen sollen, dass nach Bekannt-werden solch beschämenden Verhaltens eine Änderung eingetreten wäre. Aber nichts da, nicht einmal das Bemü-hen wurde sichtbar, aus dem Raster dieses Schemas zu ge-langen.

Davon hätte Marx sich eine Scheibe abschneiden kön-nen, dies war ja nun einmal ein wirkliches Gesetz, diese Massenpsychologie, dagegen verhielt sich sein Revoluti-onskonzept wie ein Phantom, gemacht aus kitschigen Wünschen und Illusionen.

Was geschah denn anderes in einer revolutionären Si-tuation, als dass man die Hydra der Massenpsychose von der Kette ließ?

Er versuchte gewaltsam, die unerfreulichen Gedanken abzuschütteln, um sich auf seine Lektüre zu konzentrieren, aber die Worte reihten sich sinnleer aneinander. Jetzt, wo er die Muße hatte, vermochte er nicht, bei der Sache zu bleiben.

Die abendliche Panik sprang ihn an. Er fühlte sich wie im Gefängnis. Diese vier Wände konnten ihn vor sich selbst nicht schützen. Hätte er wenigstens Geld! Verzwei-felt durchstöberte er seine wenigen Habseligkeiten. Auro-bindo zu fragen, war völlig zwecklos. Trotzdem, er musste hinaus.

5. Süßes Sehnen des Verweilens

Nasskalter Wind fuhr Gwen ins Gesicht, kaum dass er den Fuß auf die Straße setzte. Auf dem feuchten Asphalt glänzten die Straßenlampen und alles sah frisch geputzt aus. Nach wenigen Schritten ließen die Schauer, die ihn schüttelten, nach. Ihm war etwas unheimlich in den menschenleeren Straßen, aber die Bewegung tat ihm gut, er würde sich warmlaufen. Er fühlte, wie ihn die frische Luft belebte; das Unbehagen wich von ihm, als sögen es die wenigen Autos, die draußen zischend vor der parkenden Reihe vorbei sausten mit sich. Hier auf dem Trottoir war man vor den spritzenden Fontänen einigermaßen sicher. Gegen die Nässe von oben setzte er die Kapuze seines abgewetzten Parkas auf.

- Auch einer dieser Widersprüche, dachte er: Ausgerechnet abgelegte Militärklamotten zu tragen, wo einem alles Militärische zutiefst verhasst ist ... Es war eben nicht einfach, sich in einem widerspruchsfreien Raum zu bewegen, wahrscheinlich war dies überhaupt unmöglich. Die Frage war nur, was man mit den Widersprüchen machte. Man konnte versuchen, sie irgendwie auszuhalten oder aber zu ignorieren, alles andere ging wohl nicht.

Was hätte es denn geändert, wenn er statt dieses Parkas ein zivileres Kleidungsstück getragen hätte? Für ihm vielleicht nichts, aber der alten Frau von nebenan hätte es möglicherweise dabei geholfen, ihre Angst vor ihm zu überwinden ...; hätte es ...? Er glaubte nicht wirklich daran.

Trotzdem, diese Militärsachen bildeten einen echten *Grundwiderspruch* oder hatte es *Hauptwiderspruch* geheißen - damals in der Kapitalschulung? - Auch das war inzwischen völlig gleichgültig ...

Was solchen alltäglichen Gebrauchsdingen nicht alles anhaftete! Von der *heimlichen Identifikation mit dem Aggressor* bis hin zu offenen Gewaltphantasien, war alles drin, jede Schattierung. Es hatte auch keinen Zweck, die Kleiderfrage einfach beiseite zu schieben und sich ihr gegenüber gleichsam naiv zu verhalten. Mehr als einmal ertappte er sich dabei, etwa martialisch aussehende Schaftstiefel ausgesucht zu haben, statt der gefütterten Leisetreter, die er eigentlich im Sinn gehabt hatte und die der Witterung viel angemessener gewesen wären, von der Gesundheit ganz zu schweigen.

So ging ihm dies mit allem, ob es nun Hemden oder Hosen oder Ledersachen vom Flohmarkt waren ... - Da hatte Aurobindo es einfacher mit dieser ziemlich scheußlichen Sektenfarbe, die er geschmackloserweise auch noch mit merkwürdigen Brauntönen kombinierte. Das sah einfach verboten aus: oben Scharlach oder das schreiende Orange und unten senfbraunfarbene Hosenbeine.

Überhaupt die Ästhetik, das war noch so ein neuralgischer Bereich der Ökologie, der einer gesonderten Abhandlung wert wäre. Da lag manches im Argen, bei vielen, die er sich zu seinem 'ökologischen Subjekt' erkoren hatte.

In lichten Momenten gestand er sich ein, welch ein völlig buntscheckiger Haufen dies war, der sich die gewaltsame Zusammenlegung wahrscheinlich sehr verbeten hätte.

Er grinste in sich hinein. - Wenn die wüssten ... Aber überzeugt war er deshalb von sich um keinen Deut weniger. Das war schon merkwürdig: Was ihm im Leben auch widerfuhr, sein Theoriegebäude blieb davon seltsam unberührt. Es nahm keinen Schaden an den Wirrungen und Widrigkeiten der Wirklichkeit.

Gedankenvoll wanderte der *'einsame Spaziergänger'* durch die nächtliche Stadt und fühlte sich in illusterer Gesellschaft, denn Rousseaus gleichnamige Schrift kam ihm in den Sinn, dem es nicht viel anders als ihm ergangen sein mochte, nur dass er sich mit Sprachunterricht, statt wie jener mit dem Notenabschreiben, sein kärgliches Brot verdiente.

War James Joyce nicht auch Englischlehrer gewesen - in Italien? Der Gedanke, wie dieser, einen großen Roman zu schreiben, lag Gwen völlig ferne. Er verachtete die Individualisten des Geistes, die sich, so glaubte er zu wissen, endgültig aus der Welt verabschiedet hatten. Soweit war er, trotz aller Widersprüchlichkeit und trotz seiner Unfähigkeit, noch lange nicht. Wenn er ganz ehrlich war, dann traute er sich die Abfassung eines Romans auch nicht zu. Dazu war er wahrscheinlich noch viel zu sehr mit sich selbst beschäftigt ...

Trotzig schob er das Kinn nach vorne und stemmte sich entschlossen gegen den wieder aufkommenden, peitschenden Regen, der begann, an den Schultern den morschen Stoff des alten Parkas zu durchdringen.

Jean-Jacques Rousseaus Triebschicksal hatte es ihm freilich angetan. Und bis auf das Rätsel um die Findelkinder glaubte er, es ganz innig zu verstehen. Wahrscheinlich, so hoffte er, bestand dieses Rätsel nur als die böse Verleumdung seiner Neider und Feinde. Sein eigen Fleisch und Blut gäbe man nicht ins Armenhaus, das widersprach der spezifischen Charakterstruktur fundmental, die Gwen an sich selbst ebenso entdeckt zu haben glaubte wie an dem Genfer, den es im vor-revolutionären, gärenden Paris umtrieb, das er alsbald in seinen Grundfesten erschütterte.

Gwen hielt sich nicht wenig auf seine intime Rousseau-Kenntnis zugute. In Rousseau erkannte er den entscheidenden Ziehvater der Ökologie, den zuvor freilich bereits erst Jakobiner und dann Marxisten für sich in Anspruch genommen hatten, die ihn - selbstverständlich - völlig falsch verstanden hätten. Gwen gestand sich augenzwinkernd ein, dass 'sein Rousseau' ebenfalls ein wenig angereichert war. Freilich so schlimm wie jene triebe er es nun doch nicht. Er brächte es jedenfalls nicht fertig, aus einem eher konservativen, jedenfalls aber nostalgisch rückwärtsgewandten Pessimisten und Zivilisationsfeind den Wegbereiter blutiger Revolutionen zu machen; dergleichen zeuge nicht gerade von philosophischer Lauterkeit, befand er.

Hatten die ihr Missverständnis wirklich nicht bemerkt? War der menschliche Geist tatsächlich derart selektiv am Werke? Da konnte es einem richtig unheimlich werden ... Man verließe sich wohl besser nicht nur auf Rousseaus Schriften. Die ganze Person gälte es zu berücksichtigen.

Dass man dabei auf Biographen und Interpreten angewiesen war, war zwar bedauerlich, aber nicht zu ändern. Er müsste sich eben mit Fülle behelfen: je mehr und je Verschiedeneres er über Rousseau in die Finger bekäme, um so ausgewogener würde auch das Bild, das er von ihm ans Licht brächte.

Rousseaus Liebäugelei mit den Jansenisten, seine mystischen Erlebnisse, überhaupt dieser Hang zu gnostischem Weltverstehen, den Gwen bei Rousseau entdeckt zu haben glaubte und dessen Freudianisch verständlich gemachte Charakterstruktur bildeten die brisante Kombination für den gleichsam archetypischen Prototypus eines, nein, seines *ganz persönlichen* ökologischen Subjekts. Da tat es dann wenig zur Sache, Widersprüche klaffen zu sehen, die klafften schließlich überall. Kein Zweifel, er fühlte die Seelenverwandschaft, fühlte das innige Band tiefgründigen Verstehens. Alles andere, jede andere Reklamation, war phänomenologisch.

Gab es doch Stimmen, die sogar in Hitlers Wiener Phase Ähnlichkeiten zwischen diesem und Rousseau entdecken zu müssen sich anmaßten. - Er hatte vergessen, aus welcher Ecke ihm dies zugetragen worden war. Wahrscheinlich kam es von diesen *Blut und Boden-Ökos*, die da unten in Bayern, - wo sonst? -, ihre grün-braune Suppe kochten.

Die Gehässigkeit seiner Gedanken erschreckte ihn. Wieso ließ er sich nur immer wieder derart gehen? War dies nun Bequemlichkeit? Dergleichen dachte sich wie von selbst und rutschte einem dann genauso leicht über die Zunge. Einfach widerlich! Als ob er das nötig hätte. Dabei hatte er sich in Bayern eigentlich immer eher wohler gefühlt als in *seinem* Frankfurt. War er etwa neidisch auf die beinahe schon mediterane Leichtigkeit, auf die sommerlichen Flaneure, die wunderschönen, leicht und kokett gekleideten Frauen, die sich auf Schwabings Leopoldstraße tummelten und die ihn völlig neutral behandelten, als sei auch er nur ein natürlicher Teil der Szenerie? - Dort kam dieses Fremdkörpergefühl überhaupt nicht erst auf, das ihn in Frankfurt beinahe ständig begleitete. Oder lag es daran, dass er selbst sich dort anders fühlte, gleichsam als Tourist?

Unversehens entglitt ihm auch sein Rousseau, zerfledderte, löste sich auf in einem diffusen, breiigen Meer bestehend aus Allgemeinheit, Normalität und Wirklichkeit und ließ ihn wissen, dass alles, was er auch dachte, so viel komplizierter und umfassender und für seinen kleinen Verstand viel zu groß war.

Seine Resignation ließ ihn müde werden. Wäre er doch nur schon wieder in seinem Bett. Er blickte um sich und bemerkte, wie fremd ihm die Gegend war. Er wusste tatsächlich nicht, wo er sich befand.

Da wohnte man bald zehn Jahre in einer Stadt und verliefe sich immer noch, dachte er, als er bemerkte, wie wenig ihm die Straßennamen sagten, an denen er sich zu orientieren versuchte.

Loisls Wohnung befand sich auf der Grenze zum Westend; er hatte dort eigentlich noch nie etwas verloren gehabt. Das war eine Gegend, die man vielleicht deshalb mied, weil man sie sich nicht leisten konnte, kam es ihm in den zermürbten Sinn.

Weit könnte es eigentlich nicht sein, hoffte er, der keine Ahnung hatte, wie lange er gelaufen war. Auf einmal erfaßte ihn die Kälte wieder. Seine durchnässten Hosen klebten widerlich an den Beinen und auch an den Schultern und am Rücken fühlte er sich unbehaglich feucht. Wenn das keinen Schnupfen gab!

Vermutlich war er im Kreis gelaufen. Vielleicht müsste er nur noch durch den Park? Er rannte jetzt fast. Der Park war ihm unheimlich mitten in der Nacht. Dann aber musste er grinsen. Wer sich dort jetzt herumtrieb, war wahrscheinlich ohne Wohnsitz oder aber jung verliebt und weltentrückt. Was also könnte ihm da passieren? Trotzdem eilte er weiter, seine alte Kinderangst vor der Dunkelheit, vor den rauschenden Bäumen, dem Wispern der Sträucher und den undeutbaren Schatten ließ sich nicht beschwichtigen.

Mit so etwas muß man nun ein Leben lang fertig werden; ob er sich doch endlich einmal aufraffte zu einer Therapie? Man hörte da von wahren Wundern. So sei eine von Miekes Freundinnen in nur zwei Sitzungen von ihrer Katzenallergie befreit worden.

Da wurde eben viel erzählt, was alles nicht unbedingt so sein musste, viel Wunschdenken floss gewiss mit ein. Denn andererseits hörte man von Fällen, die nach Jahren der Analyse, statt geheilt zu werden von ihren Neurosen oder Phobien, in ein unerfüllbares und unglücklich machendes Abhängigkeitsverhältnis zum Therapeuten oder aber zur Therapeutin gerieten. - Was schlimmer war, ließ er dahingestellt. Ihm waren beide Vorstellungen unerträglich. Immerhin bezahlte man dafür auch noch und das nicht zu knapp. Da versuchte er doch besser, allein zurecht zu kommen. So schlimm stand es um ihn nun auch wieder nicht. Man konnte eine ganze Menge für sich selbst tun.

Kannte er sich in der Theorie nicht leidlich aus? Auch an praktischer Erfahrung mangelte es insofern nicht, als die Lehrsituation vieles mit einer Therapie gemein hatte. Freilich blieb in seinem Falle vieles Stückwerk. Mitunter hätte ihm auch für das Unterrichten eine Supervision sehr gut getan, das war ihm schon klar.

Aber dann nahm er die Sache doch wieder nicht so ernst. Immerhin hatte er sein Theoriegebäude, an dem er viel lieber bastelte, und für das er fürchtete. Schien es ihm doch, als gefährde eine Therapie die Kühnheit seiner Gedanken, die er bisweilen durchaus selbst reichlich verstiegen, wo nicht gar verrückt fand.

Wäre er wirklich noch imstande, daran weiter zu arbeiten, wenn er - wovon auch immer - *geheilt* würde? Ohne seine 'Verrücktheit', so war ihm manchmal in lichten Stunden, bliebe davon nicht allzu viel. Wo nahm er nur diese Hybris her? Und er stellte sich vor, wie ihm aus den ihr zugrunde liegenden Omnipotenzphantasien herausgeholfen würde, woraufhin ihm der Angstschweiß ausbrach und ihm schlecht wurde. Diese Panik war womöglich schlimmer als Kastrationsangst ...

Nein, nein, er wollte sich ganz einfach nicht helfen lassen. Er war viel zu sehr in sich selbst verliebt, war von sich viel zu angetan und deshalb zu einer so fundamentalen Selbständerung nicht bereit. Er konnte sich ein Leben ohne diese drängenden Stimmen und ohne die Zwänge der Theorie nicht mehr vorstellen.

Natürlich bemerkte er, wie ihn dies oft genug behinderte und ihn völlig sinnlose Dinge tun ließ. Solche Zwangshandlungen war er gründlich leid. Auch er wünschte sich etwas von dieser Realitätstüchtigkeit. Aber das war der Preis, den er zu zahlen hatte für den inneren Reichtum und für die filigranen Geistesbauten, an deren kühnem Schwung er sich zu Tränen begeistern konnte und die ihn mit unbändigem Stolz erfüllten. Wie reich er doch war, wie autark und vollständig!

Er war nicht untergegangen, war in der Gosse nicht versunken. Er hatte sich heraus gearbeitet, hatte bewiesen, dass er aus anderem Material geformt war als seine Umgebung. Waren es gar Mächte der Finsternis, denen er entronnen war? Die gnostischen Offenbarungen hatten es ihm angetan. War er auf der Spur des Lichts?

Wenn Aurobindo wüsste, wie es in Wahrheit um ihn stand. Er gedachte nicht, es ihm auf die Nase zu binden. Der zöge daraus nur die falschen Schlüsse. Er nahm ihm den angeblich erreichten Vervollkommnungsgrad nicht ab. Vielleicht später einmal... - Wenn es dann soweit wäre, bräuchten sie wahrscheinlich keine Worte mehr.

Aber immerhin war Aurobindo unterwegs. Und vielleicht käme er eines Tages bei sich selbst an, dann würde man sehen ...

Loisl hingegen war ihm - so gesehen - ein Buch mit sieben Siegeln. Bei dem war alles drin. Dessen bedenkenloser Einsatz, die schier grenzenlose Neugier, der Mangel an Respekt oder Furcht - und vor allem - dieser glasklare, messerscharfe, umsichtige Verstand ließen Gwen Großes vermuten. Vielleicht, dass er Loisl überschätzte? Noch vermochten sie ihre Gedanken gegenseitig nicht zu lesen, aber es war ihnen bereits, als befänden sie sich auf einer Vorstufe dazu. Ihre Verständigung bestand oft aus kurzen Seitenblicken, besonders dann, wenn sie, wie es meist der Fall war, in einer Gesprächsrunde saßen. Privat hatten sie bislang so gut wie keinen Kontakt gehabt.

Loisl war dem Licht begegnet, da war Gwen sicher, der kannte die Heimsuchungen durch die Besucher, diese quälenden und zugleich so unendlich beglückenden Vorgänge zwischen Tag und Traum, wenn die Verbindung zwischen Geist und Körper irgendwie überwunden scheint und sich vor dem inneren Auge Bilder von erschreckender Plastizität auftun und der Eindruck entsteht, als flöge man über die weite Welt dahin, abgelöst und völlig frei, jenseitig und ohne Haftung, als seien die Fesseln des Daseins durchtrennt.

Gwen kannte die Angst, die ihm mitunter auch aus Loisls Augen entgegen flimmerte, die Angst davor, nicht mehr zurückkehren zu können, daher auch seine Abneigung gegen Stimulanzien, denen Loisl sich willig überließ oder gehörte dies bereits auch zu dessen Vergangenheit? So, wie auch er seine Naivität überwunden hatte, diesen staunenden Kinderblick angesichts der Wunder der Welt?

Er wusste nicht, was schlimmer war, die Angst, sich in Labyrinthen oder in Weiten zu verlieren oder aber das Unvermögen abzuheben,   das sich immer dann einstellte, wenn er sich allzu weit auf die Realitäten des Lebens einließ, und es ihm an Muße und innerer Freiheit mangelte. Wenn sein Geist völlig eingebunden wurde und nicht mehr anders konnte, als sich mit wirklichen Widrigkeiten herumzuschlagen. Dann bemerkte auch er die aufkeimende Sucht, sich mit Alkohol vollzuschütten, bis diese drängenden Ärgernisse verblassten. Das dumpfe Pochen, das dann an deren Stelle trat, hatte mit dem Fliegen freilich so gut wie nichts gemein. Es war mehr wie ein vegetatives Pulsieren. - Er stellte sich vor, dass Pflanzen so empfanden.

Irgend etwas - er nannte es 'heilige Scheu' - verbot ihm, sich über diese innere Realitätsebene verbal zu verständigen, das wäre wie das Ausplaudern intimster Dinge gewesen. Eher hätte er sich die Zunge abgebissen, als Loisl auf diese Dinge anzusprechen.

Gleichwohl war er mit voyeuristischer Lust dabei, wenn es galt, in diese Sphären Einblick zu gewinnen. Er brannte darauf zu erfahren, wie es anderen damit erging. Wollte er sich beruhigen? - Aber nein, da war mehr, dieses Drängen ließ sich der perversen Lust am heimlichen Zuschauen viel eher vergleichen.

Als er endlich vor der Haustür stand, stellte er fest, dass der neue Schlüssel nicht passte. Es bliebe ihm nichts anderes übrig, als Aurobindo aus dem Schlaf zu klingeln; und das nachts um halb vier! Doch der rührte sich nicht. Er konnte soviel klingeln, wie er wollte. Noch einmal probierte er alle seine Schlüssel durch. Er tat es, obwohl er wusste, wie sinnlos dies war. Es erschien ihm immer noch besser, als tatenlos da zu stehen. - Wie durch ein Wunder drehte sich einer der Schlüssel im Schloss und die Tür sprang auf. Er begriff nun gar nichts mehr. Zum Glück hatte er Aurobindo nicht aufgeweckt. Er hätte sich zu sehr geschämt. Er nahm sich vor, künftig wieder mehr Aufmerksamkeit auch auf diese Dinge zu verwenden. Solche Begebenheiten waren allzu lächerlich, zumal sie sich häuften.

Wahrscheinlich war dem Wagen auch nur das Benzin ausgegangen! So konnte das nicht weitergehen. Er würde gleich morgen früh, als Erstes mit einem Kanister losgehen. Das wäre denn doch zu peinlich, gerade vor Aurobindo.

Was war nur mit ihm los? Es musste mit dieser ganzen Scheiße zu tun haben. Er steckte aber auch bis über den Hals drin. Und am schlimmsten war die Grübelei. Er konnte nicht abschalten, seine Gedanken verselbständigten sich, sobald er sich vergaß. Ganz gleich, womit er sich befasste, immer ging es mit ihm durch und er fand sich im Labyrinth seines Geistes wieder, oft genug hilflos verlaufen und ohne Ariadnes Faden, der ihn zu seinem Ausgangspunkt zurückgeleitet hätte.

In der warmen Wohnung fühlte er die Erschöpfung noch deutlicher als zuvor in der Kälte, die ihm gleichwohl in den Beinen steckte. Mit den kalten Füßen würde er nicht einschlafen können, das wusste er und seine Gwissheit hatte etwas unabweisbar Autosuggestives. Zum Lesen war er zu erschöpft; die Augen brannten, und er konnte sie nicht offenhalten. Doch kaum dass er das Licht gelöscht und die Augen geschlossen hatte, begannen ihm seine Grübeleien im Kopf zu kreisen. So versuchte er die Augen offen zu halten und ins Dunkel zu starren, bis er die Konturen des fremden Raumes erfasste und die Abstufungen der Schatten einteilen konnte. Das half, die Geometrisierung der Zimmerdecke hatte etwas Einschläferndes. Krampfhaft hielt er die Augen offen, die immer wieder zufielen und die, sobald sie geschlossen waren, den Vorhang zu dem unseligen Gedankenchaos aufrissen. Seine innere Bühne war mit einem satanischen Mechanismus ausgestattet, ersonnen, ihn zu quälen.

Er wurde gleichwohl neugierig und versuchte sich einige Male absichtsvoll mit diesem Vorhang. Er ließ sich tatsächlich öffnen und schließen, jedenfalls anfangs. Aber dann vergaß er, die Augen wieder zu öffnen; oder er vergaß, sie zu schließen und verweilte statt dessen bei den beruhigenden Mustern an der Zimmerdecke oder in seinem Kopf (er war unsicher), die ihm gleichwohl ein Lächeln entlockten. - 'Wie ein Hase', dachte er, 'wie ein Hase schlafe ich ein, mit offenen Augen ...'

Er lachte, lachte und lachte, aber er wusste bereits, dass dies nun ein Traum war, was ihn tief befriedigte.

Der nächste Morgen begann so unerfreulich, wie der Nachmittag geendet hatte. Es hatte nicht am Benzin gelegen, ganz so vertrottelt war er denn doch noch nicht. Das beruhigte ihn indessen nur einerseits, denn die Tatsache, dass das Auto ernstlich Schaden genommen hatte, wog schwerer. Als sie es in eine Hinterhofwerkstatt in der Hamburger Allee geschleppt hatten und der dort tätige Autobastler bedenklich mit dem Kopf schüttelte, da rutschte Gwen das Herz in die Hose. Wo nähme er jetzt das Geld für eine teure Reparatur her? Außerdem lohnte diese sich überhaupt? Natürlich bekam er keine klare Auskunft. Wie denn auch, lebte der Bastler doch von diesen Schrottkarren, was hätte er ihm also sagen sollen? Mutig wagte Gwen eine Vorstoß:

„Dreihundert Mark Obergrenze, mehr ist nicht drin, mach's oder lass es ganz, dann wird die Karre eben verschrottet."

Dreihundert Mark, das waren immerhin eine Monatsmiete. Die müsste er Loisl jetzt schuldig bleiben, diesen Monat. Es sei denn, er bekam die Kaution wieder für den Karnickelstall. Obwohl die Aussichten dafür nicht günstig standen. Auch um einen Nachmieter müßte er sich schleunigst kümmern. So kostete jeder Tag doppelt, und das konnte er sich nun wirklich nicht leisten.

Der Hinterhofbastler akzeptierte widerwillig. Auch er schien das Geld dringend zu brauchen. Auf dem Weg zur Straßenbahn kam Gwen an der Uni vorbei. Er hängte einige Zettel wegen seines Apartments aus. Dann versuchte er es noch beim AstA, aber die Wohnungsvermittlung war noch geschlossen, obwohl es bereits nach zehn Uhr war.

Er ging erst einmal in die Mensa zum Kaffeetrinken. Auch zur Bank müsste er noch. Außerdem war er heute eigentlich mit den Kindern dran. Doch seit Miekes Distanzierungsbemühungen schmollte er. Trotzdem schlug ihm das Gewissen an seinen Tagen. - Was soll's, Mieke wüsste sich schon zu helfen, die kam ja immer klar, dachte er bitter.

All seine Selbstsicherheit ihr gegenüber war dahingeschmolzen wie Eis in der Sonne. Er benahm sich tatsächlich schon wie diese typischen Studniks, mit den zwei linken Händen. Er hob immer mehr ab. Irgendwie war er sogar stolz darauf.

Trotzdem, so konnte es nicht weitergehen. Aber es stimmte - manche Dinge wurden immer unwichtiger, und es ärgerte ihn, wenn er darauf Zeit und Energie verschwendete. Irgendwie empfand er dergleichen als eine sinnlose Vergeudung, die ihn an die Ökologie gemahnte, auch wenn das, was mit der Erde geschah, in einem gewissen Sinne unvermeidlich war.

Wenn man sich der *'instrumentellen Vernunft'* überließ, dann kam nichts anderes heraus. Die Frage war dann bloß noch, ob's auch anders ginge. Und da war er, zumindest was ihn selbst betraf, ganz sicher.

Wenigstens er könnte sich auf die wichtigen Dinge im Leben konzentrieren und bräuchte in den Fluten der Wirklichkeit nicht zu ertrinken, selbst wenn ihm die Abschottung manches Opfer abverlangte. Doch was hieß schon Opfer? Der sogenannte *'Konsumverzicht'* war letztlich ein Gewinn. Hatte man damit erst einmal begonnen, dann stellte man schnell fest, wieviel Unnötiges sich einem aufdrängte. Gerade bei der Ernährung, von anderen Bereichen ganz zu Schweigen. Selbst das Auto war im Grunde völlig unnötig. Wenn er nicht diese Kurse in Sprendlingen hätte, wo man abends nicht mehr wegkam, er wäre sehr gut ohne seine Geld und Benzin fressende Dreckschleuder ausgekommen.

Man brauchte das Meiste von diesem *Konsumdreck* nur, um sich mehr davon anzuschaffen, um sich als ein solcher Konsument zu regenerieren. Es war wie eine Spirale aus der es kein Entkommen gab, solange man nicht die Perspektive wechselte und zu neuen Werten fand. Dann allerdings entdeckte man ganz andere Prioritäten und es kehrte sich einem das Unterste zu oberst.

Trotzdem erlitt auch er immer wieder Rückfälle oder er verstrickte sich in unvermeidliche Zwänge. Es war das alte Lied mit den Inseln, die alleine nicht bestehen könnten: 'Inseln des Sozialismus' hatten sie geheißen, und die hatten ihnen damals eine Menge bedeutet.

Er versuchte es noch einmal beim AstA. 'Würde kein Problem sein die Wohnung loszuwerden', hieß es da. „Sei nur heute Nachmittag auch wirklich zu erreichen", riet ihm die etwas unausgeschlafen wirkende Studentin, „wir erleben da die tollsten Dinger."
Er hatte zum Glück die neue Telefonnummer auf seiner Anzeige angegeben. Er rief Aurobindo gleich an, um ihm wegen der möglichen Anrufe Bescheid zu sagen. Danach verkroch er sich erst einmal in die UB. Das konnte er sich nicht verkneifen, wo er schon hier war. Mit Aurobindo hatte er vereinbart, er würde ab fünf auf jeden Fall im Karnickelstall sein, für den Fall, dass jemand anriefe.

Wie er dieses leise Summen liebte! Man kam rein und es nahm einen sogleich auf. Es war, als ob die Gehirnströme hörbar wären von all den angestrengten Denkern hinter den grauen Tischen, zwischen den grauen Regalen.
Die graue Kahlheit fand er bestechend schön. Objektiv mochten die Säle hässlich sein, aber für ihn überzogen sie sich mit einer Patina des Geistigen, wodurch alles verändert wurde.

Voll war es bereits. So war es immer zu Semesterbeginn. Nach der langen Sommerpause schienen alle ausgehungert nach geistiger Nahrung oder es drohten die Prüfungstermine - wahrscheinlich meist Letzteres.

Doch es gab auch einige von seiner Art. Man traf sich in den Pausen unten im Aufenthaltsraum, wo der Kaffeeautomat brodelte. Obwohl ihm dieser Raum inzwischen ziemlich verleidet war, seit er nicht mehr rauchte.

Wenn man da ein paar Jahre verbracht hatte, sah man immer wieder die gleichen Gesichter. - Wilde, flackernden Augen, abgerissene, ungewaschene Kleidung. Manche gestikulierten, wenn sie auf dem Weg waren oder murmelten vor sich hin. Sie waren schon sehr weit weg, obwohl sie vergleichsweise normal reagierten, sobald man sie ansprach. Oft dürsteten sie förmlich nach Ansprache, und es ergaben sich interessante Gespräche. Allerdings musste man bereit sein zuzuhören, man konnte nicht erwarten, etwas von sich loszuwerden.

Irgendwie war er heute nicht konzentriert. Es erging ihm wie schon an den Tagen zuvor, sobald er Muße hatte, begann es ihm im Kopf zu wirbeln und abseitige Gedanken schossen auf ihn ein. Gar zu vieles beschäftige ihn derzeit. Von allem Unersprießlichen war das Schlimmste vielleicht die Bildungsinitiative. Sie schlug er zu den Unbegreiflichkeiten des Daseins. In ihr fand sich ein Grund, weshalb er an der Menschheit verzweifelte.

Wie konnten Menschen so sein? - Ob alles nur vom Mangel kam? Sie litten, litten vielleicht mehr als er. Aber er konnte kein Mitleid für sie empfinden. Denn es wäre so einfach für sie herauszukommen. Sie wollten nicht, das war es, sie hatten sich in ihren Gefängnissen der Bosheit eingemauert und jeder, der an den Mauern rüttelte, wurde voller Angst und Wut abgewehrt.

Wäre er nur auch schon die Kurse dort los, dann bräuchte er überhaupt nicht mehr an diesen Ort der Niederlage zurück. Denn selbst die Räume atmeten die Verspanntheit seiner Widersacher gegen ihn aus. Er fühlte das Gift, wie es von Decke und Wänden auf ihn herabträufelte. Es kostete ihn große Mühe, seine Stunden dort abzusitzen. Er glaubte, es seinen Schülern schuldig zu sein, obwohl er inzwischen auch ihretwegen seine Zweifel hegte. Vielleicht wäre ihnen ein neues, weniger unglückliches Gesicht gar nicht unrecht ...? Im nächsten Monat könnten sie sich umgewöhnen, falls sie überhaupt weitermachten. Das wäre sein Problem nicht länger.

Mit dem Öko-Institut müsste es nun aber werden, eine andere Perspektive, um Geld zu verdienen, besäße er nicht. Wie er das Ausgeliefertsein an die banalen Alltagsumstände hasste ...

Das ginge nun immer so weiter; und wäre doch so unnötig, so anstrengend und sinnlos ... Nie fände man Ruhe ... Als ob das Leben sich um nichts anderes als Essen, Wohnen und Kleiden drehte. Dafür diese vieltausendjährige Entwicklung? Dergleichen hatte die Urmenschen nicht minder beschäftigt. Im Gegenteil, hatten diese nicht Muße für allerlei Metaphysisches gefunden, von zu Kunstfertigkeit und Werkzeugentwicklung ganz zu schweigen? Erlebte die Menschheit derzeit nicht eher ein Rückschritt? Man könnte sich wohl kaum mit irgendwelchen Malthus'-schen Rechenspielereien herausreden. Denn was die Menschen beschäftigte und aufrieb, war künstliche Mühe, die nur als das eherne Gesetz der Notdurft deklariert wurde.

Und diese Strudel scheinbarer Not hatten nun auch ihn erfasst, das verbitterte ihn um so mehr, als er es besser wusste, wenn er auch nicht umhin konnte, sich der Frage seiner Existenzsicherung zu stellen. Aber hatte nicht eben diese ihn in sein unseliges Abenteuer getrieben, hatte er nicht deshalb dort so lange ausgehalten?

Eben dieser Umstand erboste ihn über die Maßen. Er fühlte wie Ekel und Hass an ihm nagten und ihn buchstäblich auffraßen. Er konnte seine Niederlage nicht verwinden, konnte nicht abschalten, und wurde von dumpfen Empfindungen scheinbar zusammenhanglos, dafür um so nachhaltiger überflutet.

Jetzt sah er ein, was für einen Fehler er gemacht hatten. Sie hätten sich ihre Unabhängigkeit nicht nehmen lassen dürfen, hätten, wenn schon in Zusammenarbeit, auf ihrer Eigenständigkeit ganz anders beharren müssen, die ihnen nicht nur scheibchenweise genommen worden war, die er vielmehr oft genug ohne ersichtlichen Zwang selbst verspielt und verschleudert hatte. Gründlich verschätzt hatte er sich! Von wegen Durchblick, er hätte sich ohrfeigen können. Aber sein Wunschdenken hatte ihm alles rosa eingefärbt.

Er hatte nicht sehen wollen, mit wem er es zu tun hatte; hatte sich betören lassen vom emsigen Umtrieb. Aber den hatten nur Einzelne in gang gehalten. Die gab es tatsächlich, es gab sie immer noch, soweit sie nicht resigniert hatten und gegangen waren, nachdem sie sich vergeblich aufgearbeitet hatten und zerbrochen waren, wie jetzt er.

Für die andern war er nur ein paranoider Irrer gewesen, wie man ihm tatsächlich an den Kopf geworfen hatte, als er Francos Betrügereien hatte aufdecken wollen. Es war diese unselige Mischung aus ängstlichem, uneingestandenem Respekt und dieses Abgestempeltwerden gewesen, womit sie es ihm unmöglich gemacht hatten, eine Verständigungsebene zu finden.

Er konnte sich auf deren Niveau nicht mehr begeben, weil er es hinter sich gelassen hatte, und sie konnten sich nicht auf das seine begeben, weil sie es nicht vermochten, befand er und befriedigte sich - wenn auch schamhaft - ein wenig damit.

Wenn er sich seiner rückversicherte, war er wieder mehr er selbst. Denn wo sich jene jetzt befanden, war er auch einmal gewesen. Vielleicht war es ihm nicht genauso wie diesen ergangen, aber doch sehr ähnlich. Er sah darin jetzt eine Entwicklungsstufe, die man durchlaufen musste, auf der man aber auch stehen bleiben konnte, obwohl man dies keinesfalls durfte, riskierte man damit doch die eigene Vernichtung. Auch das hatte er erlebt.

So fürchtete er jetzt um Gesundheit und Leben mancher. Nein, er fürchtete nicht darum, er *wusste*, dass ihr Schicksal sie ereilen würde, ohne dass er dies hätte verhindern können. Sollte er ihnen seine Warnung in die tauben Ohren schreien, nachdem sie ihn zuvor erniedrigt und beleidigt hatten? Sie würden ihm ohnehin nicht glauben, sondern darin nichts als seinen hilflosen Racheschrei vermuten.

Unbehaglich versuchte er dergleichen Phantasien beiseite zu schieben, denn er glaubte an die Magie der Wünsche, wenn sie nur stark genug wären. Er meinte deshalb, es lohne sich, freundlich zu seinen Mitmenschen zu sein. Zumal diese kleine Mühe ganz gewiss harmlos wäre, verglichen mit den anbrandenden, schlechten Wünschen, gegen die es keine andere Abhilfe als die wahrhaftige, reine Unschuld gab. Wie schwer aber war diese zu bewahren!

Wenn er anderen Einblick in solche Überlegungen gewährte, erntete er nicht selten Hohn und Spott, auch unter Freunden, die sich ansonsten auf ihre alternative Lebenseinstellung viel zu Gute hielten. Oder er bekam Lippenbekenntnisse zu hören, ohne dass dies Konsequenzen für die Lebensweise nach sich gezogen hätte, was vielleicht noch schlimmer war.

Außerdem begab man sich damit zurück auf frühe Stufen der Gattungsentwicklung, fand sich bei den Primitiven oder in der eigenen Kindheit wieder, wo der Glaube noch Berge versetzt. - Doch ganz so einfach erledigte sich solche Magie denn doch nicht:

Ließ sich die Moderne nicht deshalb so erfolgreich kritisieren, weil immer deutlicher wurde, dass den Fortschritt große Verluste begleiteten, dass links und rechts neben der Straße des Fortschritts Beiseitegeschobenes zu Hauf lag, das nicht nur noch gut verwendbar schien, sondern worunter sich oft sogar wahre Juwelen der Menschlichkeit fanden, deren Verlust einer Ausplünderung gleichkam. Unwiederbringliches verbarg sich da, ohne welches der Mensch nicht mehr zu sich fände, und sein eigentliches Wesen nicht mehr begriffe.

Ihn selbst führte die Magie der Wünsche immer wieder an den Scheideweg seines Lebens zurück. Sollte all sein

Streben, sich aus der Umklammerung der Allgewalt des Meeres zu entziehen, müßig gewesen sein? Kehrte er nun zurück in den bergenden Schoß einer begriffenen Natur, aus der er nur deshalb geflohen war, um sie zu begreifen? Er fand, dies wäre ein faszinierender Gedanke.

Vielleicht wurde man gezwungen, immer wieder alles über Bord zu werfen, nur um es dann mühsam wieder aufzufischen, wenn man erst einmal dessen wahren Wert erkannt hatte! Und ihm ging auf, wie sträflich fahrlässig und selbstzerstörerisch die Zertrümmerer doch waren, die sich auch noch viel darauf zu Gute hielten, dasjenige, was sie überwunden hatten, auch noch zu zerstören. Allein der Wunsch nach solcher Zerstörung wäre schon der Frevel ...

Draußen dunkelte es bereits. Gwen sah sich im Spiegelbild der riesigen Glasfront auf der die Raubvogelkonturen klebten. Ihn fröstelte. Das unnatürliche, verkrampfte Sitzen auf den unbequemen Stühlen machte sich bemerkbar. Er spürte seinen Rücken.

Die Bücher vor sich dienten der Staffage. Man brauchte so ein Häuflein, um damit sein Terrain abzustecken. Jeder versuchte, möglichst einen ganzen Tisch für sich alleine zu bekommen, dann würde man durch die allzu nahen Nachbarn nicht gestört.

Von diesen hatten Manche die merkwürdigsten Angewohnheiten. Er fand die Zitterer am schlimmsten, meist waren dies die Medizinstudenten, die für eines ihrer vielen Examen büffelten. Durch das Zittern ihrer Knie flösse wohl die negative Energie ab, die sich in ihnen, ob des frustrierenden Paukens anstaute. Andere schnieften oder kratzten sich hörbar, bewegten die Lippen oder stöhnten von Zeit zu Zeit laut auf und schüttelten wild die Köpfe.

Gelegentlich wich er deshalb ins Schopenhauer-Archiv aus. Dort herrschte meist gähnende Leere. Gleichwohl stellte sich die rechte Arbeitsatmosphäre nur selten ein. Außerdem hatte der Saal merkwürdige Öffnungszeiten.

Man musste schon an den richtigen Orten sitzen. Nur dort hatte man Anteil am großen Energiepool. Er stellte sich diesen wie einen Destillierbottich vor, den er einmal bei der Besichtigung einer Whiskeybrennerei gesehen hatte. - Die Behälter des Kühlsystems, die draußen vor dem Fenster standen, erinnerten ihn daran. - Für eine solche Teilhabe nahm man die kleinen Frustrationen wohl in Kauf. Man musste sich nur hin und wieder die Gründe vergegenwärtigen.

Es würde Zeit zu gehen. Gwen packte seine Sachen zusammen. Unten im Keller hatte er ein Schließfach gleich neben dem Klo. Das war sehr praktisch. Obwohl er manchmal die Phantasie hatte, die UB könne abbrennen und sein unveröffentlichtes, gerade im Entstehen begriffenes Opus könnte für immer verloren gehen. Eine Vorstellung, die er kaum ertrug. Aber dann beruhigte er sich, nicht etwa damit, dass er sich vielleicht ein bisschen zu wichtig nähme, dass die Welt sehr gut auch ohne sein Werk auskäme, das er im übrigen noch einmal schreiben könnte, schließlich gäbe es ihn dann immer noch; - nein, ihn beruhigte etwas anderes:

Statistisch gesehen nämlich war die Bibliothek ein weitaus sicherer Ort als beispielsweise sein Karnickelstall. Nicht nur gegen Feuer, auch gegen Einbruch, Erdbeben und sonstige Katastrophen war sie weitaus besser gesichert als jedes Wohnhaus. - Gleichwohl verfolgte ihn die Vorstellung von solchen Ereignissen und das war der Grund, weshalb er versuchte, stets von allem eine Sicherungskopie anzufertigen, besonders wenn er für längere Zeit von der Bibliothek Abschied nehmen musste, etwa in den Sommerferien, oder wenn er jemanden außerhalb Frankfurts besuchte.

Zur Sicherheit genügten ihm oft bereits die handschriftlichen Vorlagen, die er erst später mit der Maschine abschrieb, war es ihm doch unmöglich, sich bei dem Geklapper einer Schreibmaschine zu konzentrieren.

So war sein Verfahren äußerst zeitaufwendig. Aber da er nie zu einem Ende kam, spielte dies keine große Rolle. Außerdem hasste er den Gedanken, wie ein Fließbandarbeiter zu produzieren, zumal er sich zum Philosophen des Wiederkäuens und Verdauens stilisierte, der, im Gegensatz zu Produktionsfetischisten à la Marx, ganz auf die Fragen der Konsumtion abhob.

Er hatte Mühe, seine Bücher und Schreibutensilien in das schmale Fach zu stopfen. Er müßte dringend wieder einmal ausmisten. - Was sich da alles ansammelte. Aber jetzt hatte er zum Aufräumen keine Lust. Außerdem, so fiel ihm siedendheiß ein, sollte er ab fünf im Karnickelstall auf mögliche Nachmieter warten, so hatte er es mit Aurobindo vereinbart.

Wer wirklich eine Wohnung suchte, der würde schon warten. Außerdem war es noch keine fünf. Aber beeilen müßte er sich schon. Die Bockenheimer Landstraße war um diese Zeit völlig verstopft. Da war man manchmal zu

Fuß schneller in der Innenstadt als mit der Straßenbahn. Am Opernplatz nahm er die U-Bahn und war in fünf Minuten am Merianplatz.

Es standen tatsächlich zwei einsame Gestalten vor der Haustür, als er um die Ecke des Vorderhauses bog. Und beide erwiesen sich als interessiert. Blieb nur noch der Mietvertrag mit dem Vermieter. Am liebsten hätte er ihnen gesagt, sie sollten um die Wohnung knobeln, ihm war es völlig gleichgültig, wer sie bekam.

Innen allerdings bekamen die beiden jungen Männer doch lange Gesichter. Ein wenig schadenfroh grinste er in sich hinein: - War schon eine Zumutung, da zu wohnen, nicht nur für ihn: Die sogenannte Küche befand sich gleich hinterm Eingang, Badewanne und Toilette wurden durch ein winziges Waschbecken getrennt in einem Raum, der so schmal war, dass man sich nur zur geöffneten Tür hinaus bücken konnte. Den Wandschrank aus grobem Pressspan im Zimmer hatte sich jemand in die Bettnische gebaut.

Matratzen füllten den Rest des Raumes zwischen Tisch und Fenster aus. - Mit solch einer Bleibe war kein Staat zu machen.

Er schickte beide Anwärter zum Vermieter. Er bestand darauf, dass sie sogleich einen Termin mit ihm ausmachten, was sie auch zu tun versprachen. Jetzt bräuchte er nur noch einen Interessenten, mehr als drei potentielle Nachmieter konnte der Hausbesitzer nicht verlangen.

Kaum waren die beiden gegangen, als eine junge Frau klingelte, und auch sie konnte Gwen an der Vermieter weiter vermitteln. Damit hatte er seine Pflicht erfüllt.

Zur Sicherheit schrieb er sich - wie bei den anderen - auch deren Namen und Telefonnummer auf.

Inzwischen war es schon fast sieben. Hoffentlich hatte wenigstens Aurobindo etwas eingekauft, sonst müssten sie wieder hungrig ins Bett. Wie im Märchen: hungrig zu Bett. Da kam ihm unweigerlich sein Hänsel in den Sinn, wie könnte es anders sein.

Wie viel Schaden allein dieses eine Märchen angerichtet haben mochte - ihm erschien es gleichsam wie Pockennarben auf kindlichen Seelen - und immer noch erzählten es Mütter und Großmütter voller Genugtuung. Kitzelte es ihn nicht selbst, es weiterzugeben? Vielleicht machte sein Sohn dereinst mehr daraus?

'Die Söhne fechten's besser aus' - oder waren es die Enkel? - Jedenfalls stammte das Zitat von Ernst Bloch. Der war so herrlich pathetisch, ein wahrer Literat unter den Philosophen. Er erkannte auch in ihm schon den 'Wiederkäuer', dessen Marxismus bereits Tünche gewesen war. Das hatten die Stasikader instinktsicherer gespürt als vielleicht Bloch selbst.

Aurobindo war gar nicht da, stellte Gwen fest, als er heimkam, und irgendwie wusste er nichts Rechtes mit sich anzufangen in dieser leeren, riesigen Wohnung. Loisl ließ sich wirklich selten blicken, da hatte er nicht übertrieben. Irgendwie flößte ihm Loisl Respekt ein ..., obwohl - Respekt konnte dieses Gefühl eigentlich nicht genannt werden, sein Empfinden war unangenehmer und er war nicht sicher, ob Loisl es mit seinem Verhalten ein wenig provozierte. Er beschloss, darauf zu sprechen zu kommen. Dieses Untermietergefühl müsste schleunigst verschwinden.

239

Immerhin waren sie zu zweit. Solche Hierarchien durfte man gar nicht erst aufkommen lassen.

Wie bekam man die Heizung höher? In der Wohnung herrschte eine so frostige Atmosphäre. Vielleicht fühlte er sich auch nur einsam. - Aber nein, es war wirklich kalt. Immerhin kam er von draußen und war stramm gelaufen. Seit Tagen fröstelte er häufig, bestimmt bekam er eine Erkältung. Er ginge wohl besser gleich zu Bett. - Und wenn er dann mitten in der Nacht aufwachte? - Wenn schon? Er konnte dann ebenso gut lesen wie jetzt. - Vielleicht wachte er gar nicht auf, sondern schlief durch, dann wäre er wenigstens am Morgen frisch.

Müsste er nicht mehr für seinen Körper tun?, überlegte er. Er konnte sich nicht vorstellen, was es hätte sein sollen. Das Einzige, was er halbwegs akzeptabel fand, war sein Umherwandern:

Zielloses Streunen durch nächtliche Altstadtstraßen. In den Häusern dort hatten sich die Menschen vieler Generationen verewigt. Ein Gedanke, der seine Phantasie erregte. Immer waren es die Menschen, die er suchte, und seien es nur die Spuren ihrer nackten Füße im Sand am Strande von Robinsons Insel.

- Alles Quatsch, von wegen *'unter dem Pflaster liegt der Strand'* - diese modische Version des 'Zurück zur Natur' bildeten nur Plagiate Rousseau'scher Schäferspiele. - Deren Erfinder sollten erst einmal in ihre eigenen düsteren Tiefen hinabsteigen, diese Pseudonaturisten, dann würden die schon sehen ...

Seine nachmittägliche Reflexion fiel ihm ein. Er war da zu genau diesem *'Zurück-zur-Natur'* gelangt. Könnte es anderen nicht ebenso ergehen? Weshalb war er nur so aggressiv gegen seinesgleichen? Was für ihn galt, müßte er andern schon auch zugestehen, selbst wenn sie seinen Werdegang nicht teilten. Vielleicht gab es mehrere Zugänge zu diesem unerschöpflichen Garten. Am Ende war der seine nur ein letztes Notpförtlein während andere das Hauptportal durchschritten.

Aber müssten die sich dann nicht anders verhalten? Doch wie stand es um ihn? War ihm etwa anzumerken, was er hinter sich gebracht hatte? - Auch er hatte keineswegs heimgefunden. Vielleicht, dass er nun mehr wusste ...? - Aber die alten Instinkte waren nicht wieder erwacht. Vielleicht wäre es an der Zeit, ans Meer zu fahren, wo alles angefangen hatte.

Erst einmal wollte er schlafen. Aber die bohrenden Gedanken ließen sich nicht abschalten. Wie schon gestern, versuchte er sich mit den geometrischen Figuren an der Zimmerdecke. Und als ihm dazu unweigerlich die Schachnovelle in den Sinn kam und er sich noch wunderte, wie es wohl sei, mit sich selbst an der Zimmerdecke Schach zu spielen, da purzelten ihm auch schon phantastische Figuren von dem imaginären Brett herab, von denen sich einige als die lieblichen Nymphen erwiesen, welche ihn in ihre Mitte nahmen und wie den Frühling von Rodin (der bei Mieke auf der Toilette an der Wand klebte) umschmeichelten, was ihm ein seliges Lächeln auf die Lippen zauberte.

Stimmen von nebenan rissen ihn aus dem Schlaf. Im Zimmer war es fast dunkel, nur durch die schwarzen Fensterhöhlen schimmerte schräg das Licht entfernter Straßenlampen herein. Schöner könnte selbst der Mond nicht scheinen, schien's ihm im Erwachen.

Er versuchte, sich auf die Stimmen zu konzentrieren. Deutlich unterschied er Loisls Organ, dessen an sich so weiche Laute jetzt gepresst klangen. Er redete heftig auf jemanden ein, der ihn - freilich vergeblich - mit einer schrillen, deutlich weiblichen Stimme, immer wieder zu unterbrechen suchte.

Was die Beiden sagten, verstand Gwen nicht. Er versuchte erst gar nicht zu lauschen. Es war ihm sowieso klar, was sich abspielte. Loisls Freundin war zurückgekommen, wahrscheinlich um herauszufinden, wie sehr sie vermisst würde oder auch nur, um ein paar von ihren Sachen zu holen - wahrscheinlich beides.

Fragte sich allerdings, warum sie so spät gekommen war. Gwen machte Licht. Es war erst halb elf - keine Uhrzeit für Leute ohne Kinder - da fing der Abend erst richtig an. Er müsste sich umgewöhnen.

Seinem Hals schien es schlechter zu gehen. Wahrscheinlich hatte er geschnarcht, denn Mund und Rachen waren ausgedörrt. Vielleicht fände er im Bad irgendwelche Halstabletten. Jedenfalls hätte er einen Grund, hinaus zu schleichen, denn natürlich war er neugierig. Er kannte Sylvie nicht und es interessierte ihn, wie sie aussah.

Ob er so, wie er war, aus dem Zimmer gehen könnte? Er trug noch immer die engen Jeans. Er schlüpfte in eins seiner großkarierten Hemden, das er über dem T-Shirt offen ließ, fand aber keine Socken weshalb er barfuß blieb. Immer noch besser als in seine Hausschuhe. Gaia hatte sie ihm zum Geburtstag geschenkt; hätte er sie etwa zurückweisen sollen? Das konnte man nicht machen, nicht mit einem Kind. Er hatte sich dann wie selbstverständlich an sie gewöhnt. Nur hier, in dieser anderen Umgebung, wirkten sie doch ziemlich deplaziert.

- 'Ach was, sei mal ein bisschen souverän', schimpfte er sich und schlüpfte in die Pantoffeln. Immerhin war es Herbst. Er könnte auch gleich nach der Heizung fragen. Denn kaum war er aus dem Bett, spürte er die Kälte wieder. Wahrscheinlich waren die beiden nebenan dermaßen in Rage, dass sie die niedrige Temperatur gar nicht mehr mitbekamen. Wahrscheinlich sparte die Professorswitwe an den Heizkosten und Loisl getraute sich nicht, sie darauf anzusprechen.

Er jedenfalls bräuchte alsbald eine Wärmequelle in seinem Zimmer, wollte er seine Tage nicht ausschließlich in der UB zubringen. Er kannte Einige, die sich vor allem in der kalten Jahreszeit von morgens bis abends dort aufhielten. - Was durchaus etwas für sich hatte. Wurden nicht schon genügend fossile Brennstoffe verschwendet? Da musste man nicht noch unbedingt mitmachen. - Wahrscheinlich hatte Loisl mal wieder recht. Vielleicht musste das Heizproblem doch nicht gerade jetzt zur Sprache kommen.

Gwen schlurfte betont lässig an der offenen Küchentür vorbei ins Bad, wo er pinkelte und danach vergeblich nach Tabletten kramte. Also hätte er jetzt einen Grund, in die Küche zu kommen. Einen Erkältungstee würde Loisl wohl dahaben.

Er platzte mitten in die gespannte Atmosphäre, grinste freundlich und grüßte betont neutral in den Raum hinein.

Was blieb ihm anderes übrig? Loisl schien die Unterbrechung nicht recht zu sein. Er verstummte sofort, aber Sylvie schaute gleich ein wenig munterer. Sie schien geweint zu haben ...; sah wirklich süß aus, richtig zum Küssen, Gwen konnte Loisl gut verstehen - eine echte Traumfrau.

Gwen murmelte etwas von Erkältung und Teekochen, und ob sie einen mittrinken wollten. Aber sie tranken schon Wein. Ob es ihnen was ausmachte, wenn er hier wartete, bis sein Wasser heiß sei ...?

„Natürlich nicht - wohnst du etwa nicht hier?" - fragte Loisl unwirsch; besann sich dann aber und nutzte die Gelegenheit, Sylvie und Gwen miteinander bekannt zu machen.

Eine Tasche, wahrscheinlich Sylvies, lag neben der Tür, reichlich groß und prall, fand Gwen, ob die dabei war, zurückzukommen? Ihn würde sie nicht stören.

Loisl sah den zärtlichen Flor in Gwens Augen und musste unwillkürlich grinsen. Sylvie war schon eine ... Er verspürte so etwas wie Besitzerstolz, da hatte Aurobindo vielleicht doch nicht ganz unrecht gehabt.

Gwen brühte sich seinen Tee. Als er damit fertig war, verkrümelte er sich wieder in sein Zimmer. Er war schon jetzt gespalten, wahrscheinlich wäre er Loisl schmählich in den Rücken gefallen. So war's schon besser. Die mussten das allein zwischen sich ausmachen.

Wenn es wirklich zu Ende war, würde seine Vermittlung auch nichts mehr nützen und wenn nicht, dann kämen sie auch ohne ihn wieder zusammen.

Es gab nie nur einen Schuldigen, so beredt Loisl auch seine Version dargelegt hatte. Gespannt wäre Gwen schon auf Sylvies Sichtweise gewesen.

Die Stimmen von nebenan schallten etwas gedämpfter, jetzt, wo die Beiden wussten, dass er lauschte. Sie nahmen sich ganz offensichtlich zusammen. Gegen zwölf kam Aurobindo und Gwen kochte sich seinen zweiten Tee. Die Lage in der Küche schien sich entspannt zu haben. Vielleicht wirkte sich die Anwesenheit der Fremden doch positiv aus.

Man kannte das. Am schlimmsten war, im eigenen Saft zu schmoren. Gwen erinnerte sich voller Widerwillen. Wie froh war er jetzt, aus einer solchen Falle draußen zu sein.

Wenn er's richtig sah, dann klebten die Beiden genauso unglücklich aneinander, wie er und Susan damals. Er schüttelte sich bei dem Gedanken. Ein solches Gespinst ließe sich nur im Gewaltstreich lösen und auch nur dann, wenn die Zeit dafür gekommen wäre. Alles andere hatte überhaupt keinen Zweck.

Hoffentlich erging es dem armen Loisl nicht ebenso schlecht wie ihm damals. Jetzt schliefen sie wahrscheinlich gleich miteinander. So war das eben. Man tat es, obwohl man wusste, dass es das Falscheste war, was man tun konnte. Darin steckte die eigentliche Tragödie, die Sehnsucht, gegen die es kein Mittel gab.

Gwen beschloss, noch ein wenig mit Aurobindo zu schwatzen, der es sich in der Küche gemütlich machte. Aurobindo bot ihm von dem Brei an, der den ganzen Tag über unter einem Tuch heran gequollen war und der merkwürdig säuerlich roch. Nicht unangenehm, aber doch merkwürdig. Gwen wagte nicht abzulehnen. Hungrig war er außerdem, obwohl er wegen seiner Erkältung keinen rechten Appetit hatte.

- Schmeckte gar nicht übel, irgendwie kernig, ein bisschen nach Nuss, fand er, satt machte es außerdem. Auch er experimentierte mit vegetarischem Essen herum. Mit Mieke hatten sie so allerlei ausprobiert, aber Aurobindos Körnermischung war ihm fremd. Er und Mieke hatten sich nicht auf die Makrobiotik eingelassen. Schon wegen der Kinder konnte man nicht alles machen, was gerade in Mode war.

Kinder waren irgendwie konservativ, jedenfalls wenn's ums Essen ging. Eigentlich überhaupt - hatten wahrscheinlich auch ganz schön recht damit, schließlich waren sie diejenigen, die den wilden Wandlungen ihrer Eltern schutzlos ausgeliefert waren. Nicht nur, dass sie als emotionale Puffer benutzt wurden, ihr Alltagsleben erfuhr immer wieder die gravierendsten Einschnitte durch diese Trennungen und neuen Beziehungen, die nicht die ihren waren.

Gwen klopfte sein Gewissen. Den Schuh musste er sich schon anziehen. Auch er hatte seine Tochter Sonja um ihre Kindheit gebracht. Solch einen Schaden machte man nun nie wieder gut - wie bei einer Amputation.

Amputation der Seele - die Formulierung gefiel ihm. Sie gefiel ihm so sehr, dass er darüber ihren traurigen Auslöser fast vergaß.

Schweigend saß Gwen neben Aurobindo in der Küche auf der gemütlichen Eckbank, die irgendwie österreichisch aussah wie von der Alm. Auch der Tisch war aus diesem typischen weißen Holz, gediegen und schwer wie Eisen. Er atmete die Zuverlässigkeit gleichsam aus.

„Hast du das Auto heil zur Werkstatt geschafft?" fragte Aurobindo, wohl nur, um irgend etwas zu sagen. - „Heil zwar nicht gerade, aber dort ist es immerhin, muß wahrscheinlich ein neuer Motor rein ... Ganz schöne Scheiße, das kann ich dir sagen ...“

Aurobindo lächelte voller Mitgefühl - „aber dafür wohnen wir schön, ist doch auch was.“

„Trinkst du einen Erkältungstee mit?“ Gwen fuhrwerkte vor dem Herd herum. Es war einer dieser uralten Gasdinger, schien aber einwandfrei zu funktionieren.

Aurobindo nickte, dann besann er sich und fragte: „Kann ich mal sehen?“ Gwen reichte ihm den Beutel hinüber und Aurobindo steckte seine Nase hinein und schnüffelte, dann nahm er eine Prise heraus und zerrieb sie zwischen den Fingern. „Wo hast du den her?“, wollte er wissen. „Stand hier im Schrank, wird von Loisl sein, nehme ich an.“

„Der ist gut, wirklich ausgezeichnet, was ist denn da noch?“

Auch Aurobindo stand nun auf und stöberte in den unergründlichen Tiefen des Buffets herum. Er förderte allerlei Tütchen und Säckchen zu Tage. „Das ist ja die reinste Apotheke“, meinte er begeistert.

Schließlich war der Tee fertig und die beiden setzten sich wieder an den Tisch. „Mit Honig wirkt er noch besser, versuch mal.“ Gwen tat so, als wisse er dies nicht selber und nahm gehorsam einen halben Löffel voll aus dem eingestaubten Honigglas, das vor ihnen in der Mitte des Tisches stand und rührte gedankenvoll seine Tasse um. „Hast du das mitgekriegt mit Loisls Freundin?“ - „Wie, meinst du ob ich weiß, dass sie hier ist?“ - „Ja, genau das meine ich.“ - „Die saßen noch in der Küche, als ich nach Hause kam und stritten sich." Nachdenklich schüttelte Aurobindo den Kopf: „Der arme Kerl, was bin ich froh, dass ich das hinter mir habe..."

- „Ich auch ...!"

„Der Tee ist gut, wirklich."

„Ja, besonders mit dem Honig, finde ich, damit kriege ich meine Erkältung bestimmt schnell weg."

„Ich glaube, wir sollten versuchen, ihm zu helfen, meinst du nicht auch?", schlug Aurobindo vor: „Wenn man da so mitten drin steckt, verliert man jede Distanz."

„Ich weiß nicht", murmelte Gwen, „meinst du wirklich, der lässt sich helfen ...?" Und nach einer nachdenklichen Pause: „Der lässt sich von *uns* helfen?" dabei betonte er das *Uns* mit Nachdruck.

Aurobindo nickte: „Nein, ich glaube, der ist noch nicht so weit. Aber wir können's mal versuchen ..." „Kann ihm ja was vorschlagen, wann er Zeit hätte, denn wir scheinen flexibler zu sein als er ..."

„Und sonst, hast du ein gutes Gefühl?" Gwen machte eine umfassende Geste. Aurobindo verstand: „Och, ich denke schon, dass das hier ganz Okay ist, auf jeden Fall ist's mal was anderes, nur mit Männern. Nach dem, was ich alles hinter mir habe, vielleicht gar keine schlechte Lösung."

So schwatzten die beiden noch eine ganze Weile vor sich hin. Die vermeintlich so heilsamen Teedämpfe umnebelten sie, beruhigten die aufgeregten Nerven und verlangsamten den Gedankenfluss, zwängten ihn in ein gleichmäßigeres, geradliniges Bett. Es war nicht eigentlich Zwang, eher Verlockung, Einladung - Gwen empfand sie als äußerst angenehm. Die sinnlichen Qualitäten traten in den Vordergrund. Es war, als erhielten die Sinne einen Schub. Sie verfeinerten und erweiterten sich zugleich. Man konnte es sehen, an Aurobindos Pupillen oder den Nasenlöchern, die sich blähten oder an der Rötung der Haut.

Als Gwen mit den Fingern über die Tischplatte glitt, empfand er zum ersten Mal diese Kraterlandschaft feiner Rillen. Sie mussten so fein sein, dass das bloße Auge sie nicht bemerkte, dachte er erstaunt. Aber jetzt konnte er sie fühlen. Das machte ihn glücklich, und er hörte sich lachen. Ausgesprochen melodisch klang ihm sein Lachen im Ohr. Es gefiel ihm. - So lange hatte er schon nicht mehr gelacht. War das nicht schade? Wo war nur seine Fröhlichkeit geblieben?

Und so plötzlich wie das Lachen über ihn gekommen war, weinte er, weinte über dieses Leben, in dem es für ihn nichts mehr zu lachen gab. Doch die Tränen flossen seltsam leicht und mit ihnen floss auch seine Traurigkeit ab, als sei er eine Badewanne, aus der jemand den Spund herausgezogen hatte. Auch diese Vorstellung ließ ihn erneut losprusten, zumal Aurobindo mit einstimmte, als er ihm seinen Vergleich erzählte.

„Ich bin eine Badewanne und jemand zieht den Stöpsel raus ... Stell dir bloß mal vor ... Und wie das gurgelt: grl-grl, grlgrl, grlgrl ...“

Aurobindo und Gwen lagen über dem Tisch vor Lachen. Und das Seltsamste war, sie konnten sich sehen, empfanden sich ganz stark, so, als seien sie ihrem Leib entrückt, sahen sich gleichsam von außen, als Beobachter und Zeugen merkwürdiger Ereignisse. Als diese Zeugen empfanden sie auch das Licht und die energiegeladene Atmosphäre im Raum, spürten deren Intensität. Alles war wie aufgeladen, die Farben und Formen, alles gab viel mehr preis, zeigte sein wahres Wesen, war unglaublich bedeutend.

So ging das eine Weile, ohne dass sie hätten sagen können, wie lange. Es war ihnen, als befänden sie sich in einem zeitlosen Raum. Und doch hatte Gwen das intensive Gefühl, dass draußen die Zeit vorbeiraste. Er kam sich vor, als säße er in einem dieser neuen Hochgeschwindigkeitszüge. Vergeblich versuchte er, Aurobindos Konturen festzuhalten, der ihm einmal konkav verzerrt und riesig, dann wieder ganz verschrumpelt und - wie durch das verkehrt herum ans Auge gehaltene Fernrohr - verkleinert vorkam. Dem schien es ähnlich mit ihm zu ergehen. Jedenfalls bemerkte Gwen, wie er verzweifelte Anstrengungen unternahm, ihm etwas mitzuteilen.

Aber so sehr Gwen sich auch bemühte, er entdeckte keinen Sinn in den Lauten, die, einmal laut und dann wieder leise, analog zu den wellenartigen Formveränderungen Aurobindos, an sein Ohr drangen.

„Komischer Tee ..., muss komischer Tee gewesen sein"; - Gwen schüttelte sich. Das Schütteln hatte im Kopf angefangen und hörte nun nicht mehr auf. Ihm wurde schlecht. Gleich müsste er sich übergeben. Er versuchte, auf die Beine zu kommen, torkelte zur Tür, wo er aber mit Aurobindo zusammenstieß. Beide gingen zu Boden. Er wusste er würde nicht mehr hochkommen.

Das Karussell drehte schneller und schneller, es gelang ihm nicht, sein Gleichgewicht wiederzufinden. Es war ihm, als würde er in einen riesigen Trichter hineingewirbelt. Die rasende Fahrt führte ihn durch einen Wald geometrischer, bunter Figuren, die mit merkwürdigen Tentakelarmen versuchten, nach ihm zu greifen. Er verspürte panische Furcht davor, dass sie ihn an sich reißen könnten. Schon ihr Anblick bereitete ihm solches Grauen, dass er sich abwenden musste.

Schleimige Pilze - das war's! - und das ihm, der Pilze nicht ausstehen konnte! Diese hier waren giftig, wusste er. Niemand musste es ihm sagen. Aus ihren grünlichen Hüten fixierten ihn tückische Augen mit hypnotischer Kraft.

So sehr er sich auch anstrengte, es gelang ihm nicht, den Abstand zwischen sich und diesen Pilzen zu halten. Auf spinneartigen Beintentakeln bewegten sie sich geschickt und unterirdisch voran und kreisten ihn ein. Schon streiften die schleimigen Fangarme sein Gesicht.

Er schrie noch vor Entsetzen, als er zu seiner Erleichterung bemerkte, dass sich vor ihm ein schwarzes Loch auftat. Und ehe er sich noch wundern konnte, fühlte er sich in dieses Nichts eingesaugt. Wobei heftige, obszöne Gerüche seine Nase streiften - als seine Rutschpartie auch schon zum Stillstand kam. Er fand sich in einer bauchigen, klebrigen Tasche wieder. Alles um ihn her war Enge, die ihn umschloss. Und das kurz aufflammende Gefühl von Geborgenheit wandelte sich sogleich in klaustrophobische Panik. Er stieß und trat nach allen Seiten. Und es war ihm gleichgültig, ob dies dem Bauch, in dem er sich wusste, weh tat. Die Panik ließ ihn nicht los, bis er endlich den Kopf durch einen Spalt, der sich zwischen den Hautlappen auftat, hinausstreckte, was ihn sogleich beruhigte. Nun machte es ihm weniger aus, dass sein Körper immer noch in dem feuchtwarmen Gefängnis festgehalten wurde.

Unter sich arbeiteten die riesigen Pfoten eines Kängurus, das in gewaltigen Sätzen über das öde Hinterland von New South Wales hetzte, auf der Flucht vor einem Korso wildhupender Landrover, deren Suchscheinwerfer ihn blendeten.

„Sie erschießen meine Mutter ...“

Die klatschenden Geräusche der Einschläge, das Knirschen, wenn ein Knochen durchschlagen wurde und der warme schwarze Strom klebriger Flüssigkeit im Gesicht, ließen keinen Zweifel. Jeden Moment würde der Sturz erfolgen. Plötzlich bangte er um sich selbst, würde ihn die Mutter mit sich reißen?

„Ich will noch nicht sterben, ich bin das noch ungeborene Leben ...“ - Aber die Schlächter nahmen darauf keine Rücksicht. „Mutter, fall wenigstens nicht auf den Bauch!“ Vielleicht waren die Anschnallgurte, die ihn nun hielten, doch nicht so ideal, man käme aus *dem Wrack* nicht mehr heraus.

‘Nichts ist so schlimm wie verbrennen.’ Verzweifelt tasteten seine Finger nach dem Gurtverschluss. Er verstand den Mechanismus nicht mehr.

„Drücken musst du, nicht reißen ..., nein, ziehen, nach vorne ziehen und dann hochheben ... - Na, siehst du, hab ich doch gleich gesagt.“ Der Druck um die Schultern ließ nach. Zwar schmerzten noch alle Knochen, aber nichts schien gebrochen zu sein. „Noch mal Glück gehabt.“ *Das Auto* war ein rauchendes Wrack. „Hätte rechtzeitig aufhören sollen, das hat sie nun davon.“

„Ich weiß, ich weiß, ist hart, hab's am eigenen Leib erfahren, wie hart: 'Do muttu dooch, Jong'", hörte Gwen seinen Schiffszimmermann sagen, der auf einem goldenen Stern saß und eine Harfe im Arm hielt, auf der er klimperte.

Aurobindo war da und auch Loisl. Sie saßen jeder auf seinem Stern und Loisl hatte diesen Gaslaternenanzünder dabei und schickte sich an, die Gaslaternen auf der Sternenbrücke *des kleinen Prinzen* anzustecken.

Aurobindo schüttelte immer noch den Kopf und versuchte, Gwen etwas auszureden, das der noch immer nicht verstand.

„Mir ist alles so gleichgültig", dachte Gwen und musste wieder lachen - „der will sich doch nur wichtig machen, der alte Wichtigtuer ..."

Was hatte er auf einmal gegen Aurobindo? Er fühlte plötzlich eine unbändige Wut gegen ihn. Wenn er den vor die Fäuste bekäme, der könnte was erleben ..., Oh Gott, oh Gottohgott ... Hatte er etwas forgotten? - Über die eigenen Witze lacht *MAN* stets am lautesten.

„Was heißt da *MAN*, mir *FRAUscht's* hier nicht genug ...", ließ sich *die Stimme* vernehmen: „Wo, ja wo, ja wo warn sie denn geblie-hie-ben ...? - Beim Schneider unterem Tisch - da musst er Kegel schieben ..."

„Doofer geht's nimmer mehr..." - ließ Loisl sich vernehmen.

„Der ist sich zum Reden zu fein, redet nicht mit jedem, nicht über *so was*!" -

„Wie werd ich dieses Ohrensausen nur wieder los? Rauf, runter, rauf, runter, das ist vielleicht ein Geräusch, wie Sirenen beim Probealarm ...“

„Ich hasse die Wichtigtuer - fahren die meiste Zeit nur die Kollegen nach Hause oder heizen so zum Spaß einmal quer über die Kreuzung, das ist deren russisches Roulette.“

Allmählich ließ das Störgeräusch nach und statt dessen summte eine gleichmäßige Trägerfrequenz, auf der sich Stimmen tummelten wie Kinder im Frühling auf dem sonnebeschienenen Spielplatz.

Wenn Aurobindo nur endlich sein Kopfschütteln ließe ...

Gwen wusste, er käme nicht hoch. Er hatte sich die Flügel gründlich versengt. Es roch nach verbrannten Federn. - Seine Zunge gehorchte ihm noch immer nicht. Aber er hörte sich wieder. Der Schmerz fing im Hinterkopf an, arbeitete sich langsam vorwärts, verbreitete sich zu den Schläfen hin, füllte bald den ganzen Schädel aus.

Die versengten Flügel stellten sich als Finger heraus. Sie pochten, weil das taube Gefühl aus den Armen schwand.

Aurobindo stierte mit weit aufgerissenen Augen und totenbleich zu ihm herüber. Seine Lippen bewegten sich, aber noch immer drang kein Laut zu Gwen. Loisl saß weiter weg. Gwen konnte sich nicht erinnern, wann er zu ihnen gestoßen war. Die Zeiger der Küchenuhr standen immer noch auf zwölf. Der Sekundenzeiger tickte. Sein Trip konnte kaum länger als ein, zwei Minuten gedauert haben ...

Wenn nur diese Schmerzen nicht wären. Sie deckten alles zu. Das Beste würde sein, er ginge zu Bett. Er versuchte, sich zu erheben und stand endlich schwankend in der Mitte des Raumes. Noch gehorchten ihm seine Beine nicht. Es wäre wohl besser, er ließe sich helfen. Er blickte zu Loisl hinüber, machte mit der Hand eine Hilfe heischende Geste, während sich seine krächzende Stimme hören ließ. Aber Loisl schüttelte den Kopf und bedeutete ihm, sich wieder zu setzen.

„Ist noch nicht vorbei, wart' lieber noch ein Weilchen. Es könnte sein, dass *sie* noch kommen." Dabei betonte er das '*Sie*' merkwürdig. Gehorsam setzte Gwen sich wieder. Plötzlich verspürte er brennenden Durst. Doch als er nach der Sprudelflasche greifen wollte, hinderte Loisl ihn daran. „Trink lieber nichts jetzt, vielleicht später - ... Hältst du schon aus ... Muss sein, ist wirklich besser, glaub mir."

Und dann kamen sie, '*die Besucher*', Loisl hatte nicht übertrieben. Sie kamen aus der Ecke neben dem Küchenschrank. Sie schienen aus einem Spalt zu kriechen, der schwarz zwischen Küchenherd und Buffet klaffte. Gwen wähnte sich völlig bei Sinnen. Die Szene wirkte unglaublich echt. Das war es, was ihn eigentlich erschreckte. Abwehrend hob er die Hände, ehe er in sich zusammensank und den Kopf schützend zwischen die Hände nahm. Aber auch das genügte ihm nicht. Erst als er unter dem Tisch, zwischen den starken Verstrebungen des Untergestells saß, fühlte er sich etwas sicherer. Denn obwohl er die Augen sofort niederschlug, entging ihm doch nicht, was da aus dem Nichts empor wirbelte. Kein Zweifel, die aufgedunsenen Schädel und die hervorquellenden Augen gehörten den alten Schiffskumpanen der Valparaiso, die sich aus ihren nassen Gräbern aufgemacht hatten.

Waren sie noch immer hinter ihm her? Wann ließen sie ihn endlich in Ruhe? Was hatte er ihnen getan? -

„Fort, fort, ich will euch nicht sehen", brüllte er dumpf unter dem Tisch hervor.

Loisl kicherte. Die Szene war zu komisch, er konnte sich sein Lachen nicht verkneifen, so sehr er auch an Gwen Anteil nahm, denn er wusste, was der gerade durchmachte. Zwar kannte er dessen *Gäste* nicht, denn jeden besuchten die seinen, aber dass *die Besucher* Furcht verbreiteten, wusste Loisl aus eigener Erfahrung und auch, wie real sie waren. Man sah sie so deutlich, als seien es lebendige Wesen.

Die Lösung, sich vor ihnen unter den Tisch zu flüchten, müsste er sich merken. Das magische Viereck der Fußleisten gebot den Besuchern anscheinend Einhalt.

Gwen wurde allmählich ruhiger, er entspannte sich unter dem Tisch und als Loisl gar Schnarchgeräusche vernahm, wusste er Gwen außer Gefahr.

Als nächster käme wohl Aurobindo an die Reihe. Loisl machte sich bittere Vorwürfe. Freilich - was stöberten die auch in seinen Schränken herum, nahmen ungefragt, was sie wollten? Darüber müssten sie noch einmal sehr grundsätzlich reden. Aber insgeheim wusste er, dass er nur sein schlechtes Gewissen beruhigen wollte. Er hatte dieses Fliegenpilzpulver ganz einfach vergessen. Es musste sich beim Umzug gleichsam mit eingeschlichen haben, denn er konnte sich nicht erinnern, jemals Drogen im Küchenschrank versteckt zu haben. Zu allem Überfluss steckte das Pulver auch noch in einem Apothekentütchen.

Mit dem Zeug war nicht zu spaßen. Wie schnell konnte es passieren, dass man von so einer Reise nicht zurückkam. - Dies Risiko nahm er lieber auf sich, als jetzt einen Rettungswagen zu rufen. - Er käme ohnehin zu spät, sagte er sich. - All die Erklärungen im Krankenhaus... - nur das nicht. Es war ja gerade noch einmal gut gegangen. Aber er bliebe heute besser zu Hause. - Jetzt hätte er nicht nur Sylvie, sondern auch noch zwei Kranke auf dem Hals.

Ihm war ziemlich mulmig zumute. Die könnten ihn glatt dran kriegen. Von Gwen nahm er dies zwar nicht an, aber Aurobindo kannte er nicht gut genug, außerdem traute er ihm schon wegen dessen Sektenmitgliedschaft nicht über den Weg. Notfalls würde er alles abstreiten. Was bliebe ihm anderes übrig?

Loisl hasste sich für seine Gedanken. Es war schäbig, wie er versuchte, sich aus seiner Verantwortung zu stehlen. Empfand er denn überhaupt kein Mitgefühl, war alles nur Sorge um die eigene Haut? Vergeblich tastete er in seinen Empfindungen herum. Er fand nichts, was wie Sorge um Leib und Leben der Beiden ausgesehen hätte. Eigentlich war er nur sauer auf sie, dass sie ihm Schereien machten und dass er sie auf dem Hals hatte, jetzt, wo Sylvie zurückgekommen war.

Liebe machte ganz schön egoistisch. Da war dann plötzlich kein Platz mehr für irgend ein anderes Gefühl. Noch vorgestern war er froh und glücklich darüber gewesen, nicht allein zu sein in dieser noch so fremden, leeren Wohnung, und heute ...?

Er hatte nicht damit gerechnet, dass Sylvie zurückkommen würde. Nun war sie da, mit allem, was zu ihr gehörte, nahm ihn wieder ganz für sich ein. Es wäre wieder wie zuvor und jetzt, das wusste er, hielte er stille. Noch einmal ertrüge er nicht, dass sie ihn verließe.

Doch was kalkulierte er eigentlich herum? Wusste er denn, ob sie noch da wäre, wenn er morgen nach Hause käme? Dass sie zusammen geschlafen hatten, sagte noch gar nichts.

Es war gut gewesen - auch für sie, das hatte er mitbekommen, sie hatte Spaß daran gehabt. Hier lag seine Stärke. Er wusste, wenn sie erst einmal im Bett landeten, konnte sie sich ihm nicht länger entziehen. Noch jedes Mal hatte er die Distanz überwunden, die sich zwischen ihnen immer wieder auftat.

Sie waren eben zu verschieden, lebten in ganz anderen Welten. Das konnte nicht gut gehen. Wie sollte es auch? Das hatte nichts damit zu tun, ob sie sich Mühe gaben.

Wenn er ehrlich war, dann musste er sich eingestehen, dass er sich im Grunde gar keine Mühe gab. Er versuchte erst gar nicht, sie an seiner Welt Anteil haben zu lassen. Dergleichen erschien ihm von vorn herein aussichtslos. Sylvie war zu jung, steckte mitten im Erwachsenwerden, nabelte sich gerade erst vom Elternhaus ab und das war schwer genug. Sie war von klein auf verwöhnt worden. Ein Haufen Geld und nichts als Flausen in den Kopf gesetzt bekommen, was sollte da schon aus ihr werden?

Sie hatte ihr bisheriges Leben in einem goldenen Käfig verbracht und das wollte sie nicht wahrhaben. Sie meinte statt dessen, er enge sie ein, er lasse ihr keinen Raum zur

Entfaltung. Alles drehe sich immer nur um ihn und seine verdammte Arbeit ...

Er wandte sich wieder seinen beiden Wohnungsgenossen zu. Vielleicht wäre es sogar gut, der Situation mit Sylvie nicht alleine ausgeliefert zu sein. Irgendwie müßte man sich ja doch zusammennehmen. Er auch, das war keine Frage, aber vor allem sie. Mit ihren hysterischen Anfälle kam sie nur bei ihm durch, so etwas würde von Unbeteiligten niemals akzeptiert. Das war ihnen wahrscheinlich beiden klar. Vermutlich verbarg sich hier auch der Grund dafür, dass Sylvie ständig versuchte, ihn aus seinen angestammten Lebenszusammenhängen heraus zu reißen.

Sylvie hätte ihm freilich heftig widersprochen, gestand er sich ein, die sich keineswegs wünschte, ständig mit ihm zusammen zu sein. Sie wollte nur nicht, dass er emotional stärker an anderen hing, denn das empfand sie gleichsam als Verrat.

Ihm blieb keine Zeit, seinen Gedanken nachzuhängen. Aurobindo sackte plötzlich in sich zusammen wie ein nasser Sack. Das sah nicht gut aus. War es der Widerschein seiner orange farbenen Kutte oder verfärbte er sich tatsächlich gelb?

'Verdammter Scheiß ..., was mach ich bloß? Hilft nichts, der muss ins Krankenhaus. Auch das noch ... Oder, vielleicht ...?' Loisl leuchtete Aurobindo mit dem starken Strahler ins Gesicht, der oben neben dem Gewürzbord klemmte.

Gelb war er eigentlich nicht, nur furchtbar blass. Außerdem schnaufte er merkwürdig. Er hatte Schaum vor dem Mund und die schleimigen Blasen platzen bei jedem seiner stoßweisen Atemzüge.

Trotz seines Ekels versuchte Loisl, Aurobindos Kiefer zu öffnen, aber der hielt die Zähne krampfartig zusammen gepresst. Loisl riss die Küchentücher von der Wand, so heftig, dass die Haken wegflogen und stopfte sie unter den Hahn im Spülbecken. Dann drehte er das kalte Wasser auf und ließ die Lappen sich vollsaugen. Er klatschte Aurobindo damit ins Gesicht und schob ihm dann das zusammengerollte nasse Bündel unter den Nacken.

Aurobindo erschauerte und stöhnte auf, doch er atmete kräftiger und regelmäßig, und die Leichenblässe verschwand aus seinem Gesicht. Er schien sich zu entkrampfen. Bald lag er entspannt da und schlief. Es wäre besser, ihn nicht zu wecken. Loisl holte statt dessen Decken und ein Kopfkissen und machte es ihm auf dem Küchenboden so bequem wie möglich.

Sylvie würde einen schönen Schreck bekommen, wenn sie morgen früh in die Küche käme, dachte er und grinste. Vielleicht schriebe er besser einen Zettel und klebte ihn an die Tür. Auch das Licht ließe er besser brennen, denn wenn einer der Beiden aufwachte und nicht wüsste, wo er wäre, überfiele ihn womöglich wieder die Panik.

Das war aber auch ein Teufelszeug! Sie hatte es damals selbst hergestellt, hatten die Pilze gesammelt, getrocknet und dann zu Pulver zerrieben.

Wieso war davon überhaupt noch etwas übrig? DaEr konnte sich keinen Reim daraus machen. Hatten sie die Reste nicht längst weggeworfen, als er sich seine chronische Gelbsucht geholt hatte? Die würde man nun nie wieder los ...

Er beschloß, ins Bett zu gehen. Er warf einen letzten Blick auf die lang ausgestreckte Gestalt auf dem Küchenboden - alles schien in Ordnung zu sein. Auch zu Gwen schaute er hinunter - man konnte nie wissen - aber dessen heftiges Schnarchen beruhigte ihn sogleich.

Vorsichtig quetschte er sich zu Sylvie, die quer lag und das ganze Bett für sich einnahm. Ihr Körper glühte von der Hitze des Schlafes und reizte ihn so sehr, dass er an sich halten musste, nicht über sie herzufallen. Lange, so fühlte er, würde er nicht an sich halten können - schon gar nicht heute ...

Eine Weile versuchte er, sich auf seinen Atem zu konzentrieren und einzuschlafen, doch er merkte bereits, dass es dazu zu spät war, seinen Körper verlangte es nach anderem als nach Schlaf. Sylvie drängte sich an ihn, er brauchte sich kaum zu bemühen. Zufrieden seufzte sie, als sie seinen Körper an dem ihren spürte.

Vorsichtig versuchte er, von hinten in sie einzudringen. Vielleicht würde sie gar nicht richtig wach davon, jedenfalls nicht gleich. Dabei streichelte er sie so zart wie ein Lufthauch, strich ihr über die Brustspitzen, die sich sogleich empor reckten, als hätten sie darauf nur gewartet.

Sylvie fühlte sich so einzigartig an. Sie war unvergleichlich. Schlief sie wirklich noch immer, oder tat sie nur so, hielt ihn hin und kostete seine Zurückhaltung aus? Wie ihn dies süße Sehnen umschmeichelte, so könnte es immer bleiben: *Süßes Sehnen des Verweilens - wie selten diese Momente der Wunschlosigkeit doch sind.* Ach, bliebe es immer so, könnte er nur verweilen..., könnte er festhalten, könnte er ihn dauern lassen, diesen unbeschreiblichen Moment, oder wenigstens hinauszögern, verlängern und wenn das auch nicht ginge, wenigstens mitnehmen als Erinnerung. Aber die war so blass, so ohne Wirklichkeit. Das pulsierende Vibrieren zeigte sich in der Erinnerung einzig als Mangel, als unendlich schmerzlicher Verlust.

Alles in ihm sehnte sich dann nach der Wiederholung. Wiederholungen, so oft es nur ging. Wiederholung als Ersatz für die verwehrte Dauer, der sein eigentliches Verlangen galt.

Seine Bewegungen mussten doch zu hastig geworden sein, oder war Sylvie vom Traum in die Wirklichkeit hinüber geglitten? Jedenfalls begann sie zu stöhnen und ihre Hinterbacken zogen sich rhythmisch zusammen. Ihre unnachahmliche Art lasziver Bewegung, dachte er, während er sich sacht über sie schob.

Er ergoss sich heftig und lang anhaltend und in die explodierenden Sterne im Hinterkopf hinein rollte wieder die Woge unendlichen Bedauerns. Was gäbe er darum, seinen Körper hier oben zu halten, nicht in dieses Tal der Ermattung abzusinken.

Doch die Tiefe streckte bereits ihre Fangarme nach ihm aus. Er fühlte, wie es ihn von Sylvie fortzog, die ihn nicht hergeben wollte und doch nicht halten konnte.

Wie schwach wir Männer doch sind! - Sylvie reihte die Höhepunkte aneinander wie die Perlen an einer Halskette. Für sie schien es diese Ermattungszustände nicht zu geben. Irgendwie funktionierte sie wie ein durstiges Kamel - jedenfalls stellte Loisl sich vor, dass es im Wasserhaushalt eines Kamels so zuginge: Sylvie saugte sich voll mit diesen Perlen der Lust, speicherte sie irgendwo in sich ab und zehrte davon - manchmal bis zu ihrer nächsten Menstruation ...; oder wie eine Python, die ihr Opfer im Stück verschlingt, um es dann geruhsam über Wochen und Monate hinweg zu verdauen.

Dieser Vergleich war vielleicht treffender. Sylvie war eher wie eine dieser riesigen Schlangen, die in einer unendlich lang andauernden Orgie des Schlingens Lust in sich hinein schlang ... - Unvergleichlich bist Du, Sylvie.

- Er selbst speichelte sie gerade ein, als bereite er sie zum Verschlungenwerden vor. Köstliche Sylvie, herb, frisch, fest und elastisch. Sylvie, die sich wand, wurde erneut zur Schlange, schlängelte sich und ihre Zunge über ihn hin, streifte, verweilte und koste endlich die sich regende Mitte, die der Berührung um so heftiger entgegen fieberte, als sie ausblieb.

Loisl kam sich ein bisschen vor wie auf Krücken. Aber unversehens wurden aus ihnen Hexenbesen und Sylvie verzauberte ihn als eine jener unwiderstehlichen Teufelsbuhlen, riss ihn mit sich hinauf in die wilden Lüfte, wo sie mit den Wolkenfetzen vorm fahlen Mond um die Wette jagten, und wo er sich unendlich stark vorkam, sich als ein Atlas dünkte, der die Welt aus den Angeln hebt.

Das vollbrachte nur Sylvie. Loisl wusste wieder, wie er ihr verfallen war. All sein Wehren war vergebens, warum ergab er sich dann nicht gleich? Er nahm sich vor, sie ernster zu nehmen, grübelte vergeblich darüber nach, ob sie ihm je zu verstehen gegeben hätte, was sie wirklich von ihm wollte. Es musste etwas viel Banaleres sein als er sich vorstellte. Gleich morgen würde er sie fragen. Jetzt war nicht die Zeit zum Reden.

*

Sie machten sich schon ein äußerst fragwürdiges Bild von den Frauen, alle drei, daran war nicht zu rütteln. Dabei war sich keiner irgendeiner Schuld bewusst. Sie bemühten sich redlich, solidarisierten sich, wo sie konnten, unterschrieben Petitionen und waren voll des Verständnisses für die Lage der Frau in dieser Gesellschaft. Aber das nützte herzlich wenig. Deswegen kamen sie dennoch nicht von ihrem Macho-Podest herunter.

Der eigentliche Skandal war, dass sie Frauen immer nur mit ihren Augen sahen, ja mehr noch, ihre Augen veränderten die Frauen, machten aus ihnen, was diese Augen sehen wollten. Dies geschah ganz unbewusst, und für beide Seiten verselbständigte sich etwas, entglitt der Kontrolle. Es war niemandes Schuld, im Sinne einer bösen Absicht. Schuldig machten sie sich freilich, auch die Frauen, die nicht nur freiwillig die Rolle des Opfers spielten, sondern ihre Opferrolle auch noch genossen.

Gerade sie war die benötigte Haltung, aus der heraus die um so schrecklicheren Rachezüge verübt werden konnten, die mit der - nur Opfern eigenen - überschießenden Gründlichkeit durchgeführt wurden.

So sehr die drei Freunde ihre Rolle im unseligen Geschlechterkampf auch bedauerten, für den Augenblick schenkte ihnen die gemeinsam gefundene Einsicht doch Kraft. So etwas verband ungemein, kaschierte die Differenzen und brachte sie einander näher. Ihre erste gemeinsame Wohngemeinschaftsdiskussion entwickelte sich prächtig. Die anfänglichen Misstöne wegen des Tee-Debakels schienen längst vergessen, zumal Aurobindo und Gwen sehr an einem guten Verhältnis interessiert waren und für Loisl ungleich mehr Verständnis, als sonst vielleicht üblich, aufbrachten. Immerhin waren sie glimpflich davongekommen. Sie empfanden sogar Neugierde, um so mehr, als die Erinnerung an jene Nacht alles in allem bruchstückhaft und nebulös und vielleicht gerade deswegen besonders verheißungsvoll geblieben war. Die Gelegenheit wäre günstig, fanden sie, als sie gemütlich um den Küchentisch herum saßen.

Mit der Atmosphäre des viel zu vornehmen Salons konnten sie sich noch nicht anfreunden, beide fühlten sich durch sie gehemmt. Und selbst Loisl bevorzugte mit ihnen die Küche. Sie erinnerte ihn an früher, auch bei ihm zu Hause hockte man in der Küche beisammen.

Als Sylvie herausfand, wie sich in ihrer Abwesenheit die Dinge verändert hatten, war es ihr mit dem Zurückkommen plötzlich nicht mehr so dringlich. Erreicht hatte sie ohnehin, was sie wollte. So war sie nicht da, was Loisl viel freier machte. Dass sie plötzlich auftauchte, war ausgeschlossen, sie begleitete ihre Eltern bei einem Kurzurlaub zu den Seychellen.

„Diesmal trinkt ihr jeder aber höchstens eine Tasse", mahnte Loisl. Der Schreck saß ihm noch in den Gliedern, und er blickte streng zu Aurobindo hinüber, als Gwen sich anschickte, den Tee aufzubrühen. Wenigstens wäre er für dieses Mal die Verantwortung los. Jeder müsste schon selbst sehen, wie er zurechtkäme.

'Die Droge macht einsam, alles andere versinkt, und nur du selbst bleibst übrig - oder wenigstens irgend etwas von dir ...'

Doch diesmal wurde es anders, das merkten sie schon, bevor noch die Wirkung recht einsetzte. Sie schwatzten drauf los, alberten miteinander und rollten schließlich auf dem Fußboden umher; fühlten und benahmen sich wie junge Hunde. Sie bellten und schnüffelten, machten Männchen und legten sich auf den Rücken, während sie mit allen Vieren durch die Luft strampelten. Sie fühlten sich in ihre Jugend zurückversetzt und heimliche Knabenlüste aus den verschwiegensten Seelenwinkeln krochen hervor.

Heute schreckte sie der Reigen der Pilze nicht. Es verlangte sie vielmehr, nach ihnen zu greifen. Sie rieben und streichelten sie, kosteten mit der Zunge ihren herben, etwas salzigen Geschmack und erschraken allenfalls ein wenig, wenn aus ihnen weißliche Wölkchen pufften.

Alsbald flogen sie wieder, sich bei den Händen haltend, über ein fremdartiges Land, voller Sand und Weite, von dem eine große Ruhe ausstrahlte, die sich auf sie übertrug. So waren sie für ihre Besucher gewappnet, die sich über drei Wiegen beugten. Ihre salzige Tränen träufelten ihnen auf Wangen und in die offenen Mündchen.

Sie waren einzeln und doch nicht allein, einsam und doch mit dem All vereint. Weiter, das wusste etwas in ihnen, gelangte man nicht. Sie waren an die Pforte allen Lebens gelangt, schauten ins Antlitz der Ewigkeit. Sie trieben dahin ohne Angst. Stets waren sie beieinander, versicherten sich ihrer durch den Druck der Hände. Die Schrecken der Reise blieben ihnen auf diese Weise erspart und das Glücksgefühl wollte nicht enden. Es umhüllte sie, so dass sie sich wie die Küken im Innern einer Eischale dünkten, während draußen das Leben anpochte und sich konturhaft vorüber bewegte. Es konnte ihnen nichts anhaben; sie waren geborgen. Sie würden entscheiden, ob sie sich aus der Schutzhülle heraus pickten.

Als sie sich noch wunderten, wie man es in einer Eierschale vermochte, einander bei den Händen zu halten, war diese Sequenz auch schon verflogen. Aus dem Ei wurde eine Wolke. Sie segelten vor dem Mond dahin, kamen mit dem Fliegende Holländer aus den Urgründen der Zeit, durcheilten ferne Epochen, die sich unter ihnen, wie in einer Laterna Magica, abwechselten. Aber auch diese fliegenden Bilder vermochten sie nicht festzuhalten, ja, selbst die Erinnerungsspur daran verglimmte wie ein fortgeworfenes Streichholz in der Dunkelheit. Doch das Bedauern darüber wurde mehr als aufgewogen von den neuen Bildern, die an ihre Stelle traten, und die eins ums andere prächtiger und lebendiger wirkten. Wie Odysseus, der, wahnsinnig vor Sehnsucht, an den Mast seines Schiffes gebunden, dem Sang der Sirenen verfiel, so zog es auch sie in die Tiefen hinab, denen sie nur deshalb widerstanden, weil sie eingeschlossen waren.

Wie hätten sie es vermocht, durch den harten Panzer ihres Sternenkreuzers zu dringen? So pressten sie nur die Nasen gegen die riesige Panoramascheibe und staunten. Sie stießen allerlei Töne aus, jauchzten und krähten, brabbelten, und auch in ihren eigenen Ohren machten diese Laute keinen Sinn.

Trotzdem verstanden sie. Und wieder war es dieses Etwas in ihnen, das verstand, die verselbständigte Instanz, die wie die Mitte des Pendels, wie der Ruhepol im Kompass, sich stets gleich bleibt, was auch um es herum geschieht.

Im Zeitraffer glitt die Menschheitsgeschichte mit so großer Geschwindigkeit an ihnen vorüber, dass sich die Bilder in Lichtspuren umwandelten, die nur gelegentlich abbremsten, um bestimmte Ereignisse hervorzuheben, die ihre Eindrücke noch einmal hinterließen. sie mussten von außerordentlicher Bedeutung sein und doch vermochten sie diese nicht zu erfassen. Sie begriffen nicht, was sie sahen, wussten kaum mehr, als dass sie überhaupt sahen und welch ungeheuerliche Bedeutung das Gesehene hätte. Ihnen war, als sollten sie belehrt werden. Doch so verzweifelt sie sich auch anstrengten, sie kamen nicht hinter den Sinn der Botschaft, was ihren Lehrmeister zu immer heftigeren Anstrengungen anstachelte.

Doch je eindrucksvoller die Bilder wurden, um so mehr verwirrten sie die armen unwissenden Geschöpfe, als die sie sich empfanden. Gleichwohl wurde der historische Reigen nicht zur Qual. Nicht mehr als ein schmerzliches Sehnen blieb, das den Eindrücken eher dazugab, statt ihnen zu nehmen.

Als die Zeitmaschine gar das Tal der Gegenwart durchschnitt und gegen die andere Wand anbrandete, die zunächst heftigen Widerstand bot, die dann aber unter lautem

Getöse zerbarst, rasten sie in einen Trichter hinein, vorbei an rätselhaften, bedeutungsvollen Säulen.

„Ein Buch mit sieben Siegeln", flüsterte ihnen eine Stimme zu. Und so heftig sie auch gierten, es enthüllte sich keine der verschleierten Statuen. Sie konnten nicht einmal deren Gewänder und Tücher haschen. Es war, als wichen die Figuren ihren greifenden Händen aus.

- „Die Zeit begreifen wir nie", ließen sich die Stimmen vernehmen.

- „Sie kommt und geht ..."

- „Immer kommt die Zeit ..."

- „Sie kommt und geht und kann nicht bleiben!"

- „Wo sollte sie auch bleiben?"

- „Für die Zeit gibt es keinen Ort ..."

Gwen war es, als tauche er aus tiefen, dunklen Wassern herauf. Die Küche nahm um ihn her Kontur an. Er fühlte sich leer und allein. Was hätte er darum gegeben, bei sich zu verweilen. - Jeder war wieder für sich. - Er hörte sich stammeln.

Aurobindo und Loisl starrten ihn an. Unsicher blickte er zu ihnen hinüber: hatten sie seinen Traum geteilt? Es sah nicht so aus. Und, hatte er geträumt?

6. Das eherne Gesetz der Wirklichkeit

Nun gab's kein Zurück mehr. Gut, schön - heiraten, warum eigentlich nicht? Aber dann die Hochzeitsvorbereitungen, die Familien! So hatte Loisl sich das nicht vorgestellt; Sylvie wahrscheinlich auch nicht - oder vielleicht doch? Zugeben freilich mochte sie ihm dies nicht. Bei ihr konnte man nie wissen.

Jedenfalls waren sie beide in diese Strudel geraten. Bis von Amerika käme man angereist. Stinkreich wären die, oder taten wenigstens so. Und was es alles zu bedenken galt! Da war zunächst die Kleiderfrage, dann natürlich der Ort, an dem das Ereignis stattfinden sollte. Sogar der Konfessionsstreit entbrannte neu, denn auch die Bergbauerneltern meldeten sich mit ungeahnter Vehemenz zu Wort.

Im Geiste malte Loisl sich aus, wie da demnächst Welten aufeinander prallen würden! So etwas stellte man sich besser nicht vor. Trug diese neureiche Bagage den Kopf nicht reichlich künstlich hoch? Im Grunde waren die von kultivierter Lebensart genauso weit entfernt wie seine eigenen Leute. Diese hatten sich wenigstens ihren hinterwäldlerischen Stolz bewahrt. Der zählte am Ende vielleicht sogar mehr.

Der erste Besuch in der Brautmoden-Boutique verschlug Loisl den Atem. Dort gab es wirklich keine Grenzen. Es war einem sogleich, als kutschierte die königliche Familie unentwegt die Regentstreet entlang, um damit die rechten Maßstäbe zu setzen. Dahinter, so suggerierte das diskrete Personal, fiele man besser nicht zurück.

Sylvie verschwand alsbald in einem Rausch von Tüll und Strass. Da er den Zylinder kategorisch verweigerte, einigte man sich auf etwas weniger Förmliches. Doch er fand, er sähe immer noch aus wie Sitting Bull bei den Friedensverhandlungen mit dem amerikanischen Präsidenten.

Selbstverständlich müssten die Haare runter. Darüber gab es auf der Gegenseite keine Diskussionen - nackenlang nähme man hin - aber mit vernünftigem Schnitt, wenn schon - gab man ihm zu verstehen.

So ging's bereits hundert Tage vor dem Ereignis zu. Er wagte nicht sich vorzustellen, wie dies enden würde. Ihm hatte zunächst eine dieser Entführungshochzeiten vorgeschwebt. Auch für solche Fälle gab es akzeptierte Muster, wo das glückstrunkene Paar in Straßenkleidung das Cabrio besteigt, an das die wenigen Freunde einige Blechbüchsen und das nicht weniger obligatorische 'Just-married'-Schild angebracht hatten.

Für diese Variante freilich gäbe es keine Chance, das wurde ihm immer klarer, je näher der 'Große Tag' rückte. Die würden nichts auslassen, keinen Hochzeitsmarsch und keine Brautjungfern, die Hochzeitskutsche nicht und schon gar nicht den Treueschwur vor dem Altar. Und das mit Sylvie, gerade mit Sylvie, es war nicht zu fassen. Und wie sie aufblühte. Ihre Augen wurden zu leuchtenden Sternen der zärtlichsten Hingebung. All ihre Kratzbürstigkeit war verflogen. 'Heiraten ist eben doch was ganz anderes', jubilierte es unausgesprochen in ihr.

Auf die Freunde machten Loisls Vorbereitungen keinen guten Eindruck. Sie schüttelten den Kopf, wenn die Rede auf das bevorstehende Ereignis kam. Ihre Zusammenkünfte wurden dazu noch immer seltener, da Loisl mehr und mehr in seine 'neue Welt' hineingezogen wurde.

Aurobindo fühlte sich in die Zeit seiner Brautwerbung versetzt. Immerhin waren ihm die indischen Hochzeitsriten fremdartig genug erschienen, so hatte er sich auf sie umstandslos einlassen können. Aber hier...

- Verächtliches Schulterzucken! - „Irgendwie spinnt der...“

Gwen fragte Loisl hämisch nach den alternativen Gehalten, ob es ihm wenigstens gelänge, dies oder das durchzusetzen...

„Nein...? Na ja, dann vielleicht...? Auch nicht? Irgendwie schade, aber so ist das eben, sind schon verkrustete Strukturen, die da hochkommen, nich...?“

Gwens mitleidige Anteilnahme machte es Loisl nicht eben leichter. - Wäre da nur nicht Sylvie gewesen... Und schon geriet er wieder ins Schwärmen.

„Wie ein liebeskrankes Rindvieh“, meinte Gwen hinter dessen Rücken zu Aurobindo.

„Jeder muss sehen, wie er zurechtkommt. Für mich wär das nichts mehr...“

Wie es mit ihrer gemeinsamen Wohnung weitergehen würde, konnte Loisl ihnen noch immer nicht sagen, den es davor graute, ins aufgestockte Walmdach der Schwiegereltern zu ziehen. Eine Idee von Sylvies Mutter, die selbst Sylvie zu weit ging. Eine andere Alternative wäre - „ein eigenes Heim - ganz für sich allein“. Man könnte ja die

Junggesellenbude dafür abstoßen, (Sylvie bezog sich auf ihr Apartment).

Von der Stadtwohnung (so nannte Sylvie Loisls Professorenetage) hielt sie anfangs wenig, die wäre zu belastet, außerdem, - „wohnen da jetzt nicht deine merkwürdigen Besucher?"

Vergeblich rückte Loisl sein Verhältnis zu den beiden zurecht. Dass sie wirkliche Freunde wären, jedenfalls der eine. Sie hatten sie sich freilich nur in einem begrenzten Ausschnitt ihres Lebens kennengelernt. Vom verborgenen Rest wussten sie so gut wie nichts. In ihren Kreisen genierte man sich seiner Herkunft eher. Man hielt sich gerne bedeckt, besonders, wenn es um die sogenannten *bürgerlichen Strukturen* ging, von denen keiner ganz frei war, und für die sich zu schämen alle guten Grund zu haben glaubten.

Hier wurde denn auch ein entscheidender Schwachpunkt in ihrer *Aussteigermentalität*, von der sie alle mehr oder weniger durchdrungen waren, spürbar.

Es war also kein Wunder, wenn Loisl das Gewissen schlug. Sarkastisch hielt er sich vor, man könne eben nicht auf zwei Hochzeiten tanzen. Wobei ihm siedendheiß einfiel, dass er tatsächlich schon allzu bald auf der seinen zu tanzen hätte. Soweit waren sie jetzt schon. Um den Eröffnungswalzer käme das Brautpaar keinesfalls herum.

„Dann üben Sie eben ein wenig, Aloisius", hatte man ihm beschieden, als er auf seine fehlende tänzerische Eignung hinwies.

„Sylvie wird Ihnen nur zu gerne behilflich sein, Sie glauben gar nicht, welch eifrige Tänzerin Sie in unserer

Sylvie gewonnen haben..." Und nach einer nachdenklichen Pause: „... jedenfalls früher..."

So rückte der Termin unaufhaltsam heran. Sylvie fand wieder des öfteren zu ihrer infantilen Art zurück, die Loisl zur Weißglut trieb. Immer wenn es nicht nach ihrem Kopf ging, schmollte sie oder machte ihm heftige Szenen. Sie war dabei wechselhaft wie das Aprilwetter, denn was sie den einen Tag gebot, das verbat sie sich oft schon am nächsten.

*

Sonja hatte zum nicht geringen Stolz ihres Vaters, das Abitur mit Auszeichnung bestanden und würde versuchen, bereits ins Wintersemester einzusteigen. Die Jugend hatte es wieder schrecklich eilig, fand Gwen. Statt sich einige Monate zu gönnen, irgendwohin, vielleicht nach Griechenland auf eine einsame Insel zu verschwinden, legte Sonja sich gleich wieder voll ins Zeug, kaum dass die Abi-Feier vorüber war.

„Die sind anders als wir...", bemerkte er zu Aurobindo. Es bereitete ihm gleichwohl eine große Genugtuung, sie studieren zu sehen. Aber auch für ihn bedeutete Sonjas Wechsel einen Einschnitt. Die Zeit der Experimente wäre nun endgültig vorüber. Sonja hätte keinen Bafög-Anspruch und das bedeutete, dass er sie finanziell zu unterstützen hätte.

Es wunderte ihn, weshalb dieser Zwang ihn nicht störte. Er war vielmehr froh, die Ungewissheit los zu sein. Er brauchte nun nicht länger seinen Eingebungen zu lauschen, sondern konnte sich ganz normal, wie jeder andere auch, um Arbeit bemühen. Er würde zum Arbeitsamt gehen und die Annoncen in den Zeitungen studieren, eben derlei Dinge.

Ein wenig graute er sich zwar vor der Erstellung eines dieser Standard-Bewerbungssätze, doch da er nun seine Promotionsurkunde zu oberst legen könnte, wäre auch dies weniger entwürdigend, als er es aus seinen frühen Jahren erinnerte.

So entfaltete sich eine rege Betriebsamkeit. Jeden Morgen galt sein erster Gedanke dem Briefkasten. Doch mit den ersten Absagen schwand der Elan und Resignation breitete sich aus. Vielleicht wäre es für ihn doch besser, seine Kurstätigkeit weiter auszubauen, statt auf den Druchbruch an der Arbeitsfront zu hoffen. So schlecht verdiente man gar nicht dabei. Natürlich hätte eine feste Anstellung enorme Vorteile. Andererseits, wenn er daran dachte, wie er sich mit irgendwelchen Vorgesetzten herumzuplagen hätte...; dann doch lieber unabhängig. So konnte er im übrigen weiter seiner Öko-Institutsidee anhängen.

Weshalb er diese wegen einer festen Stelle hätte aufgeben müssen, konnte er freilich nicht einmal sich selbst erklären. Wieder einmal bog er sich die Dinge zurecht, wie er sie brauchte. Ihm bliebe ohnehin nichts anderes übrig, da ihn ganz offensichtlich niemand haben wollte, was man in diesen Zeiten, wo das Heer der arbeitslosen Akademiker quasi stündlich anschwoll, nicht allzu persönlich nehmen musste.

Gleichwohl litt er unsäglich. Verzweifelt klammerte er sich an das Gerüst seiner festen Termine, lud sich mehr Stunden denn je auf, die ihn nur bedingt abzulenken vermochten.

Sonja, für die er sich - wie er meinte - hinopferte, bemerkte davon nichts. Sie war Feuer und Flamme, denn sie wusste sehr wohl, welche Freiheiten winkten: Kein morgendliches Aufstehen, kein Schulstress, keine Lehrer mehr, statt dessen *die akademische Freiheit*, das Leben im Studentenheim, wo sie einen Platz ergatterte, da ihre Mutter inzwischen aufs Land gezogen war.

- Schön, dass man Studenten solche Anfahrtswege nicht zumutete. Aber vielleicht war es wirklich nicht schwer, ins Wohnheim zu kommen, wenn man sich dahinter klemmte. Man musste eben nur wollen, das war's. Vielleicht herrschte dort auch Männerüberschuss oder wollten die vom Studentenwerk ihre Inländerquote erfüllen, da die meisten Studenten, die im Heim wohnten, Stipendiaten aus fernen Ländern waren.

Weshalb sollte sie ein drei viertel Jahr verlieren? Das sah sie überhaupt nicht ein. Und außerdem, wohin hätte sie fahren sollen, und dann noch allein? Und Geld hätte sie auch keines. Die halbe Zeit hätte sie jobben müssen, um sich die Ferien zu leisten. - „Nein, nein, ist schon besser so, da kommt man dann auch richtig rein", ließ sie ihren leidenden Vater wissen: „Jetzt hab' ich Spaß daran, wer weiß, wie es nächstes Frühjahr aussieht..."

Vielleicht gefiele ihr ja ihr Job so gut, dass sie ihn nicht wieder aufgeben wollte, wenn sie erst einmal einen gefunden hätte, was auch für sie gar nicht so leicht war. Oder sie gewöhnte sich an das viele Geld, an das Auto und was sonst noch. So müssten eben ihre Eltern einspringen.

Für Gwen würde es hart, aber war dies ihre Schuld? Ihre Mutter lag nun einmal über der Bemessungsgrenze. und was Gwen verdiente, wusste nicht einmal er selbst.

Dabei machte der überhaupt keinen Druck, im Gegenteil, regelrecht agitiert hatte er sie, zu studieren. Alle Möglichkeiten hatten sie durchgespielt, sich Fächerkombinationen überlegt, was gut zusammenpassen könnte, und wovon man am meisten hätte. Bei ihm ging's immer nur um Inhalte, Geld war ihm gleichgültig:

„Du kannst doch jetzt nicht anfangen, dich zu vermarkten, wo du noch nicht mal richtig weißt, was du machen willst!" - (Er betonte *vermarkten*, als sei es etwas schrecklich Unanständiges.)

Nach Hause fuhr sie schon gar nicht mehr. Da ging es natürlich genau anders herum, ihre Mutter übertrieb genau in die andere Richtung.

Denn sie fand, dass Gwen mit dieser brotlosen Kunst der Intellektuellen kokettierte. Sie war für den Mittelweg. Die würden schon sehen...

*

Mit dem Kino kam die Wirklichkeit seit langem nicht mehr mit, das war Gwen schon häufiger aufgefallen. Man hatte inzwischen den Eindruck, als eiferten die Menschen nach Kräften den cineastischen Vorgaben nach, maßen sich am unerreichbaren, millionenteuren Ideal voller Stimmigkeit und Raffinement, wo nicht das kleinste Fältchen dem Zufall überlassen blieb und wo oft erst am Schneidetisch die Filmwirklichkeit zusammengebastelt wurde, weshalb es kein Wunder war, dass es den ausgewählten, durchkalkulierten Bildern gelang, rund um den Erdball, kulturübergreifend, die gewünschten Eindrücke zu erwecken.

Einem solchen Ideal zu genügen, schaffte die illustre Hochzeitsgesellschaft, die sich anlässlich der Trauung von Sylvie und Loisl vor der Kathedrale eingefunden hatte, mithin nicht. Gleichwohl war es ein imposantes, ja, ein monströs zu nennendes Bild, das sich da vor Aurobindo und Gwen aufbaute, die sich bewusst im Hintergrund hielten, so, als gehörten sie eigentlich gar nicht dazu.

Schon das Wetter schien der Hochzeitsgesellschaft nicht wohl gesonnen. Es war launisch und windig. Die Böen rissen der Braut, die noch am Arm des Brautvaters hing, am Schleier, als gönnten sie ihr die Genugtuung nicht, die sich gleichwohl in ihrer Körperhaltung auszudrücken suchte.

Herr Mielenke, Sylvies Vater, war eine markante Erscheinung, voller Durchsetzungskraft, vielleicht ein wenig zu vierschrötig und mit einem Bauchansatz, den auch der Frack nicht mehr kaschierte. Auch er war von dem Herbstwind in Mitleidenschaft gezogen worden. Seinen Zylinder hatte eine Windböe mit sich gerissen. Jemand hatte das gute Stück an der Treppe vor dem Kirchenportal eingefangen, wo es sich verfing, nachdem es dem Zug - zur Belustigung der wenigen Schaulustigen - keck voraus geradelt war.

Nur mühsam verkniffen sich Gwen und Aurobindo ihr Lachen. Sollten sie auf die Teilnahme an der Zeremonie vielleicht doch verzichten, wenn sie ohnehin nur störten?

Doch Aurobindo drängte in die Kathedrale hinein. Sie schlüpften gerade noch rechtzeitig durch das dunkle Portal. Die letzten feierlichen Töne des Hochzeitsmarsches verhallten, und die Orgel setzte nach einer Minute knisternder Stille ein, während vorne beim Altar ein schmächtiges Männlein mit einer viel zu mächtigen hohen Haube in Positur trat, von pausbäckigen Monstranten flankiert, deren weiße, gesteifte Spitzenkragen bei jeder Bewegung nachwippten.

„Das ist der *'Oberpriester'*“, zischelte Aurobindos Stimme an Gwens Ohr.

Auch Loisl wurde nun herangeführt und an die Seite seiner Braut gestellt. Wie ein verlorenes Kälbchen wirkte er, irgendwie zu schmal, neben diesem üppigen weißen Traum, der Sylvies Körper matronenhaft aufblähte. Wie eine Bienenkönigin - schoß es Gwen durch den Sinn, mit einem riesigen weißen Unterleib. Irgendwie komische Bräuche... Ob solch eine Assoziation je jemand beabsichtigt hatte? Wohl kaum!

Die unbeteiligte dürre Stimme des *'Oberpriesters'* riss Gwen aus seinen Betrachtungen.

„An der Haube erkennt man bei denen die Rangordnung“, ließ Aurobindo sich wieder unverdrossen vernehmen.

Bosheit lag in seiner Stimme, womit er sich erfolgreich zur Wehr setzte, „gegen diesen falschen Gefühlswust", der in ihm hochkommen wollte. Die Stimme des Priesters wirkte völlig desinteressiert, seine Rede, eine Mischung aus schlechtem Latein und ermahnenden Phrasen, machte gleichwohl Eindruck auf die Anwesenden. Tüchlein tupften vorsichtig gegen überquellende Augen, breite schwarze Rücken zitterten.

„Wer im Ritual gefangen ist, kann sich seiner Macht nicht erwehren", flüsterte jetzt auch Gwen Aurobindo ins Ohr. Sie taten, als seien sie Ethnologen auf Forschungsexpedition zu einem fremdartigen neuentdeckten Eingeborenenstamm.

Beim Jawort schließlich kulminierte die Anteilnahme, falls dies noch möglich war. Ein Raunen, ein „Ahh" ging durch die Versammlung, als von hoch oben ein Chor einsetzte, der sich hinter der riesigen Orgel verbarg. Das wirkte freilich sehr gekonnt - und gerade im richtigen Moment. So gewann man seine Schäfchen zurück, damit drang man selbst alten Sündern tief ins Mark.

Aurobindo lauschte mit offenem Munde und Gwen, der ohnehin für klassische Töne zu begeistern war, merkte, wie in seinem Innern eine Barriere zusammenbrach.

So reihten sie sich denn, endlich doch ergriffen, in die schier endlose Schlange der Gratulanten ein, die zunächst das Spalier bildete, durch welches das vermählte Paar - im Blitzlichtgewitter und unter dem Hagel von Reis und Schauern von duftenden Blütenblättern - die lange Treppe am Portal hinabstolperte.

Loisl wirkte dünn und blass um die Nase, mit dem ungewohnt gestutzten Haar - ein wenig erinnerte er doch auch an Samson, dachte es in Gwen schon wieder aufmüpfig, und es gab ihm einen Stich, aber eben nur ein wenig. Während Sylvie vorbehaltlos strahlte, dass einem das Herz aufging.

Für Aurobindo genierte Gwen sich nun nicht wenig, der sich im indischen Feststaat neben ihm zur Schau stellte. Er wirkte wie auf einem Faschingsball. Er hatte sich doch tatsächlich das Gesicht und den Hals braun geschminkt, bemerkte er peinlich berührt.

Sich selbst fand Gwen allerdings auch nicht gelungen, denn er hatte sich in einen inzwischen ziemlich knapp sitzenden Nadelstreifenzweireiher vom Flohmarkt gezwängt, der unter den Armen spannte und dessen Rückennähte bei jeder Bewegung bedrohlich knackten. Sogar die Knöpfe hatte er versetzen müssen, sonst hätte die Jacke über dem Bauch nicht geschlossen.

Beide fröstelten im scharfen Wind auf der Treppe. Es war, fanden sie, kälter als zuvor beim Hineingehen.

Zu Kutsche mit Schimmelgespann hatte es dann doch nicht mehr gereicht. So musste sich das Paar in die väterliche Nobelkarosse begeben, die allerdings mit Blumengebinden festlich herausgeputzt war. Sogar einen Chauffeur in Livree gab es, der den Wagenschlag aufriss und sich devot, mit der Schirmmütze in der Hand, verbeugte, als Sylie sich ein wenig zu mühevoll in den Fond hineinzwängte, mit all ihrem Tüll, den Schleiern und dem sich türmenden Haarzierrat.

Für die Fahrt im offenen Landauer wäre es ohnehin zu kalt gewesen, tröstete sie sich. Dennoch war der Wettereinbruch nicht schuld an der vergleichsweise bescheidenen Lösung der Transportfrage. Es war kein Schimmelgespann aufzutreiben gewesen, nur einen bequemen Touristenwagen mit Gummireifen hätten sie bekommen können, der von einem ziemlich lächerlichen Ponygespann gezogen worden wäre.

„Dann lieber gar keine Kutsche", meinte Sylvie angesichts dieses Gefährts mit Tränen der Wut in den Augen, der eine richtige Märchenkutsche vorschwebte mit goldenem Baldachin und purpurnen Polstern.

Vergeblich bestürmte Loisl sie, angesichts solch offen zutage tretender Regression, sich zu mäßigen. Sobald Sylvie merkte, dass es ihrem Hochzeitstraum an den Kragen ging, ließ sie nichts mehr an sich heran. Darin hatte überhaupt die ganze Schwierigkeit der Vorbereitung bestanden.

Sylvie besaß von allem ein völlig klares Bild und natürlich beugte sich die Wirklichkeit nur selten ihren Vorstellungen. Sie kam Loisl ein wenig wie eine Regisseurin vor, die ihren ersten großen Film macht.

Wäre es um einen Film gegangen, hätte er ihre Hartnäckigkeit mit viel mehr Verständnis hingenommen. Vergebens versuchte er, sich die Dinge zurechtzubiegen. Er vermochte es nicht, konnte nicht über seinen Schatten springen. Sogar Gwen machte ihn auf Sylvies Begabung aufmerksam, dem Zielstrebigkeit an sich gefiel, ganz gleich, worauf sie sich richtete.

Vielleicht, wenn sie weniger von ihrer Familie unterstützt worden wäre, wenn es nicht immer wieder um diese grässliche Protzerei gegangen wäre - denn die bekam Gwen freilich viel weniger mit als er, der gerade in der Vorbereitungszeit in dem Hause seiner künftigen Schwiegereltern fast täglich ein und aus ging -, vielleicht hätte er ihr Treiben dann mit anderen Augen sehen können. Und auch er hätte Gwens Wertschätzung seiner Sylvie, die ihm gleichwohl gut tat, zumal er in Gwen einen unbestechlichen Richter zu haben glaubte, unverhohlen geteilt. Doch wie die Dinge lagen, fühlte er sich dazu außer Stande.

Aurobindo und Gwen ratterten in dem alten Käfer hinter der Wagenkolonne drein, die sich endlich in Bewegung setzte. Sie taten, als gehörten sie nicht dazu. Leider ermangelte es der Zuschauer. Um so alberner wirkte das gelegentliche Winken weißbehandschuhter Hände aus den eigens zu diesem Zweck geöffneten Fenstern im Fond.

In der Innenstadt wurde es noch schlimmer. „Fehlte noch, dass die Kamellen schmeißen", meinte Gwen sarkastisch. Ob sie machten, dass sie wegkämen? Aber das könnten sie Loisl nicht antun, zumal nun extra etwas Vegetarisches für Aurobindo bestellt worden war.

Sie bogen also doch auf den Parkplatz hinter dem herzoglichen Kurhotel ein, das wohl die nobelste örtliche Hoteladresse war und beeilten sich, den Anschluss an die Gesellschaft nicht zu verlieren. Womöglich hätte man sie allein nicht hereingelassen, trotz dieser auf Büttenpapier gedruckten Einladungen in ihren Brusttaschen.

Es gab eine Panne, die Tafel war noch nicht gerichtet, jemand hatte sich um eine Stunde vertan. So stand man in der Lobby herum, nippte an den Aperitifs, unterhielt sich oder wurde einander vorgestellt und die Brauteltern waren fast froh um die öffentlichkeitswirksame Gelegenheit der Selbstdarstellung, freilich ohne sich dies dem Personal gegenüber anmerken zu lassen. Besonders Aurobindo erwies sich als Attraktion. Einen größeren Gefallen hätte Loisl den Damen der Gesellschaft gar nicht tun können, als ihnen einen indischen Guru zu präsentieren.

Ob er nicht auch aus der Hand läse oder Horoskope machte? - „Nein?! - Wie schade." - Aber auch für Aurobindos Yoga und seine Meditationstheorien bekundete man großes Interesse.

- Wäre gar keine schlechte Idee, mit der Astrologie, dachte dieser, der diskret, fleißig und völlig ungeniert, sein visitenkartengroßes Werbematerial verteilte, das er anscheinend immer mit sich führte.

Gwen war es in seinem Schatten zufrieden. Wen hätte er auch in ein Gespräch verwickeln sollen? Dieser Smalltalk lag ihm nicht; leider, wie er fand, denn er bewunderte die Salonlöwen, die sich einen Abend lang prächtig unterhielten, ohne auch nur ein bedeutungsvolles Wort zu äußern.

Es mochten inzwischen doch um die einhundert Gäste anwesend sein. Vielleicht hatten sich auch einige Kiebitze darunter gemischt, jedenfalls war die Empfangshalle ziemlich voll. Man war des langen Stehens müde und so wurde das Personal wieder und wieder auf Stuhlsuche geschickt. Nur die Kellner, die mit den gefüllten Tabletts durch die Reihen liefen, ließ man in Frieden, zumal die Gläser immer häufiger gewechselt wurden, was eine gewisse Ausgelassenheit mit sich brachte. Man hatte nichts im Magen, so wurde es höchste Zeit, als endlich zu Tisch gebeten wurde.

Diskret steuerte eine Art Zeremonienmeister, der von den Oberhäuptern der Familien gelegentlich unterstützt werden musste, die Parteien wieder auseinander, die sich eben noch bunt gemischt hatten. Die äußersten Flügel besetzten die Freunde des Paares, was Loisls Wohngenossen auseinander riss. Von Ferne nur sah Gwen Aurobindos Turban wackeln, der sich eifrig zu seiner Tischdame hinüberbeugte, während ihm allmählich die Röte in die Wangen schoss. Das Geschöpf neben ihm schien kaum weniger einsilbig zu sein als er selbst. Es musste eine von Sylvies Schulfreundinnen oder Studienkolleginnen sein, vom Alter her, vermutete er. Sie warf verstohlene, schnelle Seitenblicke zu ihm hin, immer wenn sie glaubte, er bemerke es nicht.

Alle anderen in ihrer Umgebung schienen sich prächtig zu unterhalten. Hätten sie einander wenigstens gefallen. - Einstweilen enthob sie das Hors d'oeuvre der leidigen Konversationspflicht, die beide Zentner schwer auf sich lasten fühlten.

Es gab einen ziemlich fischig schmeckenden, scharfen Brei, der viel zu fett war. Wie sollte er nur den Riesenbatzen auf die zwei Brotscheibchen schmieren, überlegte Gwen.

Verzweifelt schüttete er den viel zu kalten, weißen Wein in sich hinein, den es dazu gab. Er hätte sich Salat gewünscht. Den andern schien es zu schmecken.

Aufmerksam waren sie, die Kellner, denn kaum hatte er sein Glas geleert, wurde es schon wieder gefüllt. Wer sich diese Tischordnung wohl ausgedacht hatte? Vielleicht käme man sich auf negativem Wege näher? Sollte er ein wenig meckern? - Über das Essen besser nicht, denn seine Tischdame stopfte sich Gabel um Gabel der Vorspeise in den Mund.

Er fühlte er sich mit einem Male alt. Sein Anzug drückte und zwackte überall, besonders jetzt, wo er still sitzen musste. Er bekam kaum die Arme nach vorn, so sehr spannte der Stoff über dem Rücken.

Schließlich äußerte er seine Vermutung, dass sie eine von Sylvies Freundinnen sei: - Ja, sie kannten sich noch aus der Schule. Doch man habe sich aus den Augen verloren. Von der Hochzeit sei sie völlig überrascht worden.

Umständlich erläuterte er danach sein Verhältnis zur Braut, was jedoch nicht zu interessieren schien. Als Freund des Bräutigams versuchte er sodann über diesen zu reden, auch dies erwies sich als unergiebig.

Ihr Name sei falsch geschrieben worden, erfuhr er nach einer neuerlichen lastenden Pause: „da, auf der Tischkarte: Tania mit 'I' nicht mit 'J'."

„Vielleicht nach Tania Blixen?"

Der ratlose Blick sprach Bände. Also wieder nichts.

Medizinstudentin im achten Semester sei sie. Ausgerechnet Medizin, wo er dieses unausrottbare Vorurteil gegen Mediziner hatte. Er fand wieder einmal, es sei kein Vorurteil.

Mühsam kramte er im Gedächtnis nach diesen Bravo-Bruchstücken aus vergangenen Tagen - Sonja war ihm eine Zeitlang mit den dort findlichen Teenagerweisheiten auf die Nerven gegangen.

- Fehlanzeige, so etwas lese man bei ihnen nicht. Sie meinte wahrscheinlich ihr Elternhaus über das sie denn auch bereitwillig Auskunft gab. Sie blühte sogar ein wenig auf dabei.

Mit ihrer Frage, ob er Tennis spiele, gelangte man erneut in eine Sackgasse. Jetzt fehlten nur noch Golf und Reiten, dachte Gwen und wies prophylaktisch auf seine Unbedarftheit auch auf diesen Gebieten hin.

Während der folgenden Gänge setzte bereits die Tischmusik ein. Das kleine Orchester war inzwischen angekommen und enthob sie weitgehend der mühseligen Konversation. Zumal die Pausen zwischen den nostalgischen Caféhausstücken mit kurzen, meist eher förmlichen Ansprachen gefüllt wurden. Ein jeder der Herren fühlte sich alsbald verpflichtet - kaum dass die ersten Toasts auf das Brautpaar ausgebracht waren -, etwas dem Anlass Gemäßes von sich zu geben.

Die Wendung, 'eigentlich bin ich kein großer Redner', fiel mehrere Male. Sie schien die Redner allerdings eher anzustacheln, sich selbst Lügen zu strafen.

Rührung kam der Reden wegen mithin selten auf. Erst dem etwas ungeübten Mezzosopran einer entfernten Tante Sylvies gelang es, die Tränen wieder zum Fließen zu bringen. Mit dem Lied, 'Plaisir d'amour', weckte sie, vornehmlich bei den reiferen Damen, Erinnerungen oder vielleicht auch nur in die Vergangenheit zurückprojizierte Wunschbilder voll süßen Liebeswehs.

Als Sylvies Mutter merkte, was Cousine Melanie anrichtete (nie hatte sie diese impertinente Person leiden können), war es bereits zu spät. Die Stimmung kippte. Die eben noch ein wenig hysterische Aufgekratztheit schlug in besinnliche Einkehr oder gar in heulendes Elend um. Und dies gerade als die *'Birne Helène'* aufgetragen wurde, zu der man sich etwas ganz Besonderes hatte einfallen lassen. - Auch das hatte ihr Melanie nun gründlich verpatzt.

Immerhin drangen einige 'Ahhs' und 'Ohhs' an Frau Mielenkes Ohr, als es plötzlich dunkel wurde im Saal und die Ober mit den brennenden Obstschalen aufmarschierten.

- Erst Loisl sorgte - wenn auch unfreiwillig - wieder für Heiterkeit, sehr zur Schande Sylvies, die ihn vergeblich zu dirigieren suchte bei ihrem *'Eröffnungswalzer'*. 'Dieser Mensch kann wahrhaftig nicht bis drei zählen', dachte sie und funkelte ihn wütend an, der vor Scham am liebsten im Boden versunken wäre.

Bei der ersten Polonäse verflog ihr Ärger und war bald vergessen. Die Bewegung tat allen gut, die Stimmung wurde ausgelassener. Diskret steuerte Frau Mielenke den Fluss des Champagners, die sich jetzt nicht ganz zu Unrecht sorgte, die Feier könnte womöglich in ein Besäufnis umschlagen.

Doch das Fest klang glimpflich aus. Das Paar verschwand, wie es von ihm erwartet wurde, gegen Mitternacht und setzte damit ein Zeichen. Der allgemeine Aufbruch erfolgte nur wenig später. Einige Unentwegte freilich fanden sich an der hauseigenen Bar ein, wo es noch bis gegen halb vier Uhr morgens weiterging, aber das gehörte schon nicht mehr dazu.

*

Als Loisl vier Wochen später aus den Flitterwochen zurückkam, eröffnete er Gwen und Aurobindo verlegen, dass

Sylvie nun doch in die Stadtwohnung ziehen wolle. Es sei ihm gelungen, ihr die Idee ihrer Eltern auszureden, ins Dachgeschoss ihrer Bad Homburger Villa zu ziehen, was ihn ganz ungemein erleichterte, denn das, so versicherte er ihnen, hätte er niemals ertragen.

Gwen war Loisls Ansinnen recht, obwohl es bedeutete, dass er und Aurobindo ausziehen müssten. Das brauchte Loisl ihnen gar nicht erst zu sagen. Er hätte endlich einen guten Grund, heimzukommen.

Nicht nur er, auch Mieke wünschte sich inzwischen die alten Zeiten zurück. Er nahm sich vor, keine Fragen zu stellen und war insgeheim heilfroh, so glimpflich davon gekommen zu sein. Ein Leben ohne Mieke war für ihn - gerade jetzt - nicht mehr vorstellbar. Und so sehr er die Zeit mit den Freunden genossen hatte, war er den ungewissen Zustand doch auch leid. Derlei Experimente waren nichts mehr für ihn. Was er wollte, fand er bei Mieke. Und er brauchte mehr davon denn je. Er war froh, als es ihm gelang, sich dies einzugestehen. Er litt unter dem Mangel an Wärme. Nur bei Mieke fühlte er sich geborgen und daheim. Wenn schon Abenteuer, dann nicht die des Stadtdschungels.

Auch Mieke brauchte ihn. Ihr Laden lief so gut, dass sie vor Arbeit nicht mehr wusste, wo ihr der Kopf stand. Gwen war ihr nur zu gerne behilflich, enthob ihn ihre Not doch der leidigen Frage, wie es beruflich mit ihm weiterginge.

Der Laden verband sie auf eigene Art. Ihre beiderseitige Befürchtung, sie würden bei der Arbeit aneinander geraten, trat nicht ein. Im Gegenteil, die neue Gemeinsamkeit bildete eine Bereicherung.

Aurobindo wich zunächst wieder in die Praxis seines Heilpraktikerfreundes aus, wo er indes nicht lange alleine blieb. Auf einem Kongress verfiel er dem Charme einer Hexe, die ihn mit sich in ihr entlegenes Hexenhäuschen, irgendwo in der Vulkaneifel, nahm, wo es ihm, so behauptete er jedenfalls bei einer der wenigen Gelegenheiten, die ihn zurück nach Frankfurt führten, ganz ausgesprochen gut erginge. Man veranstalte gemeinsame Seminare, übe sich in weißer Magie und lebe im übrigen beschaulich in den Tag hinein.

Das klang recht überzeugend fand Gwen, dem sein eigenes Scheitern auf dem Lande die Sicht trübte. Es käme eben auf die Umstände an, vielleicht war es das. Aurobindo verstand von diesen magischen Dingen zweifellos mehr als er, und sie bedeuteten ihm auch so viel.

Aurobindo hatte, wie es schien, ins Schwarze getroffen. So blieb Gwen nur, dem Freund aufrichtig zu gratulieren, als der ihm eröffnete, auch Linda, so hieß die Auserwählte, habe sich ihm in der Walpurgisnacht - nach Hexenart - vermählt.

Es schien, als füge sich jedem ein geheimer, langangelegter Plan, weise ihnen ihre Plätze zu und so sehr sie sich auch gesträubt hatten, entwickelten sich die Dinge hinter ihren Rücken zu ihrem Besten.

Nicht alle ihre Träume erfüllten sich, und auch die versteckten, hochfliegenden Begierden wurden eher enttäuscht, für die ihre Kräfte wohl nicht ausreichten. - Aber sich solche Mängel einzugestehen, war im Leben das Schwierigste und wollte gelernt sein.

Dem eigenen Triebschicksal entrann man nie, soviel erwies sich einmal wieder, sinnierte Gwen, der sich von den Dreien vielleicht am wohlsten fühlte. Wie schaffte er es nur immer wieder, sich die Dinge glücklicher einzurichten als andere? Oder stimmte dies gar nicht, war er vielmehr auf einer anderen Entwicklungsstufe angelangt? Vieles was Loisl gerade durchmachte, lag hinter ihm. -Wie Sylvie ihn an Susan erinnerte!

Und ein einziger Sommernachmittag in der Vulkaneifel genügte, um ihm zu vermitteln, wie sehr sich diese Landkommunen und das Landleben allenthalben glichen. Aber darauf musste man erst selbst kommen. Das nahm einem keiner ab. Da konnte jemand noch so viel erzählen. Für jetzt gehörte Aurobindo zweifellos dorthin.

Immerhin - die grobe Richtung stimmte. Alles gehörte so zusammen, wie es sich arrangiert hatte. Ohne Groll schieden die drei, die sich für kurz an einem Knotenpunkt ihres Lebens begegnet waren. Die flüchtige Berührung würde kaum Spuren hinterlassen. Es sei denn, der unwirkliche Knabentraum tauchte eines fernen Tages wieder empor oder gehörte sogar zu einer transzendenten Verheißung, die dereinst vielleicht das Scheiden aus der Welt erleichtern würde. Denn es verhielt sich mit ihm doch gänzlich anders. Mit den Nöten und dem Drängen jener unersättlichen Gier, die sie trieb und die sie in die Bahnen ihres Geschicks hineindrängte, hatte er jedenfalls wenig gemein.

*

Mieke war wie ausgetauscht, irgendwie hatte Gwen es geschafft, ihr seine Lust auf die Männer-WG anschaulich zu machen, was ihr wohl zu denken gegeben hatte. Oder war ihr Lover abgesprungen, von dessen Existenz Gwen halbwegs überzeugt war, ohne freilich die Spur eines Beweises in Händen zu halten.

Wieder war eine dieser Schlachten im Krieg der Geschlechter geschlagen, von denen es, so hatte ihn das Leben gelehrt, gute und schlechte gab. Er fühlte sich gut. Da auch sie gelöst und glücklich wirkte, rechnete er diese Schlacht zu den guten, wo mitunter, so beschloss er selbstherrlich, eben auch einmal beide Seiten Sieger bleiben.

„Ist schon komisch mit uns...", meinte er zu ihr, als sie darüber redeten. Mieke konnte nur beipflichten, denn auch sie verstand sich im Nachhinein nicht mehr. „Vielleicht braucht man diese Phasen eben, meinst du nicht auch?", fragte sie vorsichtig.

In Gwen quoll sofort wieder die Bitterkeit herauf, war *er* doch vor die Tür gesetzt worden, und es war nicht Miekes Verdienst, dass es ihm dann gelungen war, bei Loisl unter zu schlüpfen.

„Was hättest du gemacht, wenn ich nicht mehr zurückgekommen wäre?", stichelte er boshaft, wohl wissend, wie er sie damit in Bedrängnis brachte. Sie hatte ja bereits zugegeben, wie ratlos sie war, und dass sie sich ihre Gefühlskälte gegen ihn nun auch nicht mehr erklären konnte.

- Und wie es ihr leid tat! - Ihre Augen füllten sich mit Tränen, als sie dies dachte. Laut sagte sie, wie sie selbst fand, reichlich albern: „Ach, du mein armer Brummelhase, was hab ich dir nur angetan. Wie kann ich das bloß wieder gutmachen?"

Gwen fühlte, wie er aufging. Kosewörter, schien ihm, können gar nicht albern genug sein. In der richtigen Situation haben sie unweigerlich ihre Wirkung. Wäre er ein Kater gewesen, er hätte jetzt geschnurrt. Wohlig rekelte er sich in Miekes Arm, kroch noch mehr in sie hinein.

„Ich liebe dich so sehr", krächzte er mit belegter Stimme, denn auch er fühlte, wie sich in ihm die Tränenschleuse öffnete, die endlich all seinen Hader abfließen ließ.

Die Welt versank um sie her und das ewige Geheimnis der Geschlechter verwob sie ineinander, die geschehen ließen, was mit ihnen geschah.

Endlich hatten sie wieder Zeit füreinander. „Wenn man die Zeit wirklich braucht, dann findet sie sich auch", meinte Mieke, die nun das Problem der Zeit für ihre Entfremdung verantwortlich machte.

Sie schliefen miteinander, wieder und wieder, als müßten sie die verlorenen Nächte aufholen. Und draußen graute bereits der Morgen, als sie in seligen Schlummer fielen.

Beim Frühstück, gegen Mittag des nächsten Tages, räumte Mieke auch noch Gwens letzte Zweifel an ihrer Treue aus. „Nein, da war kein anderer Mann. Meine Probleme mit dir haben mir völlig gereicht, das kannst du mir glauben."

Das gemeinsame Wochenende in dem sie sich befanden, entschwand allzu schnell. Sie mussten sich fast beeilen, denn kurz nach drei sollten sie die Kinder vom Bahnhof abholen, die zum ersten Mal allein zur Oma gereist waren. Doch Gaia war inzwischen immerhin fünfzehn und sehr wohl fähig, auf ihren kleinen Bruder aufzupassen, der ihr womöglich besser gehorchte als seinen Eltern.

Mieke gab sich Gwen ein letztes Mal hin. Ihr reichte es längst, Gwen war mal wieder unersättlich, dabei konnte er selbst kaum noch. Sie fühlte bereits wieder leisen Ärger in sich sticheln; - 'dass der aber auch nie weiß, wann Schluss ist', dachte sie.

Verstohlen blickte sie zur Uhr. Zeit war noch. Nicht dass es ihr weh getan hätte, aber je mehr Gwen stöhnte und sich abmühte, um so kälter wurde ihr der Sinn. Diese 'innere Emigration', wie Gwen es nannte, trieb ihn zum Äußersten. Er konnte dann nicht mehr zurück und quälte sich selbst am meisten. Ihre Distanz wirkte wie ein Zwang. Aber natürlich wusste er von vorn herein, dass sie für ihn unerreichbar bliebe.

Mieke bekam man so nicht herum. Wenn sie nicht wollte, dann wollte sie nicht, basta. Und das ohne jedes Wenn und Aber. Hätte sie wenigstens Zweifel gezeigt! Aber nein, stures unnachgiebiges Nichtwollen. Und dabei diese Beflissenheit, es ihm recht zu machen, ihm zu Gefallen zu sein. Das Paradox zwischen dieser offensichtlichen Bereitwilligkeit und der inneren Unbeteiligtheit machte ihn rasend. Wie ein Berserker stürmte er auf sie ein. Mühte sich, rackerte sich ab, quälte sich die letzten Samentröpfchen heraus, von denen er wusste, auf welch fruchtlosen Acker sie fallen würden. In seine Erschöpfung mischte sich schon jetzt biestige, dumpfe Trauer. Er fühlte sich zurückgestoßen, verkannt und benutzt. Zugleich wusste er, dass es kein Entrinnen aus dieser Falle gab, in die er sich, auch noch freiwillig, hineinbegab.

Aber was hieß da schon freiwillig! Mieke jedenfalls lockte ihn nicht vorsätzlich, im Gegenteil. Aber gerade dieses offensichtliche Nichtanlocken war es ja, das ihn so süchtig machte. Ihr leises Entziehen wurde ihm zum stärksten Magneten.

Bereits im Vorfeld baute sich die Spannung auf. Beide merkten es, doch sobald sie dessen gewahr wurden, war es bereits zu spät. Vielleicht war dieser Falle überhaupt nicht zu entrinnen. Vielleicht war dies die unauflösliche Spannung zwischen den Geschlechtern, ohne die eine wirkliche Beziehung überhaupt nicht möglich wäre.

Lebte die Idee von der Wohngemeinschaft nicht zu einem guten Teil aus solch einer Einsicht? - Man trennte die sozialen von den geschlechtlichen Anteilen und wurde dadurch in zweierlei Hinsicht beziehungsfähig. Entweder bezog man sich auf die Wohngenossen oder genoß seine Vögelbeziehung, die allerdings als nur stundenweise erträglich galt, so dass man sich am Morgen nach einer Liebesnacht, dem ungeschriebenen Gesetz der resignativen Einsicht folgend, zu verabschieden hatte, es sei, etwas anderes war ausnahmsweise vereinbart worden.

Damit kam man leidlich durchs Leben. Die wärmespendenden Anteile, das zwischenmenschliche Verständnis und die bergende Schulter - bei nicht lange ausbleibenden Kümmernissen aus solcher Aufgespaltenheit - holte man sich im Hort der geschlechtsneutralen Wohngemeinschaft. Jedenfalls erwartete man dergleichen dort voneinander.

Und ein jeder bekam ein schlechtes Gewissen, der sich diesbezüglich seiner Verantwortung entzog.

Über die engen Grenzen dieses Modells war man sich freilich im Klaren, jedenfalls mehr oder weniger. Besonders den Älteren fiel die Beschränktheit daran auf, der man sich gleichwohl zähneknirschend unterwarf, weil niemand eine Alternative sah. So gründlich war allen die Familie verleidet, dass lieber solche Schizophrenien hingenommen wurden, als in die Fußstapfen der Elterngeneration zu treten. Keinesfalls aber durfte man sich selbst oder einander eingestehen, wie groß die Sehnsucht nach familiären Banden mitunter wurde.

Zumal wenn Kinder ins Spiel kamen, platzte das allzu künstliche Arrangement alsbald wie eine schillernde Seifenblase.

Mit Mieke war es das erste Mal, dass er diese Schranken wieder und erstmals bewusst durchbrach. Allein die Vorstellung, mit seiner Vögelbeziehung auf Dauer zusammen zu ziehen, barg bereits allzuviel Sprengstoff, darüber hinaus aber auch noch in gemeinsame Arbeitszusammenhänge zu treten, konnte eigentlich nur in die sichere Katastrophe münden.

Zu viele Reibungspunkte müssten das bisschen Zärtlichkeit gänzlich aufsaugen, das sie füreinander empfanden. - Selbstkritisch geißelten sie inzwischen alle ihren Narzissmus -.

Am meisten wunderte er sich darüber, dass Mieke nichts dabei fand, ihn in ihrem Laden zu haben. Im Gegenteil, sie gab ihm zu verstehen, wie vorzüglich sie einander ergänzten, insofern er instinktsicher und mit Augenmaß in den beengten Räumlichkeiten werkelte, die sich alsbald wohltuend zu leeren schienen, ohne dass sich auch nur ein Buch weniger darin befand.

Außerdem kamen sie bei der Arbeit ohnehin nur für Stunden zusammen, wenn Odysseus im Kindergarten war, und weil Gwen immer an irgendwelchen philosophischen Projekten arbeitete, die ihn für ein, zwei Tage in der Woche in die Universitätsbibliothek bannten.

Diese Zeit wollte sie ihm denn auch keinesfalls nehmen. Er sollte nie das Gefühl bekommen, eingesperrt zu sein, das Gefühl hatte der arme Kerl, weiß Gott, bereits zur Genüge.

Irgendwie waren sie schon arme Teufel, diese Männer, dachte sie dann: immer gefangen in diesen engen Grenzen ihrer Begierden und Zwänge. Sorgsam achtete sie darauf, ihm das Gefühl von Freiwilligkeit zu erhalten. Die objektiven Zwänge des Haushalts waren mehr als genug für ihn, fand sie, freilich ohne sich selbst zu fragen, wo sie denn mit ihrer eigenen Freiwilligkeit bliebe.

Aber irgendwie empfand sie die Zwänge, von denen er gebeutelt wurde, nicht so drastisch. Wahrscheinlich lag dies daran, dass sie an den, wie er es nannte - kleinen Dingen des Lebens - immer wieder Spaß hatte. Sie liebte ihren Laden, ihre alten Bücher, die verqueren Kunden, die ihren Seelenmüll bei ihr abluden und vor allem liebte sie das Geld, das in der Kasse klingelte. Zumal der Umsatz seit Gwens Mitwirken deutlich anstieg, der das Unterste zu oberst kramte und aus den Tiefen der Regale und Kisten vergessene und verborgene Schätze ans Licht förderte.

Manchmal war ihr sogar, als würde ihr etwas fehlen, wenn es all die Pflichten nicht gäbe. Sie brauchte diesen festen Rahmen. Er gab ihr ein Gefühl der Sicherheit. Vor dem, was Gwen seine Freiheit nannte, fürchtete sie sich immer ein wenig. Damit könnte sie nicht viel anfangen, da war sie ganz sicher, - vielleicht deswegen, weil sie so chaotisch war, weil sie in dem Durcheinander, das sie alsbald umgab, ständig zu ersticken drohte. Ohne feste Regeln und die Anforderungen von außen ginge sie verloren.

Nicht dass sie sich an ihre eigenen Regeln gehalten hätte! Aber auch dies gehörte dazu. Sie kokettierte mit dem schlechten Gewissen, das sie regelmäßig bekam, weil es ihr nicht gelang, sich an die eigenen Vorgaben zu halten.

Vielleicht war sie nur normaler als er. Denn sie fand, so wie ihr, erging es allen ihren Bekannten, ja, überhaupt den meisten Menschen. Alle strebten nach Überschaubarkeit und stifteten selbst die größte Unordnung.

Dennoch hatte sie nicht das Gefühl, dass sie und er gegeneinander arbeiteten, oder dass sie sich gar lähmten. Ganz im Gegenteil - eine bessere Ergänzung konnte sie sich gar nicht wünschen. Er gab ihr das Gefühl der Vervollständigung. Ihr schien, als sei sie ohne ihn nur ein halber Mensch.

Darin sah sie nun ihre Abhängigkeit. Was war dagegen schon das bisschen Hörigkeit, an der er litt?, dachte sie und erfreute sich doch ihrer Macht, die sie inne hatte, ohne zu wissen weshalb.

Doch während ihr die Abhängigkeit half, bedrückte ihn die seine über alle Maßen, was sie wiederum mit Sorge erfüllte. Hier lag die eigentliche Gefahr. Und da war die

Trennung das Falscheste gewesen, von der sie jetzt schon nicht mehr wusste, wozu sie nötig gewesen war.

'Gute Freundinnen' hatten ihr diesen Floh ins Ohr gesetzt, erkannte sie im Nachhinein. - „Das kommt davon, wenn man immer nur mit diesen frustrierten Suffragetten zusammen ist", schimpfte sie sich selbst. Sie wusste freilich, wie ungerecht sie war. Flora und Frauke hatten es nur gut gemeint, als sie ihr in glühenden Farben die Freiheit ausmalten, die ihr so sehr fehle, und der sie frönen könne, wenn sie ihren Mann erst einmal los sei.

Eins war eben zum anderen gekommen. Und plötzlich hatte sie dann diese unbändige Wut im Bauch gefühlt. Er hatte sie wieder einmal belehren wollen: - Keinen roten Heller in der Tasche, aber die ganz Welt verändern... Wieder fühlte sie heißen Zorn in sich aufsteigen. Sein leichtfertiges Gerede klang ihr im Ohr:

„Irgendwie geht das schon. Mach Dich doch wegen dem Scheißgeld nicht verrückt!" Immerhin ging es darum, Sonja, die ihr Abi hatte und an die Universität wollte, von heute auf morgen zu unterstützen.

„Wo willst du das Geld denn hernehmen?" (Er war sich da für den Laden noch zu fein gewesen, hatte sie einfach stehen lassen, als wäre sie eine von diesen dummen, kleinbürgerlichen Kühen.)

Später dann hatte sie ihn mit heimlichem Vergnügen in dem Glauben gelassen, es sei ein anderer Mann im Spiel. Sollte er das ruhig denken, vielleicht käme er dann endlich auf den Boden der Tatsachen. Wie hatte sie ahnen können, was daraus würde?

Gwen nahm sich all das Gefühlsmäßige viel zu sehr zu Herzen. Was für andere eine einfache kleine Sorge im Leben darstellte, das rüttelte bei ihm an den Grundfesten seiner Existenz. Seine Lebensuhr lief gleichsam verkehrt herum, denn materielle Ängste schien er nicht zu kennen.

Sie beglückwünschte sich zu ihrem Geschick, mit dem es ihr gelungen war, ihn in den Laden zu bekommen. Instinktiv fühlte sie, dass dies weitaus nützlicher wäre, als es den Anschein hatte. Vielleicht nicht sofort, aber langfristig wäre der Umgang mit den Büchern eine gediegene Existenzgrundlage. Um so sorgloser könnte er an seinen Luftschlössern bauen.

Gwen war durchaus in der Lage, Miekes Überlegungen zu folgen. Und nach einigem von ärgerlichem Auflachen begleiteten Nachdenken, gab er ihr dies auch zu.

Marxens Schwiegermutter, oder war es eine Großtante gewesen? - fiel ihm ein und ließ ihn, ob der illusteren Gesellschaft, in die er sich begab, wohlig erschauern. Sie hatte einmal verlauten lassen, Marx hätte besser daran getan, ein Kapital *zu machen*, denn eines *zu schreiben*.

Und so fiel es ihm nicht schwer, sich auf dieser, wie er fand, bislang besten Stufe seiner Entwicklung, einzurichten. Es war schon wunderbar, wie sich ihm immer wieder alles zum Guten wendete. Aus dem Loch der verzweifelten Verlassenheit, in dem ihn zwar die Freunde hatten trösten können, dem zu entrinnen ohne Mieke gleichwohl unmöglich gewesen wäre, hatte es ihn einmal wieder hinaufkatapultiert zu den wahrhaftig Lebenden.

Er fühlte sich so recht als ein Zwerg, der auf den Schultern des Riesen sitzend, die Welt von oben her überschaut und sich über das absurde Welttheater gar nicht genug verwundern kann.

Wer der Riese in seinem Falle wäre, ob er Mieke zu einem solchen stilisierte oder sich auf seine genialen Ahnen verließ, zu denen er seine philosophischen Väter erklärte, ließ er dahin gestellt. Das war ihm letztlich auch ziemlich gleichgültig.

Schon lange hatte ihm profane Arbeit nicht mehr so gut getan. Seine Stunden im Buchladen erschienen ihm eher als geistige Erholung denn als Broterwerb. Er konnte sich dabei so recht entspannen und sich von seinen bisweilen übermächtigen und sein Fassungsvermögen sprengenden Gedanken erholen. Anders als bei Schlaf und Meditation suchten ihn seine Gespenster da nicht heim, dafür war die Tätigkeit wiederum nicht anspruchslos genug. Immerhin befasste er sich mit Literatur, ob er nun Titel ordnete oder im Verkaufsgespräch sein inzwischen einigermaßen profundes Wissen unter Beweis stellte.

Am meisten aber erleichterte ihn, dass er endlich die Möglichkeit bekam, sich seiner Sprachkurse zu entledigen. Erst allmählich begriff er, wie sehr er die Einsamkeit in den leeren Gebäuden und in den trostlosen Vorortzügen zur späten Abendstunde hasste.

Oder war die Ausplünderung schlimmer? Er fühlte sich am Ende eines solchen Kursabends gleichsam ausgeblutet, zugleich aber auch seltsam überdreht und begierig, die Leere mit allem und jedem zu füllen, im Zweifelsfall mit Nahrung, wenn ihm nicht sogar zum Essen und Trinken zu schlecht war. Keinesfalls aber fand er nach einem solchen Abend umstandslos Schlaf. Manchmal lag er bis vier, fünf

Uhr morgens wach, gepeinigt von den Szenen des Abends, die sich wie gesprungene Schallplatten unaufhörlich wiederholten.

Vielleicht unterrichtete er schon zu lange. Immerhin hielt er sich mit diesen Kursen seit mehr als zehn Jahren mehr schlecht als recht über Wasser.

Oder stolperte er über seinen überzogenen Anspruch? - Es konnte auch sein, dass er keine Kritik vertrug, dass ihm die müden Gesichter, die ihn in diesen Kursen allzu häufig umgaben, zunehmend unerträglich wurden.

Es erging ihm ganz ähnlich wie mit Mieke, freilich auf einem völlig anderen Gebiet. Die gelangweilten, abgearbeiteten Menschen, die aus den Büros der Innenstadt zu ihm kamen, forderten seine pädagogische Phantasie nicht weniger heraus, als Mieke seine sexuelle.

Gwen überbot sich mit den ausgeklügelsten Methoden, ersann kurzweilige Spiele und bediente sich suggestiver Musik. Er bereitete sich systematisch auf seine Stunden vor, arrangierte, so gut es ging, das Mobiliar, brachte zusätzliche Lampen mit und schnippelte tagelang an irgendwelchen bunten, mitunter großflächigen Collagen und Postern herum.

Und oft genug gelang es ihm tatsächlich, seine Kunden aus dem grauen Alltag zu reißen, was diese ihm zwar dankten, was zugleich aber ihr Anspruchsniveau immer höher hinauf schraubte.

Mischte sich, was nicht ausbleiben konnte, auch einmal eine mäßige Stunde zwischen seine Bemühungen, sei es, dass er gesundheitlich nicht ganz auf der Höhe war, oder dass objektive Umstände, auf die auch er keinen Einfluß nehmen konnte, die Atmosphäre beeinflussten - plötzlicher Hitzeeinbruch etwa war so ein Kurskiller - dann konnte es passieren, dass er in ein bodenlos tiefes Loch voller Enttäuschung und Unwertgefühlen fiel. Er konnte sich daraus aus eigener Kraft, so sehr er sich auch bemühte seine Schuldlosigkeit zu beteuern, nicht wieder herausarbeiten. Jedes Gähnen, ein verfrühter Aufbruch oder gar massenhaftes Fernbleiben beim nächsten Termin, ließen ihn verzweifeln.

Auch mit der Zeit gelang es ihm nicht, sich an solche Schwankungen zu gewöhnen. Seine Angst vor diesen Tiefs wuchs von Jahr zu Jahr. Er konnte nicht anders, als sie sich selbst anzulasten. Es war auch nicht so, dass er einzig unter Liebesentzug gelitten hätte, wenngleich er nicht ungern die Sonne der wohlwollenden oder auch neidvollen Bewunderung auf sich scheinen fühlte.

Die zahlreichen Ausbrüche heftiger Verliebtheit, die ihn zum Objekt nahmen, erlitt er allerdings wie eine Krankheit. Dabei ließen sich die gereiften Matronen um einiges leichter ertragen als die jugendlichen Verfolgerinnen, die sich viel eher reale Chancen ausrechneten, während die Leidenschaft bei den Ersteren alsbald in die abgeschwächte Form mütterlicher Fürsorge einmündete und sich in Gestalt kleiner Geschenke Bahn schuf, die er wie Trophäen sammelte.

Allerdings erbitterte ihn, wenn sich seine Bewunderinnen im Kurs wie unartige Kinder benahmen. Statt den Unterricht, wie er es von ihnen erwartete, aktiv und besonders aufmerksam mitzugestalten und sich produktiv ins Kursgeschehen einzubringen, versuchten sie seine Aufmerksamkeit mit - wie er fand - unglaublich blöden Manövern auf sich zu ziehen oder sie gaben ihrer Frustration ungeniert Ausdruck und steckten damit allzu oft die anderen an.

Nach Art der Verliebten bezogen sie auch die kleinsten seiner Äußerungen auf sich oder deuteten alles, was von ihm kam, in ihrem Sinne um, machten daraus vielleicht versteckte Anträge oder gar obszöne Andeutungen, was sie dann veranlasste, mit hochrotem Kopf plötzlich und scheinbar unmotiviert los zu kichern oder gar in hysterische Tränen auszubrechen.

Hätten ihm die Verliebten wenigstens aus den Löchern des Unwertgefühls herausgeholfen! Aber sie stießen ihn mit ihrer Albernheit, ihrem kindischen Beleidigtsein und den Intrigen der Verschmähten, zu denen es zum Glück nur selten kam, nur um so tiefer hinein.

Dieses so unerfreuliche Kapitel jetzt abzuschließen, freute Gwen ungemein. Erst einmal genoß er die Erleichterung, die sich immer bei ihm einstellte, wenn er eine seiner existentiellen Lasten abstreifte. Dass die Kurse vergleichsweise leicht wogen unter den vielen, die ihn drückten, schmälerte den Genuß der Freiheit nicht.

Und so mochte es ihm des öfteren schon ergangen sein wie dem Hans im Glück, der sich nur zu gerne seiner Schätze berauben lässt und erst Frieden gibt, nachdem er sich ihrer aller entledigt hat.

*

Linda war, das wusste sie selbst am besten, keine richtige Hexe. Ihr Hang zum Übersinnlichen aber steckte schon lange in ihr, eigentlich die ganze Studienzeit über und, wenn sie es recht bedachte, auch schon davor. Aber für *eine weise Frau* hielt sie sich.

Hexe nannte sie sich nur der Einfachheit halber und auch erst, seit sie in ihrem Häuschen lebte und angefangen hatte, allerlei Kräuter zu sammeln. Inzwischen verstand sie eine ganze Menge von der Heilkunst der Alten, die, wie sie emphatisch behauptete, um vieles weiter gewesen waren *'als wir heute'*.

Die Schulmedizin war ihr dabei ein besonderer Dorn im Auge. Diese lehnte sie sehr grundsätzlich ab. Statt dessen glaubte sie an das Leiden.

„In uns allen steckt mehr Hang zum Leiden als wir ahnen", war eine ihrer ständigen Reden. Aurobindo lernte schon bald, was sie damit meinte. Denn er fand ungeahnte Erfüllung in Lindas Obhut. Er erfuhr, wie nahe die Lust dem Schmerz verwandt ist und erblühte in Lindas Ritualen zu einem neuen, und wie er fand, ungleich vollständigeren *Ich*, als er es je gewesen war.

Endlich fand er sich ganz. Denn was zuvor schon angedeutet gewesen war, das kam nun zur Reife. Ein wenig schämte er sich freilich. Fast tat ihm dies leid, denn er hätte sich über seine neuen Erfahrungen zu gerne mit den Freunden ausgetauscht. Aber selbst wenn ihn die Scham nicht gehindert hätte, wäre da noch Lindas Verbot gewesen.

Allerdings schien Gwen auch ohne Worte zu verstehen. Ihm genügten Aurobindos wenige Andeutungen durchaus. Nur Loisl, der mit seinen eigenen geheimen Leidenschaften selbst noch in den Kinderschuhen steckte, drang ungeduldig in Aurobindo, dem immer öfters verbotene Einzelheiten entschlüpften. Doch als die Sanktionen ausblieben, begann er nicht nur, ein wenig an Lindas telepathischen Fähigkeiten zu zweifeln, mittels derer sie ihn angeblich überwachte, auch wenn er im fernen Frankfurt weilte, während sie in der Eifel blieb; er trumpfte vielmehr mit exhibitionistischer Lust vor den Freunden auf.

Ihr Bund, so sollten sie alsbald bemerken, schloss sich so noch einmal, der sie bereits umschlungen hielt, und von dem alle drei zuvor schon gezehrt hatten, ohne recht zu wissen wovon. Das, so würden sie noch entdeckten, wäre die tiefere, die echte Seelenverwandtschaft.

Während sie in ihren Köpfen noch dem geheimen Band nachtrauerten, das sie verloren glaubten, hatte sich eine Bindung unterhalb der Bewusstseinsebene vollzogen, um sie begriffslos und deshalb um so fester miteinander zu vereinen.

7. Der Brief

Jetzt, wo es mit dem Abschied nehmen allenthalben konkret wurde, begann das Pendel nach der anderen Seite hin auszuschlagen. Das Gefühl der Erleichterung, das nach seinem Entschluss, sich seiner Kurse zu entledigen, über Gwen gekommen war, trat immer mehr in den Hintergrund, denn es fiel ihm nun so manches wieder ein, was nur scheinbar in Vergessenheit geraten war, was er vielmehr - über all dem Ärger - verdrängt zu haben schien. Irgendwie hing sein Herz doch an dem Unterrichten. Man konnte sich so schön in Szene dabei setzen. Seine *'lieben kleinen Erwachsenen'* würden ihm trotz allem fehlen.

Um so mehr ärgerte ihn der Anlass, der zu dieser Entwicklung geführt hatte. Wie übler Nachgeschmack stieß Franco ihm auf, nun, da er mit Mieke im Reinen war, die freilich, ebenso wie Sonja, ihren Anteil an seiner Entscheidung hatte.

Zu eben jener Zeit des Abschied-nehmens, als er in sich diese zwiespältigen Gefühle bemerkte, nämlich begann Francos Fratze durch seine Träume zu geistern. Und nicht nur Franco allein: Gwen fühlte sich nachgerade eingekreist von den herauf dämmernden Ungeistern einer unseligen 'deutschen' Vergangenheit.

Das Deutsche umschreibe ihm (ließ er seine Freunde wissen) - vielleicht nicht besonders zutreffend aber doch für ihn ausreichend, so etwas wie eine unkontrolliert hervorbrechende Wut, die ihre Ursache letztlich wohl in verdrängten Kränkungen der Seele hätte, was sie indes keinesfalls entschuldigte, befand er. Es käme ihm hierbei freilich nicht so sehr auf psychologische Genauigkeit an. Auch er sähe das menschlich Allgemeine allzu deutlich, man müsste ihn darüber nicht belehren. Er könnte jeden Hinweis diesbezüglich zurück geben. Es wäre ihm nur recht, wenn es jemandem gelänge, eine präzisere Charakterisierung zu geben. Er wüsste sich nun einmal nicht anders zu behelfen. Wenn andere die nämlichen Symptome zeigten, entlastete dies dennoch die Urheber keineswegs, als die er *die Deutschen* nun einmal dingfest gemacht hätte.

Was geschähe, wenn man vor *'dem Deutschen'* überall nur zurückwiche, wohin führte einen das? Ja, wohin führte dies Nachgeben überhaupt, wenn gar alle sich ihm überließen?

Mit aller Wucht trug Gwen seine Nöte den Freunden vor. Er malte ihnen seine frisch geschürten Ängste und Zwiespälte in glühenden Farben aus, womit es ihm zugleich gelang, deren Anteilnahme nicht nur auf sich, sondern auch wieder auf das *'Große und Ganze'* zu lenken und sie ein wenig aus ihren allzu privaten Betrachtungen über Sinn und Unsinn des alles bezwingenden Eros aufzuscheuchen.

„Immerhin zeigt sich darin inzwischen ein Trend, der auf eine gefährliche Entwicklung weist und da stellte sich schon die Frage, ob man diese in irgend einer Weise behindern, wo nicht gar in den Griff bekommen könnte. - Ich selbst bin allerdings vorab bereits gescheitert, wie ich weiß und wie Aurobindo meint..." Gwen spielte auf eines der vielen Gespräche mit diesem an, als Loisl sich durch seine häufige Abwesenheit scheinbar schon aus ihrem Bund verabschiedet hatte. Um so eifriger mühte er sich nun, etwas aus Gwens Andeutungen zu machen:

Seine Betrachtungen über *das Deutsche* wolle er nicht kommentieren, vielleicht ein andermal. Seine Überlegungen brächten in ihm gleichwohl eine Saite zum Klingen - auch er habe diesen Neokonservatismus bemerkt, der sich wie eine Seuche ausbreite, das mache ihm diese sogenannte Postmoderne äußerst suspekt, meinte er höflich bemüht. Als Gastgeber fühlte er sich besonders in der Pflicht.

- Die Drei machten es sich gerade in Loisls Salon vor den Kamin bequem. Der Gastgeber hatte es sich nicht nehmen lassen, ein Feuer anzustecken, das nun heimelig vor sich hin prasselte und eine angenehme Wärme verbreitete. Außerdem gab es Wein und dazu Salzgebäck.

Entschuldigend ließ Loisl die Hand durch die Luft fahren: „Hat uns Sylvie hingestellt, bevor sie zu ihren Eltern gefahren ist..." Gwen fand das eigentlich sehr nett von ihr. Aber irgendwie umging er das Thema Sylvie noch immer. Ihr Verhältnis müssten die beiden erst einmal miteinander ausfechten...

Aurobindo kaute bereits mit vollen Backen. Schuldbewusst hielt er inne, als Gwen bemerkte, so etwas sei nicht zum satt essen gedacht. Als ob Aurobindo das nicht selbst gewusst hätte. Dafür trank er nur Wasser, wohingegen Gwen sich schon zum zweiten Mal nachschenkte.

„Aus solch edlen Gläsern", bemerkte er Zunge schnalzend, „schmeckt der Wein gar zu gut..."

„Ich glaube, ich hab da genau das Richtige für den Einstieg, als ob ich's geahnt hätte", platzte Aurobindo heraus, der keineswegs beleidigt oder eingeschüchtert war, sondern Gwens überflüssige Bemerkung mit einer ungeduldigen Bewegung seiner schönen, schmalen Händen von der imaginären Tagesordnung wischte:

„Diese Preliminarien dauern heute entschieden zu lang. Wenn ihr wüsstet, was ich beim Umzug in die Eifel gefunden habe... Ihr würdet es nicht für möglich halten. Da kann man schon nicht mehr an Zufall glauben...!"

Aurobindo hatte sich nicht zuletzt unter dem Eindruck von Gwens Nöten mit Franco an Stöße vergilbter Briefe aus der Zeit des 3. Reichs gemacht, deren Herkunft um so unklarer war, als sie sich mit dem vorfindlichen Hausrat auf dem schier unergründlichen Speicher in der neuen Bleibe mischten.

„Es ist ein ganz unwahrscheinlicher Brief, der dir, scheint mir, wie auf den Leib geschneidert ist..., selbst wenn man ihn auch ganz allgemein betrachten kann..." Aurobindo machte eine gedankenvolle Pause.

„Eigentlich handelt er von der Absurdität des Lebens, ganz allgemein gesprochen, so könnte man wiederum sagen."

„Vielleicht besitzt du die Güte und spannst uns nicht länger auf die Folter", ließ sich Loisl vernehmen: „Ich hoffe doch, du hast diesen Brief bei dir...?"

„Aber sicher!" Aurobindo zog ein bräunliches Kuvert aus der Tasche, dem man sein Alter ansah. Vorsichtig entnahm er ihm einige mehrfach gefaltete vergilbte Bögen, auf denen sich blasse Schriftzeichen zeigten.

„Ist nicht gerade leicht zu lesen, ich versuche es einfach mal. Leider gibt es ziemlich unleserliche Passagen darin, vor allem fehlt gegen Ende ein großes Stück. Hoffentlich seid ihr dann nicht enttäuscht. Ich wollte es euch nur schon vorher sagen."

„Nun lies schon", bat Gwen, der sein Glas immer wieder gedankenlos leer trank; Loisl schenkte ihm gerne nach.

„Also..." begann Aurobindo:

„Mein lieber guter Junge,

wenn du diesen Brief in Händen hältst, bin ich schon nicht mehr. Was ich Dir zu sagen habe, betrifft Deinen lieben Vater, den Gottes unerforschlicher Ratschluss vor mir von dieser Welt abberufen hat. So ist es nun an mir, Dir unser beider Geheimnis anzuvertrauen, das er mit sich ins Grab genommen hat. du sollst wissen, wie grausam uns das Schicksal mitgespielt hat. Vielleicht urteilst du dann weniger hart. Ich weiß ja, wie sehr du die Generation Deiner Eltern verachtest, die auch ich, das sollst du ruhig wissen, damals nicht mehr verstehen konnte und wollte. Aber das steht auf einem anderen Blatt.

Mein lieber kleiner Alfi, für mich bist du im Grunde noch immer das süße Lockenköpfchen von damals, auch wenn du nun schon in die Schule gehst und vielleicht sogar einmal die Universität besuchst. Wie stolz bin ich auf Dich. Du bist so ganz anders als Dein Vater in diesem Alter war. Aber was schreibe ich, es hilft ja nichts, die Wahrheit muß heraus, so bang mir auch ums Herz davon wird. - Oh doch, ich habe ihn geliebt, Deinen guten Vater, auch wenn er ein gar so wilder Junge war, so voller Trotz, und obwohl ich ihn oft nicht mehr verstand. Ich leide bis heute darunter, ihm keine gute Mutter gewesen zu sein. Ach, ich war ja selber noch so jung und so unerfahren in diesen Dingen. Manchmal glaube ich, alles fing schon bei mir an, und nicht erst bei Deinem armen Vati. Wir wurden damals so ganz anders erzogen als ihr heute. Als Mädchen wurde man von klein auf darauf vorbereitet, einmal einem lieben Mann zur Seite zu stehen...

(es folgen unleserliche Zeilen)

...Als ich Hartmuts Vater kennenlernte, war ich gerade sechzehn. Es war auf dem Rummelplatz und Dein Großvater Harri zog als Schausteller über Land. Alles erschien mir ja so romantisch. Und was für ein stattlicher Kerl Dein Großvater war: wild anzusehen mit seinem riesigen, roten Schnauzbart. Deine Locken hast du von ihm geerbt. Ich verliebte mich sogleich unsterblich und schließlich gab ich mich ihm hin. Mir war alles gleich, wenn ich nur bei ihm sein konnte. Aber dann zog er weiter, das Fest war zu Ende und ich blieb zurück, mit dem Unterpfand der sündigen Liebe im Leib. Die Schande, die das damals war, könnt Ihr Euch heute nicht mehr vorstellen. Mein Leben war zu Ende, kaum dass es richtig begonnen hatte. Ich war gebrandmarkt für mein Leben. Hartmut, als er dann geboren war, wuchs auf dem Lande bei seinen Großeltern, meinen eigenen Eltern, auf. Ich verdingte mich in der Stadt als Zimmermädchen. Sobald ich irgend konnte, nahm ich Hartmut zu mir. Er sollte wenigstens eine anständige Schulausbildung genießen, wenn ich ihm sonst schon nichts zu bieten hatte. Natürlich war ich nicht gut auf Harri, Hartmuts Vater, zu sprechen. Erst recht nicht, als ich erfuhr, was für ein Hallodri er war; der

dachte überhaupt nicht ans Heiraten. Hartmut hat ihn ge-
haßt, schon wegen mir und all dem Kummer, den er mir
gemacht hat. Er hieß bei uns nur der 'Lumpenhund'. Das
war nicht recht, ich weiß es wohl, auch ich habe mich ge-
gen Hartmut versündigt.

Dann ging der braune Spuk los. Hartmut war sofort
Feuer und Flamme. Der wusste das von sich und seinem
Vater ja nicht. Als ich es ihm dann sagen wollte, war es
bereits zu spät, denn da war er schon ein hohes Tier bei
der Reichsjugend. Hätte ich ihm sein Leben zerstören sol-
len? Das brachte ich nicht fertig. Der glaubte so fest an
all die hohen Ideale. Und so habe ich geschwiegen. Wer
konnte denn ahnen, wie es mit den Juden einmal enden
würde? Wenn ich damals gewusst hätte! So verschwieg
ich ihm seine Abstammung. Aber irgendwie muss Hartmut
es immer geahnt haben.

Hartmut und sein Vater haben sich dann später sogar
einige Male gesehen, das war, bevor dann plötzlich jede
Spur von Harri abbrach. Es war ja inzwischen auch
Krieg, Hartmut musste an die Front, kam dann aber wie-
der, Sondereinsatz, hieß das, und wir sahen uns wohl ein,
zwei mal im Monat, ich wohnte damals schon wieder zu
Hause bei den Eltern. Mir fiel auf, wie bedrückt Hartmut
war. Irgend etwas lastete schwer auf ihm. Aber er wollte
es sich nicht von der Seele reden. „Mir sind die Lippen
versiegelt", sagte er einmal, und er sah mich dabei so
verzweifelt und traurig an. Seinen Blick werde ich wohl
nie vergessen. Ich merkte, wie es in ihm arbeitete und ei-
nes Tages platzte es aus ihm heraus: „Ich kann nicht
mehr", schluchzte er. „Ich kriege den Geruch von ver-

branntem Fleisch nicht aus der Nase". Und dann erzählte Hartmut mir diese unheimlichen Geschichten, von den Lagern und den Gaskammern und wohin all die vielen, vielen Juden verschwanden. Ich war wie versteinert und blickte Hartmut nur fassungslos an. „Was dachtest du denn, das ich hier mache?" schrie er bitter auflachend. „Aber Hartmut", rief ich völlig entgeistert, „ja, weißt du's denn nicht, das sind Deine eigenen Leute?" „Ach wenn's nur das wäre", antwortete er mir mit tonloser Stimme: „Ich habe Vati wieder getroffen. Ja, Vati, Vati'", schrie er. Es war zum Fürchten. „An der Rampe, bei der Selektion! Und da rennt doch dieser Mensch auf mich los - Ja, was hätt' ich denn tun sollen?"

(es folgen unleserlicherliche Zeilen)

...So mein kleiner Alfi, nun weißt Du die ganze Geschichte. Urteile nicht zu hart über Deinen Vater oder über mich und meinen Harri, den ich trotz allem geliebt habe. Wir alle wurden für unsere Sünden schwer bestraft und haben dafür bitter bezahlt, Dein Vater vielleicht am meisten. Danke Gott für die Gnade, ohne solch eine Versuchung zu leben.

Auf ewig, Deine Dich liebende Omi Lisbeth"

Schweigen senkte sich über die Runde, nachdem Aurobindo geendet hatte. Endlich flüsterte Loisl: „Das ist ja der helle Wahnsinn... So was erfindet kein Krimiautor..."

Gwen bat Aurobindo, ihm den Brief herüberzureichen, als hoffte er, durch das Anfassen mehr zu entdecken.

„Wie immer die Geschichte auch weitergegangen sein mag, eins müssen wir zunächst einmal festhalten...", dozierte er los, unterbrach sich dann aber auf einen ärgerlichen Wink Loisls hin. Er beschloss, lieber noch etwas zu warten. Das musste sich erst setzen. Er selbst hatte nur etwas sagen wollen, um das Schweigen zu brechen, das ihm nun allerdings auch passender schien.

„Trotzdem müsste man darüber reden", murmelte er nach einer Weile, immer noch ein wenig brüskiert, wegen der unterstellten Unsensibilität. Als ob ihn der Brief nicht genauso beeindruckt hätte.

„Mich würde am meisten die Wahrheit interessieren, da bin ich ganz ehrlich", ging Loisl endlich auf Gwens Vorschlag ein. „Aber die werden wir wohl nie erfahren."

„Sag das nicht", entgegnete Gwen, „zumindest können wir logische Schlüsse ziehen. Allzu viele Möglichkeiten kann es schließlich nicht gegeben haben. Wie wäre es, wenn jeder versucht, bis zum nächsten Mal die Fortsetzung, die ihm logisch erscheint, aufzuschreiben?"

„Womöglich gleich mit Begründung...?", entgegnete Loisl: „Ist das nicht ein bisschen viel verlangt? Ich glaube, ich brauche erst mal Abstand..."

„Meinst du, uns geht es anders? Darüber kommt man auch dann nicht hinweg, wenn man nicht dran rührt. Obwohl ich den Brief schon kannte, musste ich mich ganz schön zusammen reißen, nicht wieder los zu heulen. Trotzdem würde ich gern drüber reden...", sagte Aurobindo: „Los werden wir das doch sowieso nicht. - Gieß mir ausnahmsweise auch mal einen Schluck ein, den kann ich jetzt brauchen", bat er Loisl, der gerade nach der Flasche langte.

„Ihr meint also, das können wir?", ließ Loisl sich vernehmen. „Bitt schön, so fangt's halt an..."

Gwen merkte, wie schwer es ihm wurde, seine Gedanken in Worte zu kleiden. Sobald man es versuchte, ging einem die Ungeheuerlichkeit auf, und machte einen sprachlos.

„Ich kann mir nicht vorstellen, wie so was ist. Da trifft einer den eigenen Vater, sozusagen als Herr über Leben und Tod. Ist das nicht die klassische Umkehrung, der ödipale Konflikt, gleichsam pur?"

„Ich glaube das ist es. All der Hass in den Jahren davor, die enge Mutterbindung..., ja, das sieht mir, ganz abgesehen von den Begleitumständen, nach einem klassischen Fall aus."

„Aber da kannst eben net davon absehen, von den Begleitumständen. Wie kann man nur ein solches Wort für den Holocaust nehmen", unterbrach Loisl, und schüchterte Gwen damit gehörig ein.

„Ich mein ja bloß", sagte der lau: „Irgendwie muss man sich doch auch bewegen dürfen, sonst geht gar nichts, ich meine sprachlich. Natürlich kann man über das Unsagbare nicht sprechen, aber versuchen muss man es doch wohl. Ich bin immer noch für eine Annäherung und der Ödipus ist überhaupt nicht harmlos, vielleicht steckt sogar im Holocaust mehr davon, als du ahnst, wer weiß..."

Aurobindo nickte, obwohl er das Letzte nicht richtig verstand: „Wenn's wie in der Ödipustragödie zugegangen wäre, dann hätte Hartmut den Vater niedergeschossen.

Grund hätte er genug gehabt, ich meine subjektiv", setzte er schnell hinzu als Loisl die Stirn runzelte.

„Immerhin hat er den Vater gehasst, der, jedenfalls nach der Moral der Zeit, ein ziemlicher Lump gewesen war. Dass er damit gleichzeitig eine sogenannte nationale Pflicht erfüllte, wirkt auf den ersten Blick so, als bestätige sie die Tat, die ich einmal unterstellen will."

Die beiden merkten, Aurobindo hatte sich Gedanken gemacht, schon vor dem Abend. So stringent hatten sie ihn schon lange nicht mehr erlebt. Eigentlich noch nie, dachte zumindest Loisl.

Aurobindo fuhr fort: „Zugleich begibt er sich damit aber in einen eklatanten Widerspruch zu der Rassenlehre, an die Hartmut als strammer Nazi fest geglaubt haben muß. Denn wenn er im Vater unwertes Leben vorfindet, dann müsste er sich eigentlich auch selbst erschießen. Der Vater entkäme seiner Vernichtung ohnehin nicht. Das wäre meine zweite Variante, und auch sie erscheint mir plausibel, jedenfalls wäre sie irgendwie edel, finde ich, zu edel vielleicht. Außerdem setzte das für Hartmut eine längere Beschäftigung mit dem Problem voraus und das war ja wohl nicht der Fall. Harri und Hartmut führte ganz offensichtlich der grausame Zufall sehr plötzlich zusammen."

„Lass uns noch mal ein wenig weiter ausholen. Wie war das doch gleich bei Ödipus? Spielte da Hass überhaupt eine Rolle? Ödipus hasste seinen Vater nicht. Ich empfand das immer als das Schaurigste. Er erschlägt den Vater ganz zufällig, weil der ihn anpöbelt und er nicht gleich zur Seite springt, deshalb haut ihm der Alte eins mit dem Ochsenziemer über..."

„Ich weiß wirklich nicht, was das soll", unterbrach Loisl Gwens Exegese des Sophokles-Textes, „versuch doch mal zum Punkt zu kommen" - er war noch immer angeschlagen, Gwen hatte ihn selten so erlebt.

„Worauf ich raus will?! Ich will darauf hinaus, dass das Argument mit dem Ödipus vielleicht doch nicht so stichhaltig ist, wie es zunächst schien. Bei Ödipus dreht sich alles um die Mutter. Aber in dem Brief erfahren wir ziemlich wenig darüber, wie die Beziehung zwischen Lisbeth und Hartmut sich über die Jahre gestaltete. Das können wir allenfalls erschließen. Aber der Lisbeth ging es ja, weiß Gott, auch um etwas anderes. Andererseits sind da diese Treffen, wo, so wird es angedeutet, die Wahrheit allmählich durchsickert, wo Hartmut also zu ahnen beginnt, dass er einen Juden zum Vater hat."

„Wieso haben die sich überhaupt getroffen, die müssen doch ein Motiv gehabt haben?"

„Vielleicht war das doch nicht so eindeutig, mit dem Hass? Wäre immerhin möglich. Könnte auch sein, dass Lisbeth das ein wenig schräg dargestellt hat. Sie hatte auf jeden Fall mehr Grund als Hartmut, Harri zu hassen. Hartmut hängte sich eigentlich nur an seine Mutter. So ein geheimnisvoller Fremder könnte im Gegenteil einen ganz schönen Magneten abgeben. Und erst, wenn der sich dann völlig falsch verhält, dann erst..."

„Ich hab den Faden verloren, ich weiß schon wieder nicht, worauf du hinaus willst. Was hat denn das noch mit der Sache zu tun? Ich denke, wir überlegen uns hier, wie die Geschichte unserer Meinung nach weitergegangen ist, ob Hartmut den Vater nun erschossen hat, oder ob er sich selbst eine Kugel in den Kopf jagte. Mir scheint nämlich eine ganz andere Version viel plausibler, danach würden Harri und Hartmut sich gegenseitig, so gut sie es vermögen, decken, was entweder auffliegt und ihnen beiden das Leben kostet oder aber gut geht, und sie beide überleben. Harri würde Hartmut vielleicht sogar nach dem Zusammenbruch bei den Alliierten in Schutz nehmen, oder so was...“

„Das ist mir zu edel - sie könnten ebenso gut versucht haben, den unliebsamen Mitwisser auszuschalten?“

„Was um alles in der Welt hätte Harri denn zu verlieren gehabt? Was Hartmut betrifft, klingt das irgendwie plausibel, aber an Harris Stelle...?!“

„Ganz gleich, was wir uns überlegen - möglich ist fast alles. - Ohne Begründung kommen wir nicht weit. Alles steht und fällt mit der Begründung. Sie muß stichhaltig sein, sonst nützt sie uns gar nichts.“

„Du immer mit deiner Begründung. Gefühle kann man nicht immer begründen, und trotzdem sind sie richtig. Ich finde, wir sollten uns viel mehr auf unser Gefühl verlassen...“

„Aber das können wir nicht“, unterbrach Loisl Aurobindos durchaus hilfreichen Hinweis:

„Was wissen wir denn, was da für Gefühle im Spiel waren. Das ist es ja gerade, wir können uns die Situation nicht vorstellen, uns mangelt es an der entsprechenden Erfahrung. Deshalb klingt uns der Ödipus sofort vertraut, weil wir damit was anfangen können, weil wir das emotional einholen können. Das Andere ist viel zu groß, das ist eben das Unfassliche daran, das macht es so grauenvoll. Niemand wird je nachvollziehen können, was in den Henkern und Ideologen des Rassenwahns vor sich ging. Wir können leicht sagen, die waren irgendwie verrückt, das müssen sie auch gewesen sein, aber die kamen sich überhaupt nicht verrückt vor, die waren von sich völlig überzeugt und das ist es, was zu begreifen mir am schwersten fällt. Wie kann man von irgendeiner Theorie nur so überzeugt sein? An dieser Stelle verstehe ich Gwen schon, wenn der jetzt anfängt, darüber nachzugrübeln, ob es überhaupt einen qualitativen Unterschied zwischen den Rechten und Linken gibt. Mich konnte man jedenfalls auch mit den linken Dogmen immer schon jagen."

„Wieso müssen wir uns überhaupt einig werden? Ich wünsche mir einfach, dass Harri und Hartmut beide überlebten und meinethalben auch ʻder Stimme des Blutes' folgten, wenn sie es nur schlau genug anstellten, sich gegenseitig zu decken und zu helfen."

„Auch wenn das bedeutete, dass Hartmut weiter andere in den Tod trieb? Ich finde, ganz so einfach kann man sich eine Lösung nicht machen."

„Wie stellst du dir das Überleben im KZ vor? Überleben konnte nur derjenige, der irgendwie an der Todesmaschinerie mitwirkte, das weiß man doch inzwischen. Deshalb glaube ich auch nicht an den vergleichsweise freundlichen Schluss. Meiner Meinung nach haben sich die beiden den Regeln des teuflischen Systems unterworfen und das bedeutete, dass sich jeder selbst der Nächste war, dass es eben kein sich Helfen gab, sondern nur ein Ausnützen von Gelegenheiten."

„Ich sehe da den Gegensatz nicht. Oder kommt es daher, dass du Symbiosen von vorn herein ausschließt? Sich gegenseitig zu helfen bedeutet eben nicht die Ausplünderung des einen zu eines andern Gunsten."

„Das klingt theoretisch sehr schön. Die Praxis sieht freilich anders aus, besonders die, um die es hier geht."

„So kommen wir keinen Schritt weiter. Mich verwirren eure Gedanken. Seit ihr mir den Ödipus madig gemacht habt, weiß ich überhaupt nicht mehr, was ich mir vorstellen soll. Außerdem glaube ich immer noch, dass man nur gefühlsmäßig weiterkommt. Die Nazi-Ideologie hatte es schließlich mit dem Blut und deshalb mußte Hartmut - gerade als Nazi - seinen Vater retten, das war er sich schuldig, das tat er für sich, denn es war sein Blut, um das es ging."

„Aber mußte Hartmut nicht in einen tiefen Zwiespalt geraten, insofern er sich wenigstens zur Hälfte zum unwerten Leben rechnen mußte? Und ging ihm nicht auf, wie irrwitzig diese ganze Ideologie war? Schließlich galt er als beispielhafter Volksgenosse und Soldat, war Führer und Vorbild der Jugend und was sonst noch alles."

„Versteh ich sowieso nicht, wie der sich den Ariernachweis besorgen konnte. Das muss doch irgendwann raus gekommen sein..."

„Vielleicht hat Lisbeth gelogen, immerhin war Hartmut unehelich, da konnte sie als Vater angeben, wen sie wollte."

„Niemand wusste doch bei der Geburt, was später mal kommen würde..."

„Ahnen konnte man vielleicht schon so manches..."

„Aber trotzdem, soviel Weitblick bei so einer Sache wie der Vaterschaft..., die muss doch versucht haben, Alimente von Harri zu bekommen..."

„Oder sie hat es von vorn herein nicht versucht, weil bei dem sowieso nichts zu holen war..."

„Oder weil sie ihn immer noch geliebt hat..."

„Jedenfalls werden wir das nie erfahren, soviel steht fest..."

„Außerdem lagen doch mindestens zwanzig Jahre zwischen Hartmuts Geburt und seiner Nazi-Karriere, nehme ich mal an."

„Ist der Brief eigentlich datiert?"

„Ja, ein Datum könnte uns weiterhelfen."

„Lisbeth hat den Brief wahrscheinlich kurz vor ihrem Tode geschrieben, auf jeden Fall vor ihrem Tod und da war, wie sie selbst sagt, Hartmut auch schon nicht mehr am Leben."

„Der Brief ist datiert auf den 12. November 1943, könnte aber auch 45 heißen."

„Die zwei Jahre spielen, meine ich, sowieso keine große Rolle, jedenfalls nicht für uns. Denn wenn Hartmut da schon tot war, dann muß er entweder Selbstmord begangen haben oder die Nazis haben ihn auch umgebracht."

„Damit wäre dann alles wieder offen. Harri könnte Hartmut als Halbjuden entlarvt haben, Hartmut könnte beim Versuch, Harri zu retten, erwischt worden sein, oder er könnte sich, als Harri auf ihn losstürzte, erschossen haben."

„Könnte er nicht..."

„Wieso denn nicht?"

„Weil er seine Geschichte dann seiner Mutter nicht mehr hätte erzählen können. Dieser eher melodramatische Schluß also scheidet aus."

„Aber Harri könnte er noch immer sofort getötet haben. Diese Variante bliebe uns noch."

„Spielt ihr jetzt etwa Sherlock Holmes und Dr. Watson? Wie kann man nur..."

„Hört doch auf zu streiten, dazu besteht nun wirklich kein Anlass. Ich bin immer noch dafür, die Sache mehr zu abstrahieren. Irgendwie kommen wir mit diesen 'Scheuklappen des Entsetzens', - ihr versteht, was ich damit sagen will - auch nicht weiter. Das Drama gibt auch so schon genug her. Vielleicht hätte man es nicht von vorn herein auf den Freud beziehen sollen..."

„Du meinst wohl auf den Ödipus?"

„Na klar, ist doch ein und dasselbe... Irgendwie hat uns Ödipus vorhin die Sicht verstellt. Könnte es sich nicht vielmehr um eine dieser echten Tragödien handeln, in denen niemand den Lauf der Dinge aufhalten kann und alle zugleich schuldig und unschuldig an dem sind, was ihnen von einander geschieht? Von solch einem Material kündet der Brief Lisbeths. Damit will ich von dem gräulichen Kontext keineswegs ablenken, vielmehr will ich aufzuzeigen, wie sich Menschen immer wieder in ihr Unglück hinein verrennen und unaufhaltsam ihrem Untergang zustreben. Und zwar von langer Hand vorbereitet. Dass das, was ihnen geschieht, nicht etwas ist, das plötzlich über sie kommt, sondern etwas ist, das sie gleichsam erwarten und annehmen als Teil eines Ganzen, als notwendige Folge ihrer Charaktere und Handlungen. Sie *können* sich weder entziehen, noch - und das scheint mir entscheidend und irgendwie symptomatisch für den großen Gesamtzusammenhang - *wollen* sie sich entziehen, wenn ihr versteht, was ich damit andeuten will...“

„Glaube schon, und da hätte ich natürlich gleich mehrere Anmerkungen...“

„ Ganz recht, zunächst mal den Ödipus. Dessen Tragödie erfüllt alle genannten Kriterien, ich sehe also nicht, weshalb du...“

„Bevor ihr mir meinen Gedanken nun wieder zerredet, hätte ich doch gern gewusst, was ihr von meinem Vorschlag insgesamt haltet. Ich will noch einmal präzisieren: Ich finde, es handelt sich hier um eine klassische Tragödie, mit allem, was dazu gehört, und wir täten gut daran, sie als eine solche zu betrachten und entsprechend zu rekonstruieren. Darauf hätte ich gerne eine Antwort.“

„Ich weiß überhaupt nicht, was du willst, das stellt doch überhaupt niemand in Abrede..., was ich meine, ist doch etwas ganz anderes. Man darf nicht so tun, als seien die Nazi-Verbrechen quasi anthropologisch begründet, als sei, was sie an den Juden taten, Teil der menschlichen Tragödie überhaupt. Dagegen verwahre ich mich. Ich spreche diesen Unmenschen das Recht ab, sich mit der großen tragischen Geste aus der Weltgeschichte zu verabschieden. Das würde denen so passen - sich als Werkzeuge eines Weltgeists zu betrachten, dessen unerforschlichen Willen sie vollzogen hätten... Das passt übrigens genau in deren Argumentation - von wegen *'ein Bollwerk gegen den Kommunismus'* bilden, *'das Abendland vor dem Untergang retten'*, und so weiter...“

„Ich sehe schon, wir beißen uns an diesem Brocken die Zähne aus. Der eine kommt mit den abstrakten einzelnen Fakten und der andere schlägt ihm dann nicht weniger abstrakt die konkrete historische Schuld um die Ohren. Beides geht natürlich niemals zusammen, ist doch klar."

„Aber wie man diese Dinge auseinander halten kann, ohne das eine sogleich aus den Augen zu verlieren, kannst du auch nicht sagen."

„Können wir uns nicht dahingehend einigen, dass wir es mit einer klassischen Tragödie in einem kulturhistorisch einmaligen Zusammenhang zu tun haben?"

„Klingt mir zu wertneutral, außerdem muß das, was du da so schleimig *den einmaligen kulturhistorischen Zusammenhang*' nennst, seinerseits aufgeklärt werden. Sonst bleibt am Ende wirklich nichts weiter übrig als eine Anhäufung von Einzeltragödien. Am Ende redet sich noch jeder auf seine spezielle Lebenstragödie hinaus und dann bleibt wieder niemand übrig, der sich zu diesen Greueln in ihrer ganzen Sinnlosigkeit bekennt. Das nämlich ist das eigentlich Unglaubliche, es steckt weder Sinn noch Zwangsläufigkeit dahinter und dergleichen fordert man ja wohl zurecht von einer Tragödie. Womit wir es zu tun haben, war nämlich eine Farce und zwar die gigantischste und abartigste der ganzen Weltgeschichte. Jedenfalls wird sich niemand wünschen, dass der Mensch in dieser Hinsicht steigerungsfähig wäre."

„Vielleicht überziehst du jetzt mit deinem Anspruch an die Tragödie. Tragödien werden erst als Dichterstoff zu dem, was sie dann sind. Von vorn herein liegen ihnen, würde ich mal sagen, keine so unvermeidlichen Verkettungen zugrunde, es sei, man spricht den Menschen von seiner Selbstbestimmung frei. Das haben übrigens die Nazis weidlich getan."

„Da hast du etwas durcheinander bekommen. In der Tragödie ereignen sich Dinge, die sich des Willens und Strebens der Protagonisten bedienen und sie ereignen sich gerade, weil diese meist sogar moralisch richtig handeln möchten."

„Aber 'richtig handeln' wollten die Nazis in ihrem Sinne doch auch. Deshalb gab es ja diesen Überaufwand an Ideologie. Sie wollten das, was sie mit Nietzsche *'die Umwertung aller Werte'* nannten..."

- „...*'den Übermenschen'*..."

- „...*'die blonde Bestie'*..."

„Sehr richtig, das waren geläufige Begriffe, mittels derer sie sich in einen letztlich undurchschaubaren Weltenplan eingebunden fühlten. Sie wähnten sich als Erfüller und Vollender der Geschichte. Seht euch doch Hitlers Lieblingsopern an, da wisst ihr, wie die Nazis empfunden haben. Drei Tage Wagner und plötzlich geht dir auf, worüber du vergeblich jahrelang nachdachtest. Du verstehst zwar noch immer nicht, aber du empfindest und das sei ohnehin das, worauf es ankomme. Wahrscheinlich hat Hitler vor jeder Offensive Götzen und Dämonen um Rat angerufen, hat Kaffeesatz durchforscht oder Hühnchen geopfert..."

„Gerade mit der Tragödie, darauf will ich hinaus, sind wir auch hier mitten im Thema, da besteht recht eigentlich überhaupt kein Widerspruch zur Nazi-Ideologie, das war quasi eine *'Tragödiologie'*. Immer ging es um gigantisches Völkerringen, um Sieg oder Untergang, um *Die* oder

Wir. Auch dass dazu die Greuel nicht recht passen, deckt sich mit der Tragödie. Nimm eine Sache wie die Eroberung Trojas - eine miese, fiese Schlächterei..."

„Aber wenn es die Menschheit ist, die in ihrer Entwicklungsgeschichte den Holocaust hervorgebracht hat, dann exculpiert man die Nazis ja doch wieder..."

„Das wäre genau die Frage und an so einer Stelle werden die Verhaltensweisen der Einzelnen so wichtig. Deshalb scheint mir Lisbeths Brief ein unschätzbares Dokument."

„Nun übertreib doch nicht gleich wieder..."

„Wie Verhalten sich Harri, Hartmut und Lisbeth? Sieht man da nichts als Kongruenz zu dem, was wir die 'Tragödiologie' nannten?"

„Das ist doch überhaupt nicht der Punkt. Da seht ihr's, es gelingt eben doch nicht, den Holocaust gleichsam 'einzugemeinden'. Die Einzelschicksale müssen zwangsläufig von anderen Motiven bestimmt werden als die Schicksale der Völker, ist doch eigentlich klar..."

„Also nochmals - in der klassischen Tragödie treten Individuen stellvertretend auf, sind Prototypen, sind abstrakte Agenten undurchschaubarer Mächte, die sich ihrer bedienen und die sie so gut kennen, dass der Wille keine Rolle mehr spielt, den der Einzelne aufbringt. Alles Wollen ist sozusagen immer schon mit eingeplant..."

„Wenn das stimmen würde, dann könnten wir unsere drei Akteure neu bestimmen, wir könnten die 'Invisible Hand' hinter ihren Rücken als den Zeitgeist fassen, der sie in ihrem Wollen bestimmt und der ihr Handeln - bis zu einem gewissen Grade - zwangsläufig macht. Fangen wir mit

Harri an. Da erkennt man alsbald, woher er seinen Charakter hat, der ist ihm über die Generationen aufgedrückt worden: - ein fahrender, heimatloser Geselle, ohne feste Bindung; dass der die Lisbeth unbekümmert schwängert, liegt auf seiner Linie, wahrscheinlich wäre das Unglück nur größer geworden, wenn es dieser gelungen wäre, ihn an sich zu binden..."

„Ihres doch gewiss nicht..."

„Aber sicher doch, denn dann wäre die ganze Familie ausgelöscht worden, so behielt Lisbeth wenigstens ihr Kind und später auch ihre Selbstachtung."

„... und ihre kritische Distanz zum System gewann sie trotzdem, du hast recht..."

„Haben wir das mit Harri jetzt? Oder fehlt noch was? - Na, lassen wir den für den Augenblick. Fragen wir uns nun, was mit Hartmut war. Hartmut scheint mir die wirklich echte tragische Figur, er ist der klassische Held, wie er im Buche steht. Wie sehen bei ihm die Zwangsläufigkeiten aus? - Zweifellos kommt Hartmut der an die Macht gekommene Rassismus objektiv bei der Austragung seines Vaterkonflikts entgegen. Er wird deshalb zum Agenten des Systems. Er hätte seinen Konflikt auch anders ausagieren können, aber wäre er in einer anderen Zeit oder an einem anderen Ort geboren worden, dann wäre auch sein Umfeld, - vor allem seine Eltern - nicht diesen Zwängen ausgesetzt gewesen. Harri wäre ein anderer gewesen ebenso Lisbeth - ist doch klar, oder nicht? Also hier sehen wir, wie das Objektive sich mit dem Individuellen verzahnt. Hartmut wird zum rassistischen Akteur, weil das System der Akteure bedarf und deshalb die Rahmenbedingungen entsprechend gestaltet..."

„...Und zwar von sehr langer Hand, wie man sieht. Nicht erst Wagner war Antisemit..."

„Und was macht Hartmut zum klassischen Helden?"

„Nun, er ist hinein verstrickt in ein Bedingungsgefüge, das ihm vorgegeben ist und das sich unabänderlich geriert. Da es ihm auch noch subjektiv zuarbeitet, indem es ihm hilft, den gehassten Vater nieder zu machen, kommt sein persönlicher Wille mit dem Wollen des Systems weitgehend zur Deckung."

„Du gehst also davon aus, dass Hartmut nicht *trotz*, sondern vor allem *wegen* seiner Abstammung ein glühender Verfechter der Nazi-Ideologie wurde?"

„Stimmt, das erscheint mir einleuchtender als alles andere. Lisbeth hat den Vater für ihn identifiziert, Hartmut bekam heraus, dass der Jude war und da in seiner Geburtsurkunde stand, sein Vater sei unbekannt, konnte ihm nichts passieren, niemand wusste von diesem Vater, er war ja auch längst über alle Berge, und nur wer dessen Identität kannte, wäre überhaupt in der Lage gewesen, ihn mit Hartmut in Verbindung zu bringen. Wahrscheinlich trug Harri bereits den Stern, als Hartmut sich mit ihm traf, dem die Erniedrigung des Vaters wahrscheinlich soviel bedeutete, dass er sie mehrmals auskostete. Über sich selbst machte Hartmut sich zu diesem Zeitpunkt deshalb keine Sorgen, weil niemand von seiner Abstammung wusste, und weil er sich viel zu sehr mit seiner eigenen Problematik befasste, als dass ihm die mögliche Gefährdung seiner selbst bewusst geworden wäre. Erst als Harri auf ihn zustürzt, bekommt er es mit der Angst. Oder die ganze furchtbare Konsequenz seines Tuns geht ihm auf, jetzt, wo er den Vater töten soll. Es schleudert Hartmut zurück in die Strudel der ödipalen Ambivalenzen und er verliert die Kontrolle - was immer das auch bedeutet haben mag - ich glaube immer noch, dass er sich irgendwie verriet und dass Vater und Sohn zusammen starben. Ihn hat man vielleicht wegen Befehlsverweigerung oder so erschossen..."

„Immerhin muss da noch Zeit gewesen sein, mit Lisbeth zu reden..."

„Überhaupt glaube ich, dass uns Lisbeth noch fehlt, dass wir erst von ihr mehr Aufschluss über das Geschehen erhalten könnten. Sie scheint mir der Schlüssel zum Verständnis dessen, was wirklich passierte. Lisbeth äußert sich nur scheinbar erschöpfend. In Wahrheit verschweigt sie mehr, als sie preisgibt. Außerdem sind beträchtliche Widersprüche in ihren Aussagen."

„Ich kann dir nicht folgen. Für mich argumentiert sie durchaus stringent. Meinst du, es wäre ein Widerspruch, dass sie Harri voller Bitterkeit einen *'Lumpenhund'* nennt und sich über ihn beim heranwachsenden Sohn beklagt? Andererseits aber an ihrer großen Liebe festhält und zwar bis zum Schluss, selbst gegen die gewandelten Verhältnisse? Das erscheint mir im Gegenteil nachgerade klassisch, das erinnert an Medea, das ist archaische, weibliche Urkraft, die uns da entgegen weht. Ich glaube, sie will Harri vernichten, den sie liebt und der sie verschmähte und dazu ist ihr jedes Mittel recht. Sie bedient sich der Zeitströmung, die ihrer Rache zuarbeitet, und ruht nicht eher, bis Harri tot ist. Den Sohn benutzt sie dabei systematisch, impft ihm von klein auf den Hass gegen den Vater ein und lenkt sein Schicksal in die vorgezeichneten Bahnen. Weshalb sonst lässt sie Hartmut so lange im Unklaren über seine Abstammung?"

„Vielleicht wollte sie ihren Sohn nur schützen? Wenn sie ihrem Kind gesagt hätte, es gehörte zu den Verfolgten, gegen die systematisch mobil gemacht wurde, hätte sie ihm da nicht viel mehr geschadet? Sie schreibt immerhin, dass sie mit Hartmuts Karriere nicht einverstanden war..."

„Ja, das schreibt sie, aber muss es deswegen stimmen?"

„Wir haben nichts anderes als Lisbeths Aussage, wenn wir die auch noch anzweifeln, dann finden wir uns nie durch..."

„Nicht anzweifeln, aber interpretieren, das ist es, was wir tun müssen. Wir müssen Lisbeths Aussage und die Handlungen der Protagonisten interpretieren, bis sie zusammenstimmen und eine psychologische Einheit bilden."

„Ich glaube, du willst schon wieder auf deine ödipale Geschichte hinaus. Aber gut, deine Einschätzung weiblicher Rachsucht klingt immerhin plausibel. Vor allem die Geduld dabei halte ich für stimmig und das Unversöhnliche, gegen das auch die Zeit nichts vermag."

„Meinst du, es ist scheinheilig, wenn sie so tut, als habe sie von der Judenvernichtung nichts gewusst, bis ihr Hartmut beichtet, dass er im KZ arbeitet?"

„Allerdings! Wie ich es im Moment einschätze, vollzieht Lisbeth genau den psychologischen Schluss des Regimes, das über sogenannte *'arttypische Verhaltensweisen'* zur Verdammung eines ganzes Volkes oder vielmehr einer sogenannten Rasse findet. Lisbeth reicht ihre private Rache nicht, die kleine Rache, die sie mit so vielen teilt - am Gemüsehändler an der Ecke, am Vermieter oder Arzt, denen es entweder einfach nur besser ging oder von denen man tatsächlich übervorteilt wurde. Schließlich war das Betätigungsfeld für Juden von Alters her eng gewesen und eigentlich auch geblieben, ganz abgesehen von dieser elitären Tendenz in der mosaischen Religion... Lisbeth hat das Gefühl, dass sie unendlich viel mehr Grund für ihre Rache hat, und das impft sie dem Sohn als ihrem Instrument der Rache ein. Ich will gar nicht sagen, dass ihre Bestreben an die Oberfläche des Bewusstseins dringt, vieles bleibt wahrscheinlich untergründig und wird von dem Katalog edler Eigenschaften zugedeckt, mit dem man sich schützt, aber vorhanden sind die Strebungen, und die Handlungen sprechen - so gesehen - für sich. - Also hier mein Fazit: Hartmut rebelliert zu spät gegen die Mutter, solidarisiert sich mit dem Racheopfer, gibt sich öffentlich als Harris Sohn zu erkennen und wird stillschweigend liquidiert."

„Dann würden auch die merkwürdigen Versuche der Mutter vom Enkel Absolution zu erhalten, verständlich. Lisbeth kennt die Haltung ihres Enkels, redet diesem zum Munde. Sie will, dass er versteht, aber nicht zu viel, damit er ihr - die Mann und Kind, zusammen mit einem ganzen Volk, ausrotten ließ - verzeihen kann."

„Eine schaurige Interpretation. Deine Botschaft ist wohl - '...und hinter allem steht immer das Weib...' - Lady McBeth, sozusagen...?", meinte Loisl.

„Weißt du es besser?", antwortete Gwen.

„Ich denke nicht..., es sei denn, ich konfrontierte dich mit deinen eigenen Gedanken."

„... Ich weiß nicht, ob ihr es erraten habt, Hartmut ist mein Vater!" Aurobindo blickte fordernd, ja triumphierend in die Runde, als er dies sagte. Gwen nickte. Das habe er sich schon gedacht. „Alfred - Alfi; du konntest nicht wissen, wie Aurobindo einmal hieß, Loisl, nicht wahr - *Alfi*?"

Aurobindo nickte heftig. Loisl blickte ihn verwundert an, er sah ihn gleichsam mit anderen Augen.

8. Anything goes

Die kalte Jahreszeit, die nun anbrach, mit Weihnachten und Jahreswechsel und den damit verknüpften Verpflichtungen, verhinderte im nächsten Monat das Treffen des kleinen Kreises.

Sie nannten sich nun um so lieber *'die Öko Loge'*. Es war, wie sie fanden, ein ebenso hochtrabender wie passender Name, der ihnen gebührte. Aber es gab einen weiteren Grund, weshalb vor allem Gwen auf ein baldiges Treffen drängte: Die letzte Sitzung wollte ihm nicht aus dem Kopf gehen. Zugleich fühlten sie eine beinahe heilige Scheu vor einander, die es ihnen schwer machte, unbefangen zu sein, als sollte erst Gras über die Enthüllung wachsen.

So fand sich die Öko Loge schließlich Ende Januar wieder zusammen. Man war in der Eifel bei Aurobindo verabredet. Linda befand sich auf einem Wunderheilerkongress, da wollte er die Gelegenheit nutzen und auch einmal Gastgeber sein.

Es war ein kalter, sonniger Tag und sie verbrachten den Nachmittag damit, sich in der frischen Luft zu tummeln. Loisl schnallte sich sogar seine Schier an und für die beiden anderen fand sich ein Rodelschlitten im Schuppen.

Die Schneedecke aber war nur dünn. Wie Puderzucker hatte es die weißen Körnchen über die steinigen, holprigen Hänge gepustet. Loisl fluchte jedes mal, wenn er über einen spitzen Felsbrocken kratzte und gab seine Abfahrtsversuche bald auf. Rodeln machte mehr Spaß.

Abends waren sie dann ziemlich erschöpft. „Ganz besoffen wird man von so viel frischer Luft", meinte Gwen beim Heimkommen. Aber in Wirklichkeit genoss er die viele Bewegung und nahm sich vor, mehr für seinen Körper zu tun.

Alte, beinahe wehmütige Erinnerungen wurden wach an seine Zeit mit Mieke in der Landkommune. Schön war's ja doch gewesen, trotz allem.

Aurobindo heizte tüchtig ein und als es dunkel wurde, hockten sie in der niedrigen, nach Kampfer und Pfefferminze riechenden Stube beisammen.

Schon bald drängte jene Nacht am Kamin wieder herauf. Der Brief hatte auch den anderen keine Ruhe gelassen, keiner war damit fertig geworden.

Lisbeths Rache hatte Gwen in wahre Strudel der Selbstzweifel geschleudert. Seine Auseinandersetzungen innerhalb der Bildungsinitiative, seine Hasstiraden und Racheschwüre erschienen ihm nun in einem gefährlichen Licht.

Franco damit zu erledigen, dass man ihn in die faschistische Ecke stellte, wollte Gwen gar nicht mehr gefallen. Hieß das nicht mit Kanonen auf Spatzen schießen? Und müsste er sich nicht eher bei der eigenen Nase packen?

„Wäre ich diesen Alptraum doch endlich los", ließ er sich kläglich vernehmen. Womit er die Freunde auf sein Dilemma aufmerksam zu machen suchte. Und er erzählte sodann die ganze leidige Geschichte seines missratenen

Projekts, die wenigstens Aurobindo als ein Betroffener schon halbwegs kannte, der gleichwohl auch beim zweiten Mal großes Interesse bekundete.

Besondere Aufmerksamkeit wurde Gwen zuteil, als er sich in seinen totalitären Spekulationen erging, die für Loisl freilich auch nicht neu waren, sondern in ihm unangenehme Erinnerungen an die Gründerzeit der Grünen weckte.

Vom *'Sieg des proletarischen Geistes'* war wieder die Rede, von *'der Weltherrschaft des 'Maschinen-Menschen''*, von dessen psychischen Grundmuster und der Einmündung ins Totalitäre, was er in Franco, gleichsam als seinem persönlichen Waterloo, wieder habe aufleben sehen.

Vielleicht wollte Gwen so etwas wie Dispens. Jedenfalls verlangte es ihn nach Klarheit. Die Freunde sollten seine Zweifel zerstreuen und die Sache so oder so für ihn zu Ende bringen.

Im Grunde ärgerte ihn am meisten, dass es ihm noch immer nicht gelang, sich Franco aus dem Kopf zu schlagen, dass dieser vielmehr wie ein böser Geist immer wieder in ihm empor tauchte, um seine Gedanken und den Frieden seiner Seele zu stören.

Sogar Loisl zeigte sich freundlich bemüht. Er pflichtete Aurobindo bei, der bei seiner Ansicht blieb, es handle sich bei Franco zweifelsfrei um einen *'Autoritären Charakter'*: „Das eine hat dennoch nichts mit dem andern zu tun", ließ er sich vernehmen. „Natürlich ist die Tragödie der Lisbeth auf einer ganz anderen Stufe angesiedelt, dazu bestand schließlich die Möglichkeit. Wenn einer wie der Franco hier und heute als ein U-Boot im grünen Alternativteich umher schwimmt oder, was ich wahrscheinlicher fände, noch vor seinem rechtsradikalen 'Coming-Out' steht - dann bedeutet das noch lange nicht das Selbe wie damals. Aber wird so einer deshalb harmloser? Natürlich wirft der Wolf den Schafspelz erst ab, wenn er sich das leisten kann - ich hoffe die Wölfe verzeihen es mir - ich weiß, ich weiß - sind liebe und sehr soziale Tiere...", winkte Aurobindo begütigend ab. „Siehst du, Gwen, der Unterschied ist doch der, du quälst dich mit dir herum, du ergründest dich, du bist all den verqueren Dingen in dir auf der Spur, die sich dir eingegraben haben, von Kindesbeinen an, sozusagen. Natürlich sitzt auch du im Glashaus, auch an dir ging die Geschichte nicht spurlos vorüber, auch du bist imprägniert mit dem rechten Tod... - Ich nicht anders, das will ich damit nicht sagen", fügte er schnell hinzu, als er die Schatten in Gwens Gesicht aufzucken sah.

„Wir also sind um den Grad unserer Bewusstheit von den neuen Francos geschieden..., das ist der Unterschied..."

„Und auf den kommt es an", bekräftigte Loisl - „lass dich bloß nicht verunsichern."

„Wisst ihr, Freunde", ließ Gwen sich da erleichtert und feierlich, ja, wie Loisl fand, reichlich pathetisch vernehmen, „was ich eigentlich meine, ist, dass ich mich, wenn auch mühsam und gewiss nicht völlig, aus dieser abgründigen Verhaftung heraus gekämpft habe, und dass ich weiß, dass dies geht...

Es geht, ich weiß es einfach, und das ist für mich das Entscheidende. Und weil es geht, deshalb tut es mir so weh, wenn ich seh', wie jemand verloren geht, wie jemand es gar nicht erst versucht, sondern sich in dieser inneren Hölle auch noch einrichtet. Das begreife ich nicht."

Loisl schüttelte nur milde den Kopf. „Ich würde gerne diese Totalitarismusdebatte aufgreifen", sagte er beinahe sanft. „Lasst uns die Dinge ein wenig umfassender betrachten, deine Betroffenheit verstellt dir die Sicht. Gewandelte Zeiten bedürfen in der Tat neuer Interpretation. Mir leuchtet ungeheuer ein, dass die Arbeiter in den Fabriken zu maschinenähnlichen Wesen degenerieren und im stumpfsinnigen Takt der Maschinen ihren Verstand und ihre Naturhaftigkeit, ihre menschlichen Gefühle und ihren freien Willen einbüßen. Sie werden zu naturwüchsigen Geschöpfen *der Zweiten Natur*, von Menschen geschaffene und sich selbst reproduzierende Zombies gleichsam. Freilich darf man das nicht zu kurz schließen und nun gleich einzig und allein auf die KZ-Mannschaften und dergleichen übertragen, wie sich dies zweifellos anbietet. Nur, glaube ich, verkürzte dies aufs neue die Sicht. Nein, es geht schon um eine neue Interpretation der Psyche, da stimme ich Gwen zu, denn wir haben es im Proletariat insgesamt mit anderen Menschen zu tun. Dies sind nicht länger die bürgerlichen Individuen, deren sich Freud annahm. Und da müssen wir uns natürlich fragen, was aus Ödipus eigentlich geworden ist, denn mit dem steht und fällt nun einmal das Freudsche Konzept der menschlichen Psyche."

Gwens Augen leuchteten. So war es ihm recht. Ihn selbst ekelte ja vor seiner klebrigen Larmoyanz wegen Franco und dem verlorenen Projekt.

 Nicht ersticken, verstehen musste er. Nichts sonst galt, auf mehr kam es nicht an. An ihm war es nicht, den

Schlagabtausch mit Franco zu führen, weder so noch so. Seine Hasstiraden waren ebenso verfehlt, wie es diese Ebene der Anteilnahme war. Es ging nicht um Franco.

Franco war nur Ausdruck einer allgemeineren Tendenz, die vielleicht in ihm anschaulicher würde. Es genügte nicht, einerseits zu spekulieren und andererseits zu existieren. Auf die Querverweise kam es an, darauf musste er den Finger legen, dann erst ließe sich das Klopfen des Pulses der Zeit vernehmen.

„Du hast nur zu recht. Und doch möchte ich nicht unversehens in die Gesellschaft der konservativen Kulturkritiker geraten. Was du sagtest, klingt mir sehr danach. Es geht mir nicht ums Nörgeln. Ich will das 'gewöhnliche Volk', die 'Unterschichten' und wie dergleichen Bezeichnungen sind, weder der Stumpfheit, noch der Ignoranz zeihen, oder gar mit rückwärtsgewandtem Blick hervorheben, wie viel besser es früher einmal war. Denn diese Leute verherrlichen im Gegenzug dasjenige, was sie verdammen, wenn auch in anderer Gestalt.

Das dumpfe Hämmern der Rockmusik gilt ihnen als primitiv und verwerflich, am Krachen der Geschütze aber berauschen sie sich, denn darin würde der wahre Mann aus der Taufe gehoben und zu seinem wahren Wesen geführt. - Seltsam, wie unbegriffen bei ihnen die Formkraft *Zweiter Natur* ist."

Aurobindo stutzte, man sah ihm an, dass er ertappt worden war. „Man vergisst nur zu leicht, wie alles immer auch seine Gegenseite mit sich führt. Aber dann würde es mich schon interessieren, wie du von Verachtung und Geringschätzung des sogenannten Pöbels wegkommen willst."

„Will er vielleicht gar nicht. Nur anders begründen will er's..."

„Es muss erlaubt sein, einen objektiven Tatbestand zum Ausdruck zu bringen. Ich will *überhaupt* keine Wertung, nicht vorab jedenfalls, sondern will nur auf die eher schlichte Tatsache hinweisen, dass Menschen nun einmal von ihrem Tun geprägt werden. Marx selbst bestand darauf: - *'Das Sein bestimmt das Bewusstsein!'* - Hab ich nie begriffen, wie er mit solch einem Programm ausgerechnet bei den Fabrikarbeitern landen konnte. Was konnte man denn im Ernst anderes erwarten? Aber sie waren ihm in Wahrheit gleichgültig, fürchte ich, galten ihm nur im strategischen Kalkül etwas. Die Kraft der Veränderung musste eben aus sich selbst heraus kommen, gleichsam aus einem magischen Zauberborn irgendwo tief drinnen, vermutlich schwebte ihm so etwas wie eine anthropologische Konstante vor, die sich zwar überformen, nie aber besiegen lassen würde."

„Du scheinst mit den Proletariern jedenfalls keine Probleme mehr zu haben, für dich ist klar, was mit ihnen los ist, scheint mir."

Gwen stutzte. Auch sogenannte objektive Aussagen werteten. Die Sprache selbst verschloss sich seinem Bemühen, objektiv zu sein.

„Ich möchte Wahrheit, nicht mehr und nicht weniger - zunächst einmal. Ausgangspunkt ist die mechanistische Beschaffenheit der Arbeiterpsyche, und die sollte man näher beschreiben. Was tun die Maschinen den Menschen an?

Was passiert, wenn man ein Arbeiterleben lang am Fließband steht? Wie verkraftet man das, und was tut man - im Gegenzug - seiner Umgebung an, wenn man derart geprägt ist? Solche Fragen halte ich für sinnvoll und darauf möchte ich Antworten."

Loisl nickte, das Offensichtliche schien ihm keiner Bestätigung zu bedürfen. Jeder wusste oder glaubte zu wissen, wie es zuging in typischen Arbeitersiedlungen. Und auch Aurobindo traute sich nicht zu widersprechen, obwohl ihm der Unterschied zwischen Gwen und den von ihm gescholtenen Kulturanthropologen noch immer nicht ganz deutlich war.

„Nun gut, die Voraussetzung haben wir. Wie geht's nun weiter? Was suchen wir? Wie passt Ödipus ins Bild? Anscheinend doch überhaupt nicht. Also weg mit dem alten Plunder oder flugs ein neues Muster gestrickt... - Nein, so geht es nicht! 'Homo Faber' ist ja nicht in den Ghettos geblieben. Er ist ausgebrochen, mehr noch, er hat die Welt erobert, das ist die These, mit der wir uns herum zu schlagen haben. Überall hat er längst das Sagen. Hydrengleich ersteht er millionenfach und immer wieder, mittlerweile stolz auf seine Entstehungsbedingungen, der mystifizierte American Way: Vom Zeitungsjungen zum Multimillionär - jeder kann alles, wenn er sich nur durchboxt. Freilich durchmischt sich das mit angestammtem Geldadel. Wieso auch nicht? - besonders in den USA. Und sicherlich lebt es sich in der zweiten und dritten Generation wieder viel bürgerlicher. Aber ist dies wirklich die Rückkehr zu Ödipus?"

„Ödipus, Triangulation, - mein Gott, diese Kürzel. Das kommt dir immer so leicht über die Lippen. Geht es dir hier um Formen der Triebunterdrückung, Analdressur, Doppelmoral und dergleichen; oder blickst du auf den Kulturhelden, der es vollbrachte, das Primat der Ökonomie endlich triumphieren zu lassen, was immer der Preis auch war, der dafür zu entrichten war?", fragte Loisl.

„Das eine lässt sich vom andern wohl nicht trennen", antwortete Gwen.

„Natürlich nicht, das meine ich ja", erwiderte Loisl und auch Aurobindo fragte nach:

„ Was also geschieht, wenn jemand den Ödipus verlässt und in die Niederung des 'Homo Faber' absteigt? Was findet sich dort? Nur Destruktives? Und geht das überhaupt? Müssen Menschen nicht immer irgendwie positiv beschaffen sein? Siehst du, da weißt du nicht weiter."

„Und wenn es doch so wäre, dass Bürger und Proletarier sich auf psychologische Weise verschwistert hätten? Am Ende sind die gar nicht so weit auseinander. Triebverzicht braucht es allemal, so oder so", überlegte Loisl, als er merkte, wie Gwen in Verlegenheit kam.

„Einerseits hebt Gwen die fundamentale Umwertung hervor, welche die bürgerliche Gesellschaft durch die proletarische Weltrevolution erfahren habe, andererseits ermangelte es ihm einer auch nur halbwegs so griffigen Formel, wie sie der Ödipus abgab. Denn selbst wenn dieser immer schon schillerte und je nach Betrachterstandpunkt ein gänzlich eigenes Bild lieferte, bestand diese Formel immerhin. In ihr wurden das Begehren und die Schuld unauflösbar miteinander verknüpft: Wer seinem Trieb gehorcht, der macht sich schuldig, ja, wer begehrt, der ist schuldig."

„Ja, aber ein bisschen kommt es schon auch auf das Objekt der Begierde an. Nicht alles ist mit Schuld belegt, nur das letzte geheimste Begehren trifft das Inzesttabu, sonst darf man schon...", ergänzte Aurobindo: „Aber wie ist das mit der Revolution? Findet sie nun psychisch auch statt? Wie ich dich verstanden habe, findet sie ja wohl vor allem in der Psyche statt."

„Jedenfalls bildet sie sich dort ohne Zweifel ab und lässt kein Individuum ungeschoren", antwortete Loisl.

„So ist es wohl", stimmte Gwen zu - „aber ich will auf die Frage nach einer angemessenen Figur für die außerbürgerliche Welt eingehen: Aufgefallen ist mir schon bei Freud, dass er zunächst wohl an Hamlet oder auch an den Faust dachte, bevor er sich auf die archaischere Deutung einließ, die ja bei ihm keineswegs den Ursprung bildet, sondern ein verspäteter kultureller Ausdruck der Installierung von Inzestverbot und Sohnesrebellion ist. Noch das Christentum mochte er für diese These heranziehen.

Warum also Ödipus, nicht Jesus, nicht Hamlet, nicht Faust? Bei letzterem wird mir nämlich ganz warm ums Herz, denn da klingt etwas an, was, meine ich, viel weiter weist.

Aber dies ist nur die eine Seite. Im Laufe meiner Studien stieß ich unter den zumeist in den großstädtischen Ghettos der USA lebenden Nachfahren afrikanischer Sklaven auf ein Phänomen, dem ich zunächst kaum Beachtung schenkte: die Rolle der Mutter nämlich. Es zeigte sich dort, was übrigens auch Kriegskinder in Europa bestätigen, wie anders die Sozialisation verläuft, wo kein Vater zugegen ist. Im Ghetto ist die männliche Rolle eng begrenzt auf Kleinkriminalität, Gelegenheitsarbeit, Gefängnis- oder Militäraufenthalte, die abenteuerliche Suche nach der großen Chance. - Nur ausnahmsweise kommt es zu festen Paarbindungen und auch die zerbrechen alsbald. Im Europa der Kriegswitwen gab es - jedenfalls phasenweise - ähnliche Tendenzen.

Inzwischen frage ich mich, weshalb Freud dieser Tendenz wenig Beachtung schenkte. Die Antwort ist einfach, er selbst hatte davon nichts erlebt und seine Umgebung zeigte davon kaum etwas, jedenfalls gab es noch wenig vaterlosen Nachwuchs in den bürgerlichen Kreisen.

Die Ghettomütter und Kriegswitwen also regten meine Fantasie an. Sie schienen ungleich angemessener die innerfamiliäre Realität wieder zu geben.

Bei der Rolle der Väter kommen nun Faust und Hamlet ins Spiel. Der Väter Einfluss kommt von außen, ist jenseitig oder aber bösen Geistern übereignet, die mit düsteren Einflüsterungen ins Geschehen eingreifen. Die Verknüpfung von Schuld und Begehren kommt anders zustande, verbindet sich wieder mit archaischen Strebungen. Der Grundcharakter des Begehrens bleibt inzestuös, jedoch mit deutlich anderer Zielrichtung. Begehrt wird letztlich das Kind, die Unschuld, die im undurchschauten Ränkespiel geopfert werden muss."

„Ich kann mich nicht erinnern, dass Fausts Vater überhaupt eine Rolle spielt", warf Loisl ein.

„Mephisto ist im Faust die übermächtige väterliche Gestalt. Ich denke, daran braucht man nicht zu zweifeln.

Wenn überhaupt, dann vermisse ich bei Goethe die 'Große Mutter'. Margarete ist mir zu sehr höllische Handlangerin. Ihr mangelt es an Autonomie. Auch bei Hamlet tritt die Mutter im Grunde nicht aus dem patriarchalen Schatten. Da, würde ich sagen, war die Zeit noch nicht reif. Wir haben es hier mit Ahnungen zu tun, die Freud auf seine Weise bündelte.

In *'Totem und Tabu'* lässt er sich im übrigen ganz unverblümt darüber aus, wie er sich die erste Kulturleistung der Menschheit vorstellt. Natürlich ist dies gänzlich unhaltbar. Lamark stand Pate, weniger Darwin, aber dies ist noch das geringste Problem. Wichtiger ist, dass damit Normen errichtet wurden, denen weite Kreise nicht genügen. Und hier steckt natürlich revolutionärer Zündstoff.

Aber ich will auf den Punkt bringen, was ich zuvor andeutete. Als ich zum ersten Mal den Mythos von der Verführung Kores durch Hades las, war ich sogleich elektrisiert. Je mehr ich davon las, um so beeindruckter war ich. Alles passte, jede Rolle stimmte, erschien mir angemessen und zutreffend ausgestattet.

In der großen Demeter fanden sowohl die Ghettomütter als auch die Kriegswitwen ihren angemessenen Platz als die lebenserhaltenden, aufbauenden Institutionen einer zerfallenden Welt, die unter dem Schatten des Todes steht und in der es nicht gelingt, die Kinder zu bewahren.

Die Opferung des dionysischen Kindes könnte gar - als ein letzter Aufsatz - die Schuldverstrickung der aktuellen Kinderlosigkeit zum Ausdruck bringen, welche um sich greift und den Zenit wahrscheinlich noch längst nicht erreicht hat. Ich meine den Pillenknick und was damit einher geht."

„Was, um des Himmels Willen, hat denn der Gott des Weines mit der Sache zu tun?", fragte Aurobindo.

„Dazu müsste ich eigentlich weiter ausholen. Nur soviel zunächst einmal: Hades entführt Kore und macht sie zu seiner Gattin Persephone, der Herrscherin der Unterwelt. Sie zeugen Dionysos, das göttliche Kind, das in den eleusinischen Mysterien alljährlich zum Jahresbeginn geopfert wird und dessen Blut die Erde wieder erblühen lässt."

„Die eleusinischen Mysterien mit allem Drumherum wären demnach deine Antwort auf Ödipus, verstehe ich das richtig?", fragte Loisl.

„Erst mal dachte ich nicht weiter als bis zur Wut und zur Trauer der Demeter, wie sie die Erde verdorren lässt und malte mir auf das Schrecklichste das Schicksal der armen Kore aus, die dann gleichsam umgepolt wird und in die sich alsbald die Schuldhaftigkeit des triebhaften Begehrens einpflanzt. Es zerreißt sie zwischen der sexuellen Hörigkeit gegenüber Hades und der Mutterbindung, was sich hinfort in den Jahreszeiten ausdrückt. In jedem Frühjahr kehrt sie heim zur Mutter, die sie im Herbst Richtung Unterwelt verlässt."

„Mindestens wäre so ein 'Kore-Komplex' etwas für Mädchen, die kamen unter der Herrschaft des Ödipus sowieso zu kurz", meinte Aurobindo, der von ähnlichen Versuchen seitens der Frauenbewegung hatte Läuten hören, ohne sich freilich näher damit zu befassen.

„Verstehe ich das richtig, dieser angedeutete mythologische Komplex ist der umfassende, Kore steht für den ganzen Menschen, Ödipus für den bürgerlichen Spezialfall? Oder ist die Sache so, dass sich mit der Kulturerweiterung ein übergreifendes Muster in den Blick schiebt, mit deutlich anderen Rollenfärbungen? Oder siehst du letztlich, mit Blick auf Hades und Opfertod, eine Verengung, steht Hades mithin für den 'Homo Faber'?", fragte Loisl und wischte Aurobindos harmlose Bemerkung damit vom Tisch.

Gwen stöhnte. Loisl hielt den Finger auf der Wunde. „Wenn ich darauf nur antworten könnte", sagte er und blickte von einem zum andern. „Eigentlich gedachte ich, mein 'ökologisches Subjekt' mit der Kore zu beglücken, aber das war, als ich noch nicht sehr weit gekommen war. Inzwischen sehe ich vor allem die Schwierigkeiten zwischen Mutter und Tochter, denn es ist ja so, dass sich die Tochter niemals aus dem Mutterschatten begibt und lebenslang einen offenen Zwiespalt erdulden muss. Immer will sie sein, wo (oder wie) sie gerade nicht ist. Bei der Mutter sehnt sie sich nach Hades, und in der Unterwelt verlangt es sie nach der mütterlichen Wärme, das ist ihr Dilemma. Ich möchte auch wissen, was dies zu bedeuten hat, wie sich das auf der gesellschaftlichen Bühne abbildet."

„Ich dachte, wir suchen einen Ersatz für den Ödipus, weil der dem Proletariat nicht mehr angemessen ist", sagte Aurobindo: „Auf einmal geht es hier um viel mehr, das finde ich zumindest interessant."

„Die Idee, Ödipus zum bürgerlichen Spezialfall zu machen, hat etwas Verführerisches", auch Gwen überging Aurobindos Bemerkung. „Damit wäre ich meine Sorgen mit einem Schlag los. Feudalistisch setzte man den Hamlet ein und Faust vielleicht sogar proletarisch..."

„Ja, der hat so was narzisstisch gestörtes, ist so ein Rockefeller-Typ..."

„... und am Ende kommt der Anfang wieder hervor - der Teller ist umrundet, die Menschheit bei sich angekommen - wie schön...", Aurobindo strahlte die beschriebene Harmonie wider.

„Na, da zieht's mich doch wieder einen Schritt zurück", befand Loisl lakonisch. „Stichwort 'Homo Faber', ist das nicht ein Romantitel von Max Frisch?"

„In der Tat und, welch Zufall, er handelt vom Inzest eines durch die Welt abenteuernden Ingenieurs mit seiner (ihm unbekannten) Tochter. Enthüllung und Katastrophe bleiben nicht aus, wie sich denken lässt", gab Gwen - stolz auf seine vielschichtige Kenntnis - zur Antwort.

„Das wirft uns wieder weit zurück. Denn wen haben wir in 'Homo Faber' anderes vor uns als den zu Macht und Selbstbewusstsein gelangten Proletarier?"

„... auf den dein Mythos wie die Faust aufs Auge passt, so sehe ich's auch..."

„... und besser als der Faust, ha, ha..."

„Mal im Ernst, das hätte doch wohl schwere Folgen für deine Interpretation."

„Weshalb sollte ich mich dem Frisch beugen? Oder vielmehr, was ist, wenn Frisch das Richtige sieht und mehr will, als einen totalitären Zombie entlarven? Vielleicht lohnte es sich, den Roman unter diesem Blickwinkel noch einmal zu lesen. Das Grollen der Morgendämmerung mag in diesem Abgesang bereits anklingen", bemerkte Gwen mit einiger Genugtuung. Loisl schien es, als wüsste der schon, wovon er redete.

„In andern Kulturkreisen wird in der Unterwelt das Eisen geschmiedet. Der begnadete Gott ist dort ein Gefangener seiner Kunst...", fing Aurobindo zu spekulieren an, was ihm ein indigniertes Kopfschütteln von Loisl einbrachte. Doch Gwen meinte, mit Frisch habe man sich bereits ins freie Assoziieren entlassen und so sei Aurobindos Bemerkung nicht nur legitim sondern sehr willkommen.

„Alle Völker und Kulturkreise blicken auf allerlei Schöpfungsmythen zurück. Sie alle müssten letztlich herangezogen werden. In ihnen drückt sich wohl adäquat die repräsentative Psyche der Individuen aus. Freilich drängten diese immer wieder über den vorgegebenen Rahmen hinaus. Nicht nur die biologische, sondern auch die psychologische Dimension gehorche dem Anpassungsdruck der Umgebung."

„Andererseits halten sich diese Mythen oft über Jahrtausende, nicht nur in Hochkulturen mit Schrift und Geschichtsbewusstsein, sondern auch bei den sogenannten Primitiven. Auch dort zeichnen sie sich durch eine erstaunliche Komplexität aus", ergänzte Aurobindo Gwens Ausführung.

„So gesehen greift Freud mit der Ödipustragödie also nichts weiter als einen ihm genehmen mythologischen Abschnitt unseres Kulturkreises heraus", bemerkte Loisl - „und du tust es ihm gleich", setzte er hinzu: „So gesehen ist dein Verfahren gar nicht mehr so aufregend, wie es zunächst klingt. Nur die Orthodoxen mit ihrer Buchstabenhörigkeit machen aus so was eine große Sache."

„Ja, wir stehen vor dem Problem, mit einer Fülle von mythologischen Wurzeln fertig werden zu müssen. Letztlich ist für jeden etwas dabei. Dadurch kommt eine ungute Beliebigkeit ins Spiel", gab Gwen zu bedenken. „Die hat doch auch was für sich, wir befinden uns eben nicht mehr in einem abgeschiedenen Gletschertal, sondern sehen uns einem schier unergründlichen Pluralismus gegenüber. Die Gattung beweist ihre Heteronomie und Vielfalt auch in psychologischer Hinsicht", antwortete Loisl, der es, wie er meinte, als Alpenländer wissen musste.

„Und doch darf nicht alles sein, was ist, das ist die Schwierigkeit", warf Aurobindo ein - „und wenn du auf den Sieg der proletarischen Weltrevolution noch verzichten könntest, dann wäre mit dir, so gesehen, wieder ganz normal zu reden. Alles Menschen mögliche koexistierte oder konkurrierte immer schon miteinander."

„Diesen Eindruck kann man leicht bekommen, wenn man sich umschaut. 'Anything goes', heißt es in den urbanen Zentren", pflichtete Loisl bei.

„Wenn dabei nur nicht soviel schief ginge. Wie gesagt, es ist unserm Belieben leider nicht anheimgestellt, was geschieht oder geschehen ist. Ich will mich bezüglich der Ursachen des Kulturwandels auch keineswegs festlegen. Vielleicht wurde die politische Seite der Revolutionen sogar maßlos überschätzt. Worauf es indes ankommt ist, dass Revolutionen stattgefunden haben, und dass wir uns wieder mitten in einer gewaltigen Umschichtung befinden. Man kann den Wandel auch technologisch dingfest machen. Die proletarische Revolution ging einher mit der Durchsetzung der industriellen Massenproduktion. Heute stecken wir in einem Prozess der Virtualisierung und Ökologisierung unserer Lebenswelten. Und auch davon sind bestimmte Bereiche der Gesellschaft stärker als andere betroffen, die deshalb heftiger reagieren", führte Gwen aus.

„Der unscheinbare winzig kleine Mikrochip wird sich dereinst als der größte Umwandler aller Zeiten erweisen", ergänzte Loisl zustimmend.

„Oder es wird die Abholzung des tropischen Regenwaldes sein", gab Aurobindo zu bedenken.

„Das wird sich weisen, es kommt eben auf die Perspektive an, die man einnimmt. - In Frankreich kursiert ein wildes Pamphlet. Da ist von *'Maschinenteilen'* und *'Organmaschinen'* die Rede, ebenso wie von neuer Verlassenheit und Unwirtlichkeit. Die Erde wird zur Wüste voller Stimmen und Schemen, vor denen es keine Rettung gibt. Einzelne Sensible erleiden ein hinter der Wirklichkeit findliches Dasein gleichsam vorab. Der Schizophrene tritt als Seismograph kommender oder besser *verborgener* Entwicklung auf." Gwen versuchte dem Gespräch einen neuen Impuls zu geben.

„Der Wahnsinn als Methode der Erkenntnis...", warf Loisl skeptisch ein, auch er hatte von derlei Studien gehört.

„Mir erscheint der Gestus dieses *'Anti-Ödipus'*, so der Titel, auch obskur. Trotzdem klingt dort etwas an, das mich hellhörig macht."

„Wenn du dabei nur nicht selbst den Verstand verlierst", ergänzte auch Aurobindo Loisl Einwurf: „Ich finde, wir haben uns viel zu weit von unserer Fragestellung entfernt und verlieren uns im Allgemeinen. Ich habe den Bezug zu dem Brief längst verloren. Immerhin geht's um meine Familie, selbst wenn ich mir nun nicht mehr ganz sicher bin."

„Wie das?", fragte Loisl.

„Ich hatte keine Eltern, sondern wuchs bei einer Tante auf und die hat mir so gut wie nichts erzählt, machte immer nur abfällige Bemerkungen über meine Mutter, und dass mein armer Vater zu seinem Glück im Krieg gefallen sei, so habe er die Schande wenigstens nicht mehr erleben müssen. Weiter ging sie mit ihren Andeutungen nie. Ich vermute, sie hatte sich einen andern genommen, vielleicht sogar einen von der Besatzungsmacht...", erklärte Aurobindo.

„*Besatzungsmacht*", Loisl rümpfte die Nase.

Gwen winkte ab. „Möglich aber wäre es immerhin. Ja, ich kann mir vorstellen, das lässt einen nicht kalt. Hättest du denn einen Vorschlag? Wir hatten uns, meine ich, allzu sehr auf diese Ödipus-Interpretation eingelassen."

„Jedem hängen nun einmal seine Nöte an, der eine kommt von seinem Hass nicht herunter und möchte unbedingt Absolution, möglichst fundiert, und der andere..."

„... sucht seine verlorene Mutter überall", ergänzte Aurobindo. Er blinzelte Gwen dabei vielsagend zu: „Deine Deutung unter anderem Vorzeichen würde mich sehr interessieren."

„Also gut, warum nicht, sollst du haben. Was wollen wir herausfinden? - Nun, ganz einfach. Wir möchten wissen, wie sich der Kore-Konflikt, den wir zunächst einmal als universal begreifen wollen, in den Individuen auswirkt, wie sie mit ihren Schuldanteilen fertig werden und wieweit sie es vermögen, ihr Streben nach Lust zu verwirklichen."

„Ich dachte, wir müssten die Akteure den Rollen zuordnen, Lisbeth also der Demeter, Harri dem Hades und für Hartmut bliebe nur die Rolle der Kore, des Mädchens mithin", warf Aurobindo ein, dem Loisl beipflichtete: „So haben wir es jedenfalls mit dem Ödipus gemacht, das hatte sich ja auch angeboten. Hier ist es wegen der Geschlechtszuordnung nicht so einfach, aber so erginge es schließlich den weiblichen Wesen bei der Ödipusdeutung auch."

„Hat Freud die Mädchen nicht wie kastrierte Jungen behandelt?", fragte Aurobindo.

„Hat er, - sehr zum Verdruss der Frauenbewegung."

„Und wir sollen jetzt den Fehler ebenfalls machen, nur umgekehrt?"

„Fragt sich, ob überhaupt ein Fehler vorliegt. Wie männlich ist ein Mann, und wie weiblich ist eine Frau? Statistisch variieren die Geschlechter bis nahe an fünfzig Prozent heran", Aurobindo schaute bedeutsam drein, als er dies einwandte, was Loisl ärgerte, denn ihm behagte die Vorstellung weiblicher Anteile nicht und außerdem war dies theoretisch nichts Neues.

„Die Zuordnung scheint mir auf der Hand zu liegen, ist doch alles da: Die Hölle des Krieges und der Konzentrationslager, die Faszination und Verführung durch den Tod, Schuldverstrickung und Rachsucht der enttäuschten, verlassenen Mutter, deren Ohnmacht, das Kind vor der Schuld der Welt bewahren zu können, die Verquickung von Trieb und Schuld auch. - Was gibt es da zu zweifeln? Unter dem Kore-Komplex zu leiden hieße lediglich, hie und da die Schwerpunkte verlagern und entsprechend andere Schlussfolgerungen zu ziehen. Aus dem Dreieck würde man nicht entlassen, nur der Charakter der Schuld wäre ein anderer. Es macht eben einen Unterschied, ob man in sich Mordgelüste zu unterdrücken hat, oder ob einen die Sehnsucht nach dem unlotbaren Sündenpfuhl und die Sehnsucht nach dem pränatalen Schwimmen im Mutterleib in zwei Teile reißt, ums mal auf die Spitze zu treiben. Freilich ist das hier alles Mutter-zentriert, das ist ja der Punkt, gesellschaftlich bildet sich so was eben ab. Der Mutter kommt eine viel stärkere Rolle zu und im Gegenzug bekommt die Vatersehnsucht, die bei Freud seltsam quer liegt, einen eigenen Stellenwert, denn bei Freud taucht sie gleichsam prägenital, nur vermittels der frühen Identifikation auf, während sie hier eindeutig inzestuös in Erscheinung tritt."

„Also prägenital würde ich die Vaterbeziehung bei Freud nicht eben nennen, der Heranwachsende begreift sehr wohl den Vater als Konkurrenten, den es bei der Mutter auszustechen gilt, so erst taucht ja das ödipale Mordgelüst auf", wandte Aurobindo ein.

Gwen nickte: „Trotzdem fällt der Unterschied doch auf. Kore möchte an der Welt, an Wesen und Geheimnis des Vaters Anteil haben, möchte von ihm gleichsam entführt werden in die lockende, unbekannte, ferne Welt und deren geheimnisvollen Umtrieben, von denen sie sich eine andere Dimension des Daseins erhofft. Ist sie dann dort angekommen, hat Einblick gewonnen und die reiferen Lüste am eigenen Leibe verspürt, dann erwacht alsbald die Erinnerung und der unwiederbringliche Verlust der Kindheit drängt hervor mit allem, was dazu gehört, weist sogar bis hinter die Pforte des Lebens, hinter die es kein Zurück gibt.

Je ferner der Vater rückt, je anonymer der Erzeuger ist, um so mehr verschwimmt er mit den Lockungen der Ferne, mit Abenteuer, Gefahr und Farbe eines ungeahnten, weiten Lebens. So gesehen ist das Begehren inzestuös. Auch wenn der Vater niemals gefunden wird, wird es doch seine Welt und in ihr die Symbole, die ihn ausmachen und denen man sich hingibt."

„Klingt, als gäb's nur noch Frauen und Schwule", warf Loisl zweifelnd ein.

„Vielleicht überzeugen dich die Leiden des Heranwachsens eher? Wer erinnerte sich nicht? All die Ungewissheit, die Ahnung des Kommenden, das innere Drängen des erwachenden Triebes und der Abschied von der Kindheit, die verloren geht. Nicht zufällig entwickelten sich überall auf der Welt die befremdlichsten Rituale an der Schwelle zum Erwachsenwerden.

Da haben wir das Dilemma wieder: Auf der einen Seite die ungewisse Lockung, das verheißende Wispern des erwachenden Triebes, freilich auch dessen dunkle Drohung. Auf der anderen Seite ersteht nun vielleicht zum ersten Mal übersichtlich und begreiflich, was alsbald untergehen wird: Die Kindheit und letztlich die Geborgenheit im Mutterschoß, wohin es keine wirkliche Rückkehr gibt...",

„... allenfalls symbolisch. Immerhin vermögen sich viele über eigene Kinder dahin zurück träumen", bemerkte Aurobindo.

„Ja, das kommt später, jedenfalls meist. Pubertierende sind mit sich allzu beschäftigt. Unterschätzen wir nur die Rituale unseres Kulturkreises nicht. Der einzige Unterschied ist, dass hier der Seele die Qual zugefügt wird, die gleichwohl dem Körper gilt; und nicht weniger drastisch wirkt, als es die martialischen Rituale der sogenannten Wilden tun, von denen sogleich die Rede ist, wenn es um Initiation geht."

„Du denkst an Prüfungsdruck und Leistungszwänge, nehme ich an", fragte Loisl.

„Ganz recht. Leicht wird es keinem gemacht, erwachsen zu werden. Je heftiger man in sich das triebhafte Drängen spürt, um so enger ziehen sich die unsichtbaren Fesseln der Kultur."

„Es gibt vermutlich keinen Ausweg aus diesem Dilemma. Wir im Ashram haben eine verspätete Antwort gesucht. Doch ich glaube, sie ist nicht zu finden," sagte Aurobindo.

Loisl nickte: „Grauslig war's daheim, ich wollt' nur weg und doch hab ich furchtbares Heimweh bekommen, kaum dass ich in der Stadt war."

„Da wundert es nicht, wie es kommt, dass jemand das Erwachsenwerden verweigert", sagte Aurobindo.

„Nur unser Körper spielt nicht mit", gab Loisl zur Antwort.

„Schon eher der Geist", warf Gwen ein.

Loisl grinste: „Meinst du, deshalb laufen so viele Idioten herum?"

„Es wäre jedenfalls eine verständliche Seite dieser leidigen Tatsache", fand Aurobindo.

„Ihr seht also, der Kore-Komplex fügt sich ganz natürlich in unser Empfinden. Keinerlei Befremdlichkeit stößt hier auf. Dagegen erinnere ich mich noch meines ersten Entsetzens, als ich die Vatermordthese las. Gerade ich, der ich meinen Vater um so viel lieber gehabt habe, als die Mutter. - Ich weiß, ich weiß, die Fallstricke des Alltagsverstandes... - - So will ich davon also absehen und nur zusammenfassen, was wir soeben herausfanden:

Das Individuum findet sich zwischen zwei Polen, die hier mit Hades und Demeter bezeichnet sind. Die Pole sind gegensätzlich beeigenschaftet und bewirken eine unlösbare seelische Spannung, eben den Kore-Konflikt. Nach der Seite der Demeter bestimmt ihn Harmoniestreben, während Hades für die Lockung des Unbekannten steht. Unwiderstehlich sei aber beides, eben das mache den Konflikt aus. Es ist nun an uns, das Reich des Hades und das der Demeter auszugestalten, es gemäß unseres Kulturkreises auszuschmücken und die Sehnsuchtsziele dingfest zu machen. Am jeweiligen Grundgehalt änderte dies nichts. Ich will mich auch davor hüten, mit moralischer Messlatte zu hantieren. Freilich klingt es so, als handle es sich bei Hades um moralisch fragwürdiges Streben, während Demeter die Güte verkörpert. Und es mag sogar stimmen, dass das Übergewicht des einen vermehrtes Leid, das Übergewicht der andern vermehrtes Glück bedeuten. Frei von beidem aber sei kein Mensch, da das Menschsein sich in dem Widerspruch erst ausdrücke."

„Mich erinnert's erst mal ans Mittelalter, als Gott und Teufel noch real waren und die Lust vom Teufel kam", gab Loisl zu bedenken und Aurobindo meinte:

„Mir fällt spontan Erich Fromm mit seinen Thesen zu 'Sein und Haben' ein. Soweit ich's erinnere, kommt er zu eben derselben Schlussfolgerung."

„Freud an anderer Stelle ebenfalls, man denke nur, was er über die Identifikation herausfand, die Fähigkeit, sich in andere einzufühlen, was auch er als Gegensatz zu dem eher fragwürdig gefärbten Besitzen wollen begreift."

„Es geht dir also nur darum zu zeigen, wie grundsätzlich und umfassend dieser Konflikt das Menschsein ausmacht, verstehe", sagte Loisl: „Dann läge ich mit dem Mittelalter gar nicht daneben. Ich hatte meinen Einwand eher kritisch gemeint. Doch nun erweist er sich als Ergänzung: Die Menschen im Mittelalter bildeten die psychologische Wahrheit nur auf ihre Weise ab. Wen wundert es also, wie viele Teufelsanbeter insgeheim herum geisterten, immerhin ging's um die Allmacht des Triebes und um einiges mehr, aber dazu kommen wir wohl erst."

„Ja, die Mutter Kirche hielt den Daumen allzu fest auf diesem brodelnden Dampfkessel."

„Bis er endgültig explodierte."

„Für die Lockungen der Ferne gab es dann kein Halten mehr, das ging in jede nur erdenkliche Richtung, wie man weiß. Und das wäre nun alles bereits auf der Hades-Seite, all die Erschließung von Himmel und Erde. Der Schöpferdrang, die Neugier, Entgrenzung und dergleichen, alles aus einer Wurzel?! Also das wäre mir zu griffig und wird zumindest dem bisschen Weisheit nicht gerecht, das gelegentlich in Erscheinung trat."

„Aber für die Wissenschaft, für Seefahrer und Abenteurer gilt dies schon. Auch wenn sich Impulse anderer Art hinein verzahnten. Vielleicht ist jener am erfolgreichsten, der aus einem gediegenen Stall kommt, will sagen, den's nicht allzu grausam aus dem warmen Nest der frühen Geborgenheiten verstieß."

„Und was es bedeutete, wenn einer Schiffbruch erlitt und Gelegenheit bekam, über sich nachzugrübeln. So was fiel dann literarisch immer recht drastisch aus. Da wirft es einen für ein halbes Leben auf eine einsame Insel oder ins tiefste Verlies, wo er vergessen wird. Daran sieht man, wie es die Menschen immer wieder zu Bewusstwerdungsschüben drängte, Defoes Robinson Crusoe oder Dumas' Graf von Monte Christo, auf die ich anspiele, waren ja ungeheuer populär weit über ihre Zeit hinaus."

„Nun mal Klartext", fuhr Aurobindo dazwischen: „Ihr meint also, der Aufbruch in die Moderne könne mit Kores Verführung durch Hades gleichgesetzt werden. Alles was da entbunden wurde, sei letztlich psychologisch in dieser Figur repräsentiert. Und der Kirche käme die Rolle der Demeter zu, die ihr Kind nicht hergeben oder aber zurück haben will. Kore wäre die noch in ihren Kinderschuhen steckende mittelalterliche Gesellschaft, die sich nur zu gerne verführen lässt.

Aber geht das denn überhaupt? Kann man die Erkenntnisse aus der individuellen Psyche auf die Gesellschaft übertragen und umgekehrt? Dazu gibt es schließlich umfängliche Auseinandersetzungen und die sind in euerem Sinne nicht gut ausgegangen. Ganz abgesehen davon, dass Gwens Kore-Komplex erst einmal nur in seinem Kopf existiert. Aber das meine ich nicht. Soweit ich es aus deinen Andeutungen entnommen habe, treibt auch dieser ominöse Anti-Ödipus seine Blüten ins gesellschaftlich Allgemeine."

„Ja, ja, das Ganze ist mehr als die Summe seiner Teile, wobei einem solch ein vermutlich sogar richtiger Einwand trotzdem nicht weiter hilft", stimmte Loisl zu.

Gwen wischte das Mittelalter, die entstehende und gar die sich vollendende Neuzeit, wie sie angeklungen waren, beiseite: „Lassen wir Kopernikus, Robinson und den Grafen von Monte Christo begraben sein, denn sie sind es längst, was immer über sie auch vermittelt worden ist. Vielleicht war es viel in meinem Sinne, vielleicht aber auch nicht. Wollen wir nicht erst einmal grob umreißen, was denn die entgegengesetzten Pole ausmachen, ja überhaupt erst einmal klären, worin sie bestehen und wie gegensätzlich sie überhaupt sind? Viel mehr als Fruchtbarkeit, Harmonie, Geborgenheit und pränatales Wabern sind für die Demeter ja nicht herausgekommen bislang. Während Hades schon seines Namens wegen der Ruch des Todes und Verderbens anhängt. Dabei weckt er erst die heftigsten Triebe. Freilich fragt es sich, ob diese sich von ihrem Ursprung emanzipieren. Mit anderen Worten, wie steht es mit Persephone, wie ist sie mythologisch ausgestattet? Was nimmt sie mit von sich als Kore? Fließt etwas von der Mutter mit herüber?

Und vor allem, sind wir dabei auf Spekulation angewiesen oder brauchen wir das nur nachlesen?"

„Ich nehme an, du kennst die Antwort", ließ Loisl sich vernehmen.

„In der Tat, Klarheit ist über die schillernde Todesgöttin nicht zu erlangen. Sie bleibt Spielball gegensätzlicher Mächte. Interessant fand ich, wie Demeter und Hades einander im Zorn ähneln, und dass es eine Querverbindung zwischen ihnen gibt, die sich vermittels Zeus, des Vaters der Kore, ausdrückt, als dessen Kehrseite Hades gilt."

„Der Janusköpfige nimmt eben vielerlei Gestalt an. Gewiss aber trennte er sich von seinem Hadesanteil...", „... den er gleichwohl nie aus dem Auge verlor. Er bleibt letztlich Teil seiner selbst wie die spiegelverkehrte Seite einer Spielkarte."

„Solch ein schillerndes Wesen ist den Göttern eigen. Und doch verlieren sie sich niemals ganz. Nur die Menschen können ihrer Allmacht nicht folgen, weshalb sie sich mit Teilansichten zu begnügen haben. Das war bei den Griechen kaum anders", warf Aurobindo ein.

„Bringt uns dies nun weiter bei unseren Überlegungen? Gelingt uns mehr als ein vages Umschreiben dessen, was die beiden Pole ausmacht? Vielleicht geht es gar nicht anders, als auf die gesellschaftlichen Reflexe zu achten. Was wurde wie verteilt? Darauf kommt es uns doch an. Zerrissenheit sei unser Los auf Erden und nun geht es darum zu ergründen, was von welcher Seite zerrt. Insofern fand ich den Ausflug ins Mittelalter ganz hilfreich. Immerhin klang mit der Mutter Kirche auch mal eine repressive Dimension der Güte an und die rastlose Neugier, mit der die Menschen den engen Horizont ihrer Zeit durchbrachen, entwickelte sich weit über den zugrunde liegenden dumpfen Trieb hinaus, daran ist nicht zu zweifeln. Ja, oft scheint es in der Folge so, als schlüge die eine Seite in die andere um. Trotzdem behauptet sich das ursächliche Gefüge...", erklärte Gwen weitschweifig, so dass ihn Loisl unterbrach: „...und läutet die Moderne ein, mit allem, was dazu gehört an Grandeur und Grauen. Ich gebe zu, dass von der gesellschaftlichen Seite her betrachtet, dein Modell ungleich einsichtiger ist, als es der archaische, mörderische Umtrieb in der Ödipustragödie je sein konnte. Aber Freud wollte ja wohl vor allem darauf hinaus, dass in uns allen eine urtümliche Bestie lauert, welche von einem dünnen Firnis zweitausendjähriger Kultivierung nur mühsam überzogen wurde, eine Kulturdecke, die nur allzu leicht Löcher bekommt. Auch dieser Aspekt ist keinesfalls von der Hand zu weisen."

„Nur dass der Trieb bei Freud eben der Unterdrückung anheim zu fallen hat, während wir soeben vor allem auf die schöpferische Dimension des ursächlich wohl eher negativen Triebes stießen. Nicht seine Unterdrückung, sondern seine Befreiung, seine Selbstbefreiung, sprengt den engen Deckel, den die Kirche auf die mittelalterliche Gesellschaft drückte. Wie viel Mut, welch unglaubliche Fantasie - und alles letztlich, um aus dem Kerker der Liebe und des Geborgenseins zu entrinnen."

„Es zeigt sich, finde ich, dass die Moderne, legte man Freuds Modell zugrunde, überhaupt keinen Motor gehabt hätte", warf Aurobindo ein.

„Das stellte ja nun wirklich alles auf den Kopf", stimmte Loisl zu.

„Der Einbruch von Ödipus erscheint tatsächlich als eine archaische Katastrophe. Ich frage mich, wie es zu einer solch massenhaften Regression überhaupt kommen konnte", sagte Gwen und Loisl ergänzte: „Die Inquisition dürfte einen Gutteil Schuld tragen. Jahrhunderte lang wurden die Menschen unter grausamsten Qualen bei der Stange gehalten. Kein Wunder also, wenn sich ihr Charakter allmählich veränderte.

Da fragt es sich in der Tat, was aus den Vorstößen ins Reich des Unbekannten, die allenthalben vonstatten gingen, ohne dies Korsett der Grausamkeiten geworden wäre. Die Frage ist zwar rein hypothetisch, aber interessant finde ich sie trotzdem. Zumindest stellt sie auch Freuds These, dass erst die Repression dergleichen Anstrengungen hervorbringt, radikal in Frage."

„Das hieße, nicht *wegen* der Triebunterdrückung, sondern *trotz* ihr, wurden die fantastischen Leistungen des intelligenten Urtriebes, will ich ihn mal nennen, möglich. Eine wahrhaft revolutionäre These", fügte Aurobindo hinzu.

„Ich würde die Not gar nicht ausschalten wollen. Not ist gewiß eine starker Motor für die intelligente Fanatasie, aber eben nicht die Willkür und Despotie selbstherrlicher Sachwalter einer repressiven Ordnung, sondern die echten Nöte der Existenz, als da sind: Naturkatastrophen, Witterung oder Bevölkerungswachstum und dergleichen. Lässt man die Individuen nur, dann experimentieren sie unentwegt herum. Scheitern tun sie von Anbeginn vor allem an den Tabugrenzen der etablierten Mächtigen. Weniger im Kampf mit *solchen* Mächten erwachsen ihnen die Flügel des Fortschritts, was dort entsteht, ist nicht selten kontraproduktiv - die alte, ewig neue Frage eben: Pflugschar oder Schwert?"

„Wahrer Fortschritt stellt sich mithin erst dort ein, wo die Freiheit Pate steht", bekräftigte Loisl. Gwen nickte nur:

„Zurück zu der Frage nach dem Reich des Hades und der Welt der Demeter, denn dies sei der Gegensatz, der uns innerlich zerreißt und unsern Charakter grundlegend prägt, selbst wenn die ödipale Spielart dieses Konflikts die Weltbühne eine Zeit lang beherrschte und deren Nachwehen der Menschheit weiterhin zu schaffen machen. Wichtig ist für mich, darin eine bösartige Regression und nicht etwa den Motor des Fortschritts zu sehen. Denn was finden wir heutzutage vor? Der dringendste Antrieb wird nicht etwa wahrgenommen, nein, weiterhin geht es um die anale Gier der Ödipalisierten. Statt ökologischer Reform beherrscht individualisierte Kapitalakkumulation die Wirklichkeit. Das ist, bezogen auf die existentiellen Nöte, blanker Unsinn."

„Wenigstens entfällt die ideologische Blockade oder ist dabei zusammen zu brechen", sagte Aurobindo.

„Man könnte natürlich auch anders an die Sache herangehen. Wer hat die bürgerliche Gesellschaft eigentlich in dieses mörderische, unsäglich absurde ödipale Dreieck eingesperrt? Könnte es nicht sein, dass hier ein vergleichsweise seltenes Krankheitsbild aufgebauscht wird zu einem Kultur beherrschenden System? Wie viele von diesen Vater mordenden Mr. Moneymakers hat's eigentlich gegeben? Bezogen auf die Gesamtbevölkerung doch eher Promille, selbst wenn man ihr unmittelbares soziales Umfeld mit einrechnet. Dass sie von ungeheurer Bedeutung waren, heißt ja nichts anderes, als was es schon immer hieß, wenn ein Tyrannosaurus herangereift war. Solche Entgleisungen der Naturgeschichte hat es leider immer wieder gegeben", antwortete Loisl.

„Für den Schöpfungsplan besitzt niemand den Garantieschein, das ist wahr", stimmte Aurobindo zu.

„Mir fällt auf, wie wir hier unentwegt auf der Hadesseite punkten und dort all die Kreativität ansiedeln, die uns Menschen über unsere engen Grenzen hinaus trägt. Wir haben den zunächst animalisch verstandenen Sexualtrieb, für den der Hades laut unserer Einsicht einsteht, mit der menschlichen Intelligenz und Erfindungskraft angereichert, dagegen ist ja auch nichts zu sagen. Selbst im unmittelbaren Ausleben lassen sich die Individuen doch allerlei einfallen, auch das sinnliche Genießen sucht ja die Raffinesse. Es geht eben erst ganz zuletzt um die 'Triebabfuhr' - welch ein Ausdruck -, die Freud allzu weit vorn ansiedelt, finde ich zumindest. Tun wir damit aber der guten Mutter Erde Unrecht? Auf der Demeterseite war bislang immer nur von Geborgenheit, von pränatalem Schwimmen und Wabern im Mutterleib die Rede, mithin gleichsam von vor- oder frühmenschliche Regungen, die kaum für sich stehen können, denn was wäre dies für ein Leben?", warf Gwen in die Runde.

„Ein wenig erfahren wir von den Ethnologen darüber, will mir scheinen. Sie vermelden nicht selten eine erstaunliche Stagnation, die sich kaum erklären lässt und gelegentlich bis zur Selbstzerstörung getrieben wurde. Freilich war auch dort die Priesterkaste im Verein mit den Kriegern mächtig. Ich denke an Taiti oder auch an die Maya und Azteken. Allzu naturverbundenes Dasein fixiert eine Kultur vielleicht über Gebühr", stimmte Aurobindo zu.

„Gwens Frage scheint mir auch in anderer Hinsicht bedeutsam", mischte Loisl sich ein: „Wie wär's, wenn wir uns die stillschweigende Umkehrung, die wir vornahmen, näher ansähen? Oder fällt euch nicht auf, wie wir aus dem Pol der Liebe eine repressive Instanz und aus dem Totengott einen Befreier machten? Wer zwingt uns denn, Gwens Lieblingsmythos für bare Münze zu nehmen. Er selber war sich ja bislang nicht im klaren über dessen Zuordnung. Dass sie uns, den Erben der Ödipalisierten, auf den Leib geschrieben sei, ließe sich damit sogar noch in Übereinstimmung bringen. 'Homo faber' sei derart ausgestattet... Nun gut, wieder ein spezifischer Fall, wieder eine unerfreuliche Tatsache, eine Fehlentwicklung, wie wir sagten und gewiss nicht ohne Einfluss auf den Fortgang der Entwicklung. Selbst wenn auch seine Macht gebrochen wird, wie man sieht. Sagen wir also, dass Gwens Modell die proletarische Psyche grundsätzlich richtig erfasst, so wie Ödipus die bürgerliche. Dann wäre immer noch nichts verloren, weil wir, wie gesagt, unversehens seitenverkehrt argumentierten. Die Verführung durch Hades und Demeters Paradies verdrehen oder vertauschen sogar die Möglichkeiten, die uns gegeben sind. Ich will nicht sagen, dass Hades und Demeter in ihrer ursprünglichen Gestalt keinerlei Geltung haben. Es geht, scheint mir, mal wieder ums Vorzeichen, und die Grundfärbung des Hades, seine Zuordnung zum grausigen Totenreich und zu Höllenqual, eben ums beschriebene Durcheinander, das durch diese Hadesgeschichte entsteht. Lassen wir also Kore ihren Konflikt, wie er unserer Einsicht nach eben ist und bescheinigen damit unseren Maschinenmenschen, dass sie derart verquer zerspalten werden und in ihnen die Sehnsucht nach der regressiven Heimkehr überstark wird, weil sie all ihr triebhaft-intelligentes Vermögen in den Dienst des Todes stellen, während sie sich Paradiese wie Kuhweiden voller glücklicher Kühe wünschen. Aber das muss das Ende der Fahnenstange nicht sein."

„Die Gnosis, ha, ich wusste, wir kommen noch auf sie", rief Aurobindo: „Da haben wir die Umkehrung, das ist die Umwertung. Die Verbannung des göttlichen Funkens, das blitzende Gold im Erdenpfuhl. Die Welt als Ausgeburt der Hölle, wo hinein sich das Ewige und Namenlose verlor, All-Gott im Menschen."

„Aber auch bei der Gnosis haben wir's mit allerlei Merkwürdigkeiten zu tun, will ich nur anmerken, ganz so glatt geht's dort jedenfalls nicht zu. Denn was heißt überhaupt Gnosis? Dabei handelt es sich doch wiederum um ein hochbrisantes Paket, das uns beim Öffnen den Atem, wo nicht den Verstand raubt."

„Ich weiß auch, dass man von *der* Gnosis eigentlich gar nicht reden kann, dass darunter vielerlei, auch Gegensätzliches zu verstehen ist. Andererseits haben wir diese Klammer, wie ich sie andeutete, eben die Trennung und Aufspaltung in Gegensätze, die in dieser Radikalität nur in den gnostischen Lehren auftauchen", antwortete Aurobindo. Er schien sich seit ihrem letzten Disput zu diesem Thema, gründlich in die Materie eingelesen zu haben, stellte Gwen befriedigt fest.

Man würde sich hoffnungslos verirren, stiegen sie jetzt darin ein. Der Hinweis freilich, die Umwertung ernst zu nehmen, Hades seiner Düsterkeit zu beheben und Demeter als falsche Gottheit zu enttarnen, entließe ihn aus seiner hypothetischen Bredouille.

Kores Konflikt bestünde - auch anthropologisch gesehen - wenn auch ganz anders, als im Mythos ausgedrückt.

Endlich sah er klar. Die Fäden entwirrten sich ihm. Vielleicht nur für den Augenblick, denn er trug Sorge, dies würde nicht von Dauer sein.

Sei es, dass er die Enden der Fäden wieder aus den Augen verlöre, sei es, dass sich gar das Ganze als der falsche Knäuel erwies.

Es erging ihm wie so oft nach solch einer vielschichtigen und notwendig sprunghaften Diskussion: Er fühlte sich leer und verloren, und es verlangte ihn nach Trost. Aber die Freunde konnten nichts für ihn tun. Wie denn auch? Nicht sie lebten in seiner geistigen Welt. - Durch stetiges Wiederholen entstünde allmählich so etwas wie eine Gedankenspur, die allerdings die Gefahr in sich barg, scheinbar Nebensächliches, das angeklungen war, unter sich zu begraben und vielleicht für immer zu verschütten. Der Schreibdrang in ihm wurde übermächtig. Er konnte nicht anders.

Printed in Poland
by Amazon Fulfillment
Poland Sp. z o.o., Wrocław

67076280R00218